Teoria da Decisão Judicial

**DOS PARADIGMAS DE RICARDO LORENZETTI
À RESPOSTA ADEQUADA À CONSTITUIÇÃO DE LENIO STRECK**

L953t   Luiz, Fernando Vieira.
        Teoria da decisão judicial: dos paradigmas de Ricardo Lorenzetti
    à resposta adequada à constituição de Lenio Streck / Fernando Vieira
    Luiz. – Porto Alegre: Livraria do Advogado Editora, 2013.
        195 p.; 23 cm.
        Inclui bibliografia.
        ISBN 978-85-7348-829-6

        1. Hermenêutica (Direito). 2. Direito - Filosofia. 3. Decisão - Direito.
    4. Metafísica - Direito. 5. Crítica jurídica. 6. Ontologia - Direito. 7. Lo-
    renzetti, Ricardo - Crítica e interpretação. 8. Streck, Lenio - Crítica e
    interpretação. I. Título.

                                        CDU 340.132
                                        CDD 340.1

        Índice para catálogo sistemático:
    1. Hermenêutica (Direito)   340.132

    (Bibliotecária responsável: Sabrina Leal Araujo – CRB 10/1507)

Fernando Vieira Luiz

Teoria da Decisão Judicial

**DOS PARADIGMAS DE RICARDO LORENZETTI
À RESPOSTA ADEQUADA À CONSTITUIÇÃO DE LENIO STRECK**

Porto Alegre, 2013

© Fernando Vieira Luiz, 2013

Capa, projeto gráfico e diagramação
Livraria do Advogado Editora

Revisão
Rosane Marques Borba

Direitos desta edição reservados por
Livraria do Advogado Editora Ltda.
Rua Riachuelo, 1338
90010-273 Porto Alegre RS
Fone/fax: 0800-51-7522
editora@livrariadoadvogado.com.br
www.doadvogado.com.br

Impresso no Brasil / Printed in Brazil

A Alcídio Adolfo Vieira (*in memoriam*),
realmente, um eterno amigo.

Agradecimentos

A elaboração deste trabalho, que, com algumas alterações, se originou de minha dissertação de mestrado, defendida em agosto de 2011 no PPGD da Universidade Estácio de Sá-RJ, foi fruto de intensa pesquisa que contou com a colaboração de pessoas que não podem ser esquecidas.

Meus mais sinceros agradecimentos:

Ao Prof. Dr. Lenio Luiz Streck, meu eminente orientador, por mostrar, em tempos difíceis, um solo firme a seguir, além de ser um grande incentivador na publicação do presente trabalho.

Aos Prof. Dr. Fábio Corrêa Souza de Oliveira, Prof. Dr. Humberto Dalla Bernardina de Pinho e Prof. Luis Gustavo Grandinetti Castanho de Carvalho, pela fraternal acolhida no PPGD da Universidade Estácio de Sá-RJ.

Ao Prof. Dr. Alexandre Morais da Rosa que, em curta (mas valorosa) conversa, modificou o rumo da pesquisa.

Ao egrégio Tribunal de Justiça de Santa Catarina, pelo apoio institucional e pelo incentivo à pesquisa que nutre em seus magistrados e colaboradores.

Àqueles que me apoiam em todas as jornadas, meus pais, Wilson e Tânia, e meu irmão, Bruno, por sempre acreditarem em meus sonhos, vivendo-os comigo, incentivando-me em cada conquista realizada. Se o amor constrói e une, vivemos na mais sólida das fortificações.

À guisa de Prefácio

O DILEMA DE "COMO DECIDIR"

Na abertura da defesa de sua dissertação de mestrado, que deu origem a esta bela obra, Fernando Luiz impressionou a todos com uma confissão: "sou juiz, minha mãe é juíza, meus amigos juízes e promotores, com os quais convivo, são todos honestos, probos e jutos. Interessante é que, quando nos reunimos para falar sobre os casos que decidimos, chegamos a conclusão que, embora a nossa honestidade, probidade e sentimento de justiça, damos sentenças tão diferentes umas das outras, em casos, por vezes, muito, muito similares". Por isso, continuou, "cheguei a conclusão de que havia algo errado. Não basta ser honesto, probo e ter sentimento do justo. Todos, eu, minha mãe, meus amigos, decidimos conforme nossas consciências. Só que as decisões são tão discrepantes... Por isso, fui estudar 'teoria da decisão'".

Pronto. Não poderia haver melhor introdução a uma dissertação e, agora, a uma obra jurídica, do que um "pôr em causa" o grande dilema contemporâneo: como se decide. Com efeito, com o avanço das teorias da linguagem e da hermenêutica filosófica, parece que já conseguimos superar uma série de problemas relacionados ao tema "como se interpreta". Nesse sentido, Fernando Luiz faz uma excelente reconstrução história da evolução da filosofia e da linguagem, até chegar à problemática do século XXI, mostrando a questão fulcral do direito: embora tenhamos avançado em termos interpretativos, não resolvemos o problema da aplicação, isto é, da decisão.

Fernando, então, partindo da Crítica Hermenêutica do Direito (ou Nova Crítica do Direito), coloca, frente a frente, a teoria da decisão de Ricardo Lorenzetti e a minha proposta. De um lado, a tese que defendo, a partir da ideia de que existem condições, hoje, para encontrarmos respostas adequadas à Constituição. De outro, a tese de Lorenzetti, ainda inserida no plano da filosofia da consciência. E esse é um ponto central na divergência STRECK-LORENZETTI.

Assim, o principal problema aparece quando se procura determinar como ocorre e dentro de quais limites deve ocorrer a decisão judicial. Enquanto em *Verdade e Consenso* aponto para a necessidade de superação da filosofia da consciência e do esquema sujeito-objeto, a tese de Lorenzetti ainda aposta na vontade do intérprete para resolver o problema da discricionariedade judicial (para ele, inerente ao ato de decidir, como o é também para autores como Alexy). Observe-se que, muito embora Lorenzetti diga que, nos casos difíceis há um modo correto de decidir, a sua aposta final acaba sendo o protagonismo do intérprete-juiz, que possui discricionariedade para tal. Outro problema na tese de Lorenzetti, que o coloca na contramão da hermenêutica, é a sua crença na ponderação de valores (desnecessário dizer da aversão que tenho à ponderação, em linha semelhante à desconfiança que jusfilósofos como Ferrajoli, Habermas e Dworkin têm a esse "mecanismo" próprio da teoria da argumentação alexyana).

Lorenzetti parece apostar, ao mesmo tempo, em uma racionalização metódica e na valoração individual do julgador. Nesse sentido, Fernando é implacável: "ao mesmo tempo em que Lorenzetti acredita confinar o processo hermenêutico ao método (dedução e ponderação), dá conta de sua insuficiência. Portanto, tenta construir procedimentos metódicos para racionalizar a atividade interpretativa e, ao mesmo passo, desacredita desta estrutura criada, afirmando que 'é evidente que podem surgir conflitos entre os diversos passos, e devemos prestar atenção nesse problema, sem chegar ao extremo de brindar uma determinada 'receita', já que sempre haverá uma inevitável valoração casuística'".

Daí a pergunta: como justificar, legitimamente, uma decisão tomada pelo Poder Judiciário? No fundo, a tese que Fernando Luiz critica não é somente aquela professada por Lorenzetti, mas, também, todas aquelas posturas que não conseguem resolver o velho problema da discricionariedade e do protagonismo judicial. Basta ver, neste ponto, a série de exemplos de decisões judiciais que o autor traz à baila, especialmente mostrando como ainda hoje os tribunais sustentam-se na tese de que a "interpretação é um ato de vontade", esquecendo-se que este é o ovo da serpente do decisionismo kelseniano.

Se as posturas como a de Lorenzetti apostam no método, Fernando, com base em Gadamer e na Crítica Hermenêutica do Direito constante em *Verdade e Consenso*, vai dizer que o "método é exatamente o supremo momento da subjetividade". Veja-se, a partir disso, que Gadamer deixa claro que a ausência do método não significa que se possa atribuir sentidos arbitrários aos textos. Na medida em que a interpretação sempre se dá em um caso concreto, não apenas fica nítida a impossibilidade de cisão entre *quaestio facti* e *quaestio juris*. A hermenêutica não trata apenas da faticidade; ela não apenas explica como se dá o sentido ou as condições pelas quais compreendemos. Na verdade, por ela estar calcada na circularidade hermenêutica, fato e direito se conjuminam em uma síntese, que somente ocorre concretamente, na *applicatio* (lembremos sempre que não se cinde conhecimento, interpretação e aplicação). Se interpretar é explicitar o que compreendemos, a pergunta que se faz é: essa explicitação seria o *locus* da validade? Se verdadeira essa assertiva, então estaríamos diante de outro problema: o que fazer com a *quaestio facti*?

Vale dizer, no livro de Fernando Luiz é possível compreender que o discurso judicial apresenta a resposta para o caso (afinal, não se diz que "direito é uma questão de caso concreto"?). Juízos de prognose ou sobre as consequências advindas da decisão (o vulgo consequencialismo) não estão em jogo em uma análise à luz da hermenêutica. O direito deve dar uma resposta para "o" caso apresentado. Sua aplicação aos casos similares posteriores deverá ser discutida, de novo, segundo as especificidades de cada um e sobre o que poderia ser retirado como "holding" do julgamento anterior. A prognose é uma atividade própria do legislador. Na verdade, é possível dizer que a prognose é algo que atina, particularmente, à estrutura dos argumentos de política: procura apresentar projetos que se destinam a conquistar maior bem-estar coletivo ou uma melhora nas condições socioeconômicas.

Já a decisão judicial somente se sustenta por argumentos de princípios. Essa estrutura principiológica que se manifesta no momento decisório só pode ser explicitada através de um esforço reflexivo que é hermenêutico. Ora, os princípios não aparecem na superfície do discurso; não são da ordem do apofântico (mostrativo), mas, sim, do hermenêutico (condição de possibilidade, estruturante). Sendo mais claro, a dimensão do hermenêutico é aquela de onde emanam os motivos da enunciação.

Essa característica da hermenêutica deve sempre ser ressaltada quando se fala em Teoria da Decisão porque ela demonstra, de maneira privilegiada, o caráter não relativista desse paradigma filosófico. Nesse particular, a admoestação heideggeriana de que o enunciado não é o lugar da verdade; mas a verdade é que é o lugar do enunciado. Ou seja, o juízo veritativo é "motivado" por uma dimensão de profundidade da enunciação.

É nesse contexto que deve ser lido o livro *Teoria da Decisão Judicial: dos paradigmas de Ricardo Lorenzetti à resposta adequada à Constituição de Lenio Streck*. Inovador, coloca o dedo na ferida narcísica do decisionismo e do ativismo judicial. Decisão judicial não é escolha. Os juízes possuem responsabilidade política. Por isso, não decidem conforme a sua consciência, como tenho deixado claro em *O Que é Isto – Decido Conforme Minha Consciência?*. Fernando Luiz deixa isso bem claro também. Talvez por este motivo, já na peroração inicial da defesa de seu trabalho na Academia, deixou bem explicitado: se vários juízes, todos honestos e justos, produzem, sobre casos similares, decisões conflitantes, é porque lhes faltam critérios para decidir. A esses critérios chamamos de teoria da decisão. Há várias teorias. Diversos modos de alcançar respostas e tentar resolver o problema da irracionalidade dos sentidos emanados da lei e dos fatos. Dentre as diversas possibilidades teoréticas, Fernando Luiz fez uma opção hermenêutica. Uma opção não relativista. Uma opção democrática. Sim, porque, se a grande luta da sociedade foi a de elaborar uma Constituição que albergasse o conjunto de reivindicações sociais, não parece democrático que deixemos ao alvedrio dos juízes e tribunais a atribuição do sentido do que o constituinte e o legislador democrático coloca(ra)m no nosso ordenamento. Daí a importância da construção de padrões interpretativos (chamemos de princípios), pelos quais se obtém o DNA do direito.

Enfim, como diz Fernando Luiz: "depender da discricionariedade é desacreditar no próprio Direito, em sua autonomia, e na Constituição, na sua força normativa, jogando-se fora importantes conquistas da humanidade. Portanto, é uma postura de desesperança e desilusão, de quem entregou os pontos e assenta que não há mais nada a fazer".

Eis este excelente livro que tenho o prazer de apresentar à comunidade jurídica. Pesquisas sobre decisão jurídica terão que, a partir de agora, necessariamente passar por ele.

Da Dacha de São José do Herval, no frio inverno de 2012, ainda pela manhã, quando a cerração começa a deixar aparecer o cume da montanha que parece escorar uma parte do mundo.

Prof. Dr. Lenio Luiz Streck

Sumário

Apresentação – *Fábio Corrêa Souza de Oliveira*..15

1. Introdução........................17

2. A jurisdição entre a metafísica clássica e a filosofia da consciência....................21

  2.1. A filosofia da linguagem na metafísica clássica..22

    2.1.1. Platão e O Crátilo.......................22

    2.1.2. Aristóteles e a busca pela essência das coisas.....................................28

  2.2. A filosofia da consciência e o surgimento do sujeito da modernidade................30

    2.2.1. Descartes e o cogito.......................31

    2.2.2. Kant e o tribunal da razão.......................33

  2.3. Como ainda se decide hoje: entre subjetivismos e objetivismos.......................35

    2.3.1. Ainda entre o objetivismo e o subjetivismo: o positivismo e sua impossibilidade de encontrar respostas corretas em Direito.....................36

    2.3.2. A discricionariedade judicial e o "estado de natureza hermenêutico".........40

      2.3.2.1. O positivismo e a decisão como ato de vontade: a interpretação em Kelsen.......................47

      2.3.2.2. O sujeito solipsista: o juiz que julga conforme sua consciência........54

      2.3.2.3. Panprincipiologismo ou a jurisprudência dos valores à brasileira...67

    2.3.3. A adaptação do sistema e as súmulas vinculantes: neo-objetivismo ou um eterno retorno.......................72

3. Possibilidades teóricas: ontologia fundamental, hermenêutica filosófica e a nova crítica do direito.......................79

  3.1. A ontologia fundamental de Heidegger.......................79

  3.2. A hermenêutica filosófica de Gadamer.......................87

  3.3. A recepção do giro linguístico no mundo jurídico: a nova crítica do direito........94

    3.3.1. O problema da "baixa constitucionalidade" e o "teto hermenêutico".........96

    3.3.2. Texto e norma: diferença ontológica.......................101

    3.3.3. A questão da interpretação.......................105

    3.3.4. O caráter não relativista da hermenêutica.......................117

4. Teoria da decisão judicial: dos paradigmas de decisão de Ricardo Lorenzetti à resposta adequada à Constituição de Lenio Streck.......................125

  4.1. Condições hermenêuticas de controle da interpretação judicial.......................125

    4.1.1. Controle e democracia.......................126

    4.1.2. O neoconstitucionalismo.......................127

  4.2. Crítica hermenêutica da teoria de Ricardo Lorenzetti.......................135

4.2.1. Os paradigmas de decisão e a pré-compreensão........................136
4.2.2. Ainda o método: a dedução para casos fáceis.......................138
4.2.3. Os casos difíceis..143
4.2.4. A ponderação...149
4.3. A questão da autonomia do direito.................................151
4.3.1. O paradigma consequencialista e o discurso *Law and Economics*............152
4.3.2. Direito e moral: a lei injusta..................................158
4.3.2.1. A moral como correção ao Direito em Lorenzetti.................158
4.3.2.2. Direito e moral em Habermas...............................160
4.3.2.3. De volta à lei injusta: a perspectiva hermenêutica.................166
4.3.3. A discricionariedade judicial como predador interno do Direito.............170
4.4. O direito fundamental à resposta adequada à Constituição....................173
4.4.1. A integridade do Direito: um necessário aporte em Dworkin.................173
4.4.2. A resposta adequada à Constituição de Lenio Streck...................178

5. Conclusão..183

Referências..189

Apresentação

O Programa de Pós-Graduação *Stricto Sensu* em Direito da Universidade Estácio de Sá regozija com a publicação da bela dissertação de Mestrado de Fernando Vieira Luiz, a qual foi produzida no âmbito do MINTER (Mestrado Interinstitucional) com a UNOESC (Universidade do Oeste de Santa Catarina), o que ilustra o sucesso da empreitada.

Tive a satisfação de compor da banca de Mestrado de Fernando Vieira Luiz e atestar o cuidado, o rigor, por ele dispensado a tema da mais funda centralidade e também de elevada complexidade. O autor passa por um rol de escol de autores: Habermas e Dworkin, por exemplo. E confere ênfase a Ricardo Lorenzetti, Professor da Faculdade de Direito da Universidade de Buenos Aires e Presidente da Corte Suprema de Justiça da Argentina, bem como a Lenio Streck, Professor do Mestrado e Doutorado em Direito da Universidade Estácio de Sá e da Universidade do Vale dos Sinos (UNISINOS).

O autor, então, põe Lorenzetti e Streck em diálogo, proveitosa conversação entre dois dos maiores juristas que honram seus países. Interessante também porque resgata, por assim dizer, um debate latino-americano, entre pensadores da América Latina, retomando, na hipótese, uma linha profícua de contato entre Brasil e Argentina. E, neste diálogo, Fernando Luiz também tem algo a falar.

Da parte do PPGD/UNESA vale registrar que a dissertação de Fernando está inserida em um viés que traduz uma escola, a doutrina hermenêutica elaborada por Lenio Streck, uma rica produção que traduz uma sofisticada teoria do Direito.

A dissertação que ora vem a público representa um capítulo em uma virada de paradigma, reconhece a complexidade da interpretação/aplicação, está ocupada em enfrentar uma das questões mais delicadas e entre as mais mal entendidas, qual seja, a problemática da discricionariedade.

Parabéns ao Fernando e boa leitura!

Fábio Corrêa Souza de Oliveira

Coordenador do PPGD/UNESA,
Professor das Faculdades de Direito da UFRJ e da UNIRIO

1. Introdução

O Direito é complexo. Querer reduzi-lo a um *a priori* significativo, como um *prêt-à-porter* lexicográfico, ou deixar sua significação a cargo do subjetivismo do intérprete, arrasta o Direito ao positivismo jurídico.

Esta é a crise que se vive, hoje, no Direito. Crise, porque o velho positivismo ainda não morreu, e um novo modelo hegemônico a suplantá-lo ainda não nasceu. Teses concorrentes, como a de Lenio Streck e a de Ricardo Lorenzetti, disputam este lugar. Todas são intituladas como neoconstitucionalistas (pós-positivistas). Entretanto, algumas delas não superam o positivismo em sua principal questão: a discricionariedade judicial.

A hermenêutica aqui apresentada, com base na Nova Crítica do Direito, propõe trabalhar tal questão, buscando na Constituição, nela mesma, a condição de possibilidade para a obtenção de respostas corretas em Direito.

Falar que hermenêutica vem do grego *hermeneuein, hermeneia* ou *hermeneus, remontando à tarefa de Hermes de decifrar aos humanos as mensagens dos deuses do Olimpo,* não é suficiente à problematização do assunto. Vale lembrar que Hermes também é conhecido pela sua capacidade de enganar, dissimular e se ocultar. Portanto, ao mesmo tempo em que se coloca como tradutor da língua dos deuses, ele pode subverter o próprio recado divino. Dizendo em outras palavras, não se pode afirmar até quando a humanidade teve acesso às mensagens ou simplesmente soube de algo criado exclusivamente por Hermes.

Hermes, neste aspecto, iguala-se ao sujeito solipsista da modernidade. Dono dos significados, ele passa a mensagem que lhe convém, porque não há freios para sua própria subjetividade. Hermes precisa de freios, e esta é a questão da hermenêutica jurídica contemporânea: criar controles epistemológicos à atividade interpretativa, estabelecendo, em particular, condições hermenêuticas de análise da decisão judicial (o que não significa, por certo, uma proibição de interpretar).

Desta feita, a presente obra debruça-se sobre tal problema paradigmático na atual teoria do Direito. Como construir uma nova teoria da decisão judicial em pleno Estado Democrático de Direito? O positivismo jurídico, tanto com base na metafísica clássica, como na filosofia da consciência, criou um modelo decisionista, no qual o juiz – como, por exemplo, por um ato de vontade – decide conforme a sua consciência. Sem respeitar a história institucional do Direito, ou mesmo fechando os olhos à Constituição, cada magistrado, como proprietário dos significantes, julga de forma solipsista, mesmo que para isso crie princípios que alberguem seus pensamentos.

Além disso, tem como objetivo analisar a quebra paradigmática ocorrida na filosofia, representada pela *linguistic turn*, e sua recepção na doutrina jurídica – eis que o Direito não fica imune a esta virada –, especialmente pela Nova Crítica do Direito.

O presente estudo encontra-se dividido em três momentos. Apresentar-se-á, primeiramente, a jurisdição entre a metafísica clássica e a filosofia da consciência. Na sequência, apresentar-se-ão as possibilidades teóricas: ontologia fundamental, hermenêutica filosófica e a Nova Crítica do Direito. Por fim, analisar-se-á a teoria da decisão judicial, contrapondo-se Ricardo Lorenzetti a Lenio Streck.

Por sua vez, o problema de pesquisa, revelado pelo primeiro capítulo, aponta o estado da arte em relação à prestação jurisdicional no Brasil e seus problemas, objetivando demonstrar como a jurisdição ainda se encontra entre a metafísica clássica e a filosofia da consciência, especialmente no esquema sujeito-objeto.

Assim é que se ressalta a filosofia da linguagem na metafísica clássica, oportunidade em que serão analisadas as perspectivas de Platão e Aristóteles. A seguir, tem-se a filosofia da consciência e o surgimento do sujeito da modernidade, trazendo à baila o *cogito* de Descartes e o pensamento kantiano. Para finalizar, analisar-se-á como se decide hoje: a mixagem entre subjetivismo e objetivismo, ressaltando as diversas formas pelas quais estas posturas surgem no exercício da jurisdição.

Ademais, apresenta-se a Nova Crítica do Direito desenvolvida por Lenio Streck. No segundo capítulo, analisar-se-á a ontologia fundamental de Heidegger e a hermenêutica filosófica de Gadamer. Abordar-se-á a recepção do giro linguístico no Direito, por meio da Nova Crítica do Direito, extraindo-se questões centrais desta teoria, como o problema da "baixa constitucionalidade" e o "teto hermenêutico" por ela criado, a diferença ontológica entre texto e norma, a questão da interpretação, destacando-se, por fim, o caráter não relativista da hermenêutica.

Adiante e, finalizando a abordagem teórica, analisar-se-á, no terceiro capítulo, a teoria da decisão judicial e, para a maior problematização do tema, comparar-se-ão as teorias de Lenio Streck e Ricardo Lorenzetti.

Partindo-se de uma crítica hermenêutica da obra de Ricardo Lorenzetti, chega-se à teoria da resposta adequada à Constituição proposta por Lenio Streck. Para tanto, examinar-se-ão as condições hermenêuticas de controle da interpretação, para demonstrar que este se traduz em uma questão democrática, analisando os esforços das correntes neoconstitucionalistas em exercê-lo. Após, revela-se a crítica hermenêutica da teoria de Ricardo Lorenzetti, analisando-se as principais categorias de sua teoria da decisão judicial – como os paradigmas de decisão –, além das formas de resolução de casos fáceis e difíceis.

Coloca-se, adiante, a questão da autonomia do Direito, objetivando demonstrar que a teoria de Ricardo Lorenzetti, diferentemente da teoria de Lenio Streck, acarreta-lhe prejuízos. E, por fim, explanar-se-á sobre a resposta adequada à Constituição de Lenio Streck, e o desenvolvimento da teoria da decisão judicial a partir da ideia de integridade e coerência de Dworkin, para, então, defender-se um direito fundamental à resposta hermeneuticamente adequada.

2. A jurisdição entre a metafísica clássica e a filosofia da consciência

Este primeiro capítulo objetiva a demonstração da forma pela qual a jurisdição ainda se encontra presa aos esquemas abarcados pela metafísica clássica e pela filosofia da consciência, principalmente na dicotomia sujeito/objeto. Para tanto, mostrar-se-ão, em linhas gerais, os pressupostos básicos de referidos paradigmas filosóficos, com destaque à função da linguagem, para introduzir, especificamente, os problemas observados atualmente na prestação jurisdicional e na própria teoria do Direito no Brasil.

O foco principal do problema da linguagem justifica-se em razão de ser, hoje, matéria essencial às diversas áreas da filosofia, transformando-se não apenas em um novo campo a ser explorado, mas, principalmente, em uma mudança na própria forma de entendimento da filosofia e, em geral, o próprio ato de conhecer. Tal fato deve-se à "reviravolta linguística" ocorrida, que trouxe a linguagem de objeto de reflexão filosófica à esfera dos fundamentos.[1]

O Direito, embora preserve sua autonomia, não fica estanque às quebras paradigmáticas ocorridas na filosofia, razão pela qual se pode falar em filosofia *no* Direito em vez de filosofia *do* Direito, em expressão cunhada por Lenio Streck.[2] Desta forma, para a correta colocação da matéria a ser tratada, essencial é a análise da construção dos principais paradigmas filosóficos que (ainda) dominam a forma de se fazer Direito: a metafísica clássica e a filosofia da consciência.

As críticas sobre a atuação da jurisdição não podem ocorrer longe do paradigma filosófico que a norteia. Portanto, denunciar os problemas existentes, passa, necessariamente, pela superação dos paradigmas (da

---

[1] OLIVEIRA, Manfredo Araújo de. *Reviravolta lingüístico-programática na filosofia contemporânea*. 3. ed. São Paulo: Loyola, 2006, p. 12.

[2] "Aliás, foi por isso que cunhei a expressão 'filosofia *no* Direito', para diferenciá-la da tradicional 'filosofia *do* Direito'. Afinal, o Direito é um fenômeno bem mais complexo do que se pensa. E, novamente, permito-me insistir na tese de que o Direito é um fenômeno complexo e que não pode ficar blindado/imune às transformações ocorridas no campo da filosofia" (STRECK, Lenio Luiz. *O que é isto*: decido conforme a minha consciência? Porto Alegre: Livraria do Advogado, 2010, p. 76).

metafísica clássica e da filosofia da consciência) em que se baseia a atuação do Poder Judiciário.[3]

2.1. A filosofia da linguagem na metafísica clássica

O primeiro paradigma a ser estudado é a metafísica clássica. Por ela se entende o período de sua gênese, por meio do pensamento grego, até o surgimento da modernidade, com a obra de Descartes.

Neste período, a filosofia da linguagem possui notadamente um perfil objetivista, eis que o significado é concebido como algo que existe independentemente da própria linguagem ou do sujeito. Segundo as teorias objetivistas, a função da linguagem é servir como instrumento, ou seja, meio de expressão, designação de um objeto ideal. Preocupam-se, portanto, em como garantir uma correta determinação das coisas, mantendo-se, desta forma, no nível semântico.

Neste particular, analisar-se-á a filosofia da linguagem no pensamento de Platão, com a análise de *O Crátilo* – primeira obra de crítica à linguagem – e, em seguida, a metafísica aristotélica, que busca encontrar a essência das coisas.

2.1.1. Platão e O Crátilo

Esta análise deve-se iniciar em Platão, cujo pensamento norteou toda a era helenística, influenciando marcantemente, também, a filosofia da Idade Média, podendo ser citado, por todos, Santo Agostinho. Em que pese a vastidão da obra platônica e de seus inúmeros comentadores, cinge-se esta pesquisa na função que a linguagem exerce em Platão e, para tanto, analisar-se-á o diálogo *O Crátilo*, primeira obra de crítica à linguagem,[4] um verdadeiro ataque às teorias da significação, então em voga, na filosofia grega.

---

[3] Importante frisar que as críticas formuladas não possuem caráter pessoal contra a atuação deste ou daquele magistrado ou contra um Tribunal, seja ele qual for. A discussão – acadêmica – que realmente interessa é verificar as condições de possibilidade para se decidir uma causa adequadamente à Constituição. Os problemas apresentados, longe de representar descrédito, apontam à otimista visão de capacidade de melhora, que, sem acreditar que a decisão correta deva depender de um juiz bom (ou de um bom juiz), reconhece o importante papel da magistratura no mundo contemporâneo.

[4] STRECK, Lenio Luiz. *Hermenêutica jurídica e(m) crise*: uma exploração hermenêutica da construção do Direito. 8. ed. Porto Alegre: Livraria do Advogado, 2009a, p. 117.

Para grande parte dos pesquisadores,[5] Crátilo, filósofo grego heraclitano, foi instrutor de Platão antes de Sócrates. Contudo, esta posição não é tranquila, eis que outros[6] afirmam que tal versão não passa de uma leitura equivocada da *Metafísica* de Aristóteles,[7] asseverando, ainda, que Crátilo tinha aproximadamente a mesma idade de Platão e que o pensamento daquele influenciou este após a morte de Sócrates.[8] Por outro lado, Sedley[9] diz que, embora não haja prova explícita de que Platão foi pupilo de Crátilo, inegavelmente – com base na obra de Aristóteles – pode-se afirmar que Crátilo foi de grande influência filosófica no pensamento inicial de Platão.[10]

Além de Crátilo, participam do diálogo Hermógenes e Sócrates. O início da obra deixa claro que Crátilo e Hermógenes já discutem sobre a justeza dos nomes sem atingirem um denominador comum, pedindo, então, para que Sócrates intermediasse a contenda para que pudessem chegar a um mesmo ponto.

Já são lançadas desde o início da obra as teses antagônicas do convencionalismo[11] e naturalismo.[12] Hermógenes, representante do pensamento sofístico, assenta que os nomes são dados por convenção (individual ou geral), afirmando que "já conversei várias vezes a esse respeito tanto com ele *[Crátilo]* como com outras pessoas, sem que chegasse a convencer-me

---

[5] REALE, Giovanni. *História da filosofia antiga*: volume II. Tradução Henrique Cláudio de Lima Vaz, Marcelo Perine. São Paulo: Loyola, 1994, p. 7. MONTENEGRO, Maria Aparecida de Paiva. Linguagem e conhecimento no Crátilo de Platão. *Kriterion*, Belo Horizonte, n. 116, dez. 2007, p. 369.

[6] ALLAN, D. J. The problem of Cratylus. *American journal of philology*, v. 75, n. 3, 1954, p. 272.

[7] Afirma o autor que as impressões contidas em *A Metafísica* derivam de contato direto de Aristóteles com Crátilo.

[8] "But it is important to realize that the story that Cratylus was Plato's teacher is founded entirely on a misreading of Aristotle's statement, and Plato might have been annoyed if he could have foreseen that this eccentric contemporary, of whom he had drawn a satirical sketch, would go down to history as his tutor" (ALLAN op. cit., p.276).

[9] SEDLEY, David. *Plato's Cratylus*. Nova Iorque: Cambrigde University Press, 2003, p. 17.

[10] "Aristotle does not make it explicit that – as some less reliable ancient sources claim – Plato was actually Cratylus' pupil, and it may even be that their relative ages did not make that a very appropriate relation.38 But that Cratylus was an early philosophical influence on Plato he does make explicit; and Aristotle was, after all, in an excellent position to find out about his master's philosophical background if he wanted to" (Ibidem).

[11] A linguagem como convenção possui origem, como explica Abbagnano, nos eleatas. Parmênides, Empódocles, Górgias, Estílpon e Demócrito servem de exemplo a esta concepção, ressaltando que o convencionalismo, enquanto pura arbitrariedade da designação linguística, desaparece a partir de Aristóteles (ABBAGNANO, Nicola. *Dicionário de filosofia*. 5. ed. Tradução Alfredo Bosi; Ivone Castilho Benedetti. São Paulo: Martins Fontes, 2007, p. 709).

[12] A tese do naturalismo remonta a Heráclito, sendo exposta explicitamente pelos cínicos, como Antístenes (Ibidem, p. 711).

de que a justeza dos nomes se baseia em outra coisa que não seja convenção e acordo".[13]

Segundo Hermógenes, a ligação entre o nome e as coisas é absolutamente arbitrária, ou seja, convencional. Os nomes são uma imposição humana sobre o mundo, sua utilização nada mais confirma senão o consenso (individual ou coletivo) sobre a aplicação de certa palavra a um determinado caso. Por isso, diz ele que "posso designar qualquer coisa pelo nome que me aprouver dar-lhes, e tu, por outro nome que lhe atribuíres".[14]

Para Crátilo, por outro lado, cada coisa tem seu nome por natureza. Os nomes não podem ser arbitrariamente escolhidos, eis que descrevem a natureza imutável de determinado objeto. Portanto, os nomes, "por natureza, têm sentido certo, sempre o mesmo".[15] Assim, "quem conhece as palavras conhece também as coisas",[16] ou seja, "o *logos* está na *phisis*".[17]

A busca de Crátilo é por uma linguagem que sirva para descrever o mundo, que possa ser utilizada para se dizer coisas sem imprecisão, razão pela qual cada nome equivale ao objeto a que se refere. Como bem pondera Modrak, no naturalismo de Crátilo, assim como a fumaça é o sinal natural do fogo, a palavra é o sinal natural de um objeto extralinguístico.[18]

O Sócrates platônico,[19] por seu turno, apresenta uma tese intermediária, na qual, embora o consenso do significado de determinado nome seja suficiente para assegurar seu uso, será ele justo na medida em que for um instrumento para distinguir as coisas, segundo suas essências. Para o cumprimento de tal tarefa os nomes são criados pelo legislador (nomoteta, onomaturgo), que atribui nomes por convenção, referindo-se, para tanto, à coisa nomeada. Esta função reveste-se de grande complexida-

---

[13] PLATÃO. *Diálogos*: Volume IX: Teeteto – Crátilo. Tradução Carlos Alberto Nunes. Belém: Universidade Federal do Pará, 1973, p. 120.

[14] Ibidem, p.122.

[15] PLATÃO, op. cit., p. 119.

[16] Ibidem, p. 187.

[17] STRECK, 2010a op. cit., p. 11.

[18] MODRAK, Deborah K. W. *Aristotle's theory of language and meaning*. Cambridge: Cambridge University Press, 2001, p. 14.

[19] Importa ressaltar que o conhecimento de Sócrates não foi passado de *manu propria*. Seu pensamento foi transmitido por seus alunos. Por esta razão refere-se ao Sócrates platônico, sendo certo que, pela análise de seus comentadores, verifica-se a existência de, ao menos, três Sócrates, descritos, respectivamente, por Aristófones, Xenofonte e Platão. Como ressalta Godoy (2002, p. 64-71), em Aristófanes, Sócrates é descrito como pessoa cômica, nefelibata, pensador distante da realidade. Já Xenofonte concebeu-o mais simpático, dada a amabilidade que caracteriza seu comportamento. Por fim, Platão caracteriza Sócrates, principalmente na *Apologia*, como um seguidor da lei e, em outros trabalhos, um não democrata que acreditava na plenipotencialidade do rei-filósofo.

de, tanto que Platão diz que o legislador é "de todos os artistas o mais raro".[20]

A função do legislador, ao dar nomes, é descrever a natureza das coisas. Por isso Sócrates afirma que ele "deverá saber formar com os sons e as sílabas o nome por natureza apropriado para cada objeto, compondo todos os nomes e aplicando-os com os olhos sempre fixos no que é o nome em si, caso queira ser tido na conta de verdadeiro criador de nomes".[21] Por isso, destaca Oliveira que, em Platão, "uma palavra é justa, certa, na medida em que traz a coisa à apresentação, isto é, na medida em que é apresentação da coisa".[22] Assim, a correção do uso da linguagem estará na relação entre a palavra e o objeto extralinguístico a ser nominado.

Este pensamento funda-se na própria Teoria das Ideias de Platão, eis que a noção de ideia funciona como pressuposto do conhecimento e da visão das coisas como tais. Somente no mundo inteligível poderia ser buscada a verdade, representando metafisicamente as coisas por entes unos, imutáveis e eternos. O mundo sensível não possibilitaria o acesso à verdade, uma vez que as coisas funcionam apenas como sombras, lembrança ou reminiscência (*anámnesis*) de suas ideias. Heidegger destaca que "a filosofia de Platão é uma interpretação característica daquilo que quer dizer o *ti*. Ele significa precisamente a *Idea*".[23] Assim, conforme aponta Marías, as ideias são "entes metafísicos que encerram o verdadeiro ser das coisas".[24]

Clara é a função da linguagem como instrumento que busca mostrar a ideia de determinada coisa, sua essência imutável. Assenta Platão que "o nome, por conseguinte, é instrumento para informar a respeito das coisas e para separá-las, tal como a lançadeira separa os fios da teia".[25] Por isso, o nome funciona como instrumento de ensino e o ato de conhecer, "significaria apreender, pelo relato, a natureza das coisas, entendendo natureza como princípio, essência".[26]

Dizendo de outra forma, Platão evita decidir-se em favor do convencionalismo ou do naturalismo, definindo a linguagem "como um *ins-*

---

[20] PLATÃO, op. cit., p. 127.

[21] Ibidem, p. 128.

[22] OLIVEIRA, 2006, op. cit., p. 19.

[23] HEIDEGGER, Martin. *Que é isto*: a filosofia? Identidade e diferença. Tradução Ernildo Stein. Petrópolis: Vozes; São Paulo: Livraria Duas Cidades, 2006, p. 19.

[24] MARÍAS, Julián. *História da filosofia*. Tradução Claudia Berliner. São Paulo: Martins Fontes, 2004, p. 52.

[25] Ibidem, p. 126.

[26] MONTENEGRO, op. cit., p. 374.

trumento, como produto de *escolhas* repetidas e repetíveis".[27] Importante frisar sobre a função da linguagem enquanto instrumento separador. Em Platão, a designação de cada coisa pelo nome que lhe é próprio (natural), distinguindo-a das demais. Os nomes, portanto, diferenciam classes de coisas, separando suas essências.

Comparando a função de dar nomes à atividade do artesão, Streck bem ressalta que "assim como o carpinteiro precisa de arte para construir sua mesa, é necessário possuir uma arte especial para a produção de certos nomes. O paradigma dessa certeza é o *conhecimento das essências*, ou seja, das ideias inatas/imutáveis dos seres exemplares"[28] (grifos do autor). Dada a conclusão de Sócrates, pode-se dizer que na perspectiva de Platão há certa isomorfia entre os nomes e as coisas, ou seja, entre a linguagem e o ser. Como enfatiza Oliveira, "na perspectiva de Platão há uma correspondência fundamental, uma isomorfia entre estrutura gramatical e estrutura ontológica, isto é, a construção de uma língua não é arbitrária".[29] Este fato pode ser observado no diálogo, através de Sócrates, na afirmação de que "a correta aplicação dos nomes, foi o que dissemos, consiste em mostrar como é constituída a coisa".[30] Portanto, a linguagem, como já explanado, possui caráter instrumental – de manifestar a essência das coisas – e, por isso, começa a esconder (velar) o ser.

Contudo, em Platão, a linguagem não dá acesso à coisa em si – como, diferentemente, defendia Crátilo – pois, se a designação da natureza era o fundamental, poderia o legislador não captar a inteireza da essência, que escapava à designação pelo nome. Em outras palavras, os nomes poderiam ser corretamente ou incorretamente empregados. Na afirmação de Sócrates: "E como seria risível, Crátilo, o efeito dos nomes sobre as coisas que eles designam, se em tudo eles fossem reprodução exata dessas coisas! Tudo ficaria duplicado, sem que ninguém fosse capaz de dizer qual era a própria coisa, e qual o nome".[31]

Sobre esta característica do pensamento platônico, contrariando a premissa de Crátilo – quem conhece o nome, conhece a coisa –, afirma Oliveira que:

> [...] existe aqui um grande problema, como Sócrates esclarece: todo sistema de nomes pode tanto ajudar como atrapalhar o conhecimento. Daí a necessidade da crítica da lin-

---

[27] ABBAGNANO, op. cit., p.714.

[28] STRECK, 2009a, op. cit., p. 120-121.

[29] OLIVEIRA, 2006, p. 20.

[30] PLATÃO, op. cit., p. 177.

[31] Ibidem, p.183.

guagem, pois ela é obra humana e, enquanto tal, sujeita a erro. Foi por esta razão que a filosofia principiou no Ocidente como crítica de linguagem e assim se mantém até hoje.[32]

Se os nomes, como visto, podem ser empregados correta ou incorretamente, diga-se, de forma verdadeira ou falsa, algo há de existir para demonstrar esta justeza na sua utilização. Entretanto, não poderá ocorrer através de outros nomes, ou seja, através da linguagem, buscando-se outro expediente para a determinação da verdade. Conforme afirma Platão, através de Sócrates:

> Nesta luta entre os nomes, em que uns se apresentam como semelhantes à verdade, e outros afirmam a mesma coisa de si próprios, que critério adotaremos e a quem devemos recorrer? Não, evidentemente, a outros nomes que não esses, pois não existem outros. É óbvio que teremos de procurar fora dos nomes alguma coisa que nos faça ver sem os nomes qual das duas classes é a verdadeira, o que ela demonstrará indicando-nos a verdade das coisas. [...] Se isso for verdade, Crátilo, será possível, ao que parece, conhecer as coisas sem o auxílio dos nomes.[33]

Observa-se uma precariedade inerente ao nome e, por consequência, à linguagem em geral, na sua função de instrumento para o conhecimento. A verdade, assim, não se dá através da linguagem, que é insuficiente para expressar aquilo que é imutável em todas as coisas. Somente no mundo não sensível das ideias (metafísico) pode-se buscar a verdade. Por isso, "o significado precede o significante e o determina".[34] O real, portanto, só pode ser conhecido sem a mediação linguística, a qual é relegada a um segundo plano, como forma designativa de essências.

Tentando afastar-se desta mediação, Platão busca a verdade "nas coisas mesmas", situação vislumbrada em Sócrates, quando afirma que "baste-nos termos chegado à conclusão de que não é por meio de seus nomes que devemos procurar conhecer ou estudar as coisas, mas, de preferência, por meio delas próprias".[35] Logo, "a linguagem não seria capaz de *dizer* as coisas, mais precisamente, a essências delas, de forma que o conhecimento seria viabilizado por um acesso às coisas mesmas, independentemente da linguagem".[36] Sobre o assunto, ressalta Oliveira:

> *É possível*, portanto, *conhecer as coisas sem os nomes*. Aqui está a *tese fundamental de Platão* e de toda filosofia do Ocidente: ele pretende, com essa discussão das diferentes teorias vigentes de seu tempo, mostrar que na linguagem não se atinge a verdadeira realidade (*alétheia ton onton*) e que o real só de conhecido verdadeiramente em si (*aneu ton onomaton*) sem palavras, isto é, sem a *mediação lingüística*. A linguagem é reduzida a puro

---

[32] OLIVEIRA, 2006, op. cit., p.21.

[33] PLATÃO, op. cit., p. 191.

[34] STRECK, 2009a, op. cit., p.121.

[35] PLATÃO, op. cit., p.192.

[36] MONTENEGRO, op. cit., p.370.

instrumento, e o conhecimento do real se faz independentemente dela. [...] A linguagem não é, pois, constitutiva da experiência humana do real, mas é um instrumento posterior, tendo uma *função designativa*: designar com sons o intelectualmente percebido sem ela. Sua tese fundamental é a *distinção radical* entre pensamento e linguagem, sendo esta reduzida a *expressão secundária* ou a um *instrumento* (*organon*) do pensamento. [...] A linguagem é apenas instrumento de participação enquanto revelação e exposição (*logos proforikós*) por meio dos sons daquilo que foi compreendido[37] (grifos do autor).

2.1.2. Aristóteles e a busca pela essência das coisas

Para Aristóteles, a filosofia tem por objetivo o desvendamento das causas primeiras, os princípios básicos que regem o mundo e, por isso, privilegia as ciências teóricas às práticas. Como exemplo, compara o papel do mestre de obras e dos operários, enaltecendo a superioridade do primeiro. Os operários, semelhantemente a alguns seres inanimados, agem sem saber o que fazem, tal como o fogo quando queima. Por outro lado, o mestre de obra é mais apreciável, não por ter aptidão prática, mas por possuir a teoria e conhecer as causas. Diz Aristóteles que "os empíricos sabem o 'quê', mas não o 'porquê'; ao passo que outros sabem o 'porquê' e causa".[38] Logo, o conhecimento sensível, empírico, é de menor valia, pois comum a todos, de fácil apreensão, não científico, diferentemente da filosofia, caracterizada como "ciência universal", que está muito além das sensações.[39]

É importante frisar que Aristóteles, nem por isso, despreza a experiência. Para o estagirita, chega-se ao conceito pela indução da experiência, como abstração do sensível. Mantém-se, portanto, a dicotomia sujeito/objeto, por meio da objetivação do sensível ao conceito, que, por um lado, busca-se livrar das características acidentais de determinado objeto e, por outro, unifica suas características essenciais que tornam uma coisa aquilo que ela é.

Neste passo surge a metafísica, enquanto ápice da objetivação, a mais nobre das ciências, campo do verdadeiro filósofo, que busca o conhecer pelo conhecer. Em razão disso, preocupa-se com a investigação de questões conceituais, desde os fundamentos da ciência até o fundamento da lógica e da linguagem.[40] Não sendo destinada a um fim espe-

---

[37] OLIVEIRA, 2006, op. cit., p. 22.

[38] ARISTÓTELES. *Os pensadores*: Tópicos dos argumentos sofísticos, Metafísica (livro I e II), Ética a Nicômaco, Poética. São Paulo: Abril Cultural, 1973, p. 212.

[39] Ibidem, p. 213-214.

[40] MODRAK, op. cit., p. 128.

cífico, a metafísica torna-se a ciência mais livre de todas, "pois só ela existe por si só".[41]

Contudo, na metafísica aristotélica, acentua-se a diferença entre linguagem e ser, buscando-se, com isso, a essência das coisas, como forma de expressão da verdade. A metafísica aristotélica, enquanto "ciência primeira", que se preocupa com a pesquisa das causas primeiras, busca estudar o ente enquanto ente – ontologia –, pensando-o em sua totalidade e generalidade. Ou seja, debruça-se sobre a substância suprassensível de tudo que existe. Neste quadro, a linguagem terá a função de significação da essência das coisas, a apreensão do seu conceito universal, ou seja, "Aristóteles acreditava que as palavras só possuíam um sentido definido porque as coisas possuíam essências".[42]

Este é o primeiro ponto a ser verificado no pensamento aristotélico – que o aproxima, neste particular, ao platônico –, qual seja, a dissociação entre a palavra e a coisa, elaborando-se uma teoria da significação para explicar a relação entre ambos, na qual se afirma a distância entre linguagem e ser. Assim, Aristóteles "vai fixar e até aprofundar a concepção designativa da linguagem elaborada por Platão, que termina concebendo a linguagem como algo secundário em relação ao conhecimento do real".[43]

Portanto, a linguagem não é a reprodução da coisa, ou seja, cópia fidedigna do real, mas seu símbolo; pois, enquanto símbolo, não se refere à existência ou não da coisa, abstraindo-se desta questão. Por isso, "o discurso enquanto tal não é o instrumento da revelação do real", representando seu "substituto necessário e imperfeito".[44]

É a essência ou substância (*ousía*), enquanto unidade objetiva, que fundamentará a significação das palavras. Por tal fato, em Aristóteles, "há uma unidade objetiva que fundamenta a unidade de significação das palavras que recebe de Aristóteles o nome de essência ou aquilo que é".[45] As palavras demonstram, portanto, essências. A linguagem põe-se como mero instrumento, que não pode ter autonomia em relação às coisas, pois significava suas essências – *adequatio intellectus et rei*. Portanto, a essência é o fundamento e a finalidade da linguagem, sua própria condição de possibilidade.

Por certo, o pensamento aristotélico diverge do platônico em vários pontos, principalmente no reconhecimento, por Aristóteles, do caráter

---

[41] ARISTÓTELES, op. cit., p. 215.

[42] STRECK, 2009a, op. cit., p. 124.

[43] OLIVEIRA, 2006, op. cit., p. 27.

[44] Ibidem, p. 31.

[45] STRECK, 2009a, op. cit., p. 124.

obrigatório da mediação linguística para acesso ao ser. Se, em Platão, a verdade deve ser buscada "nas coisas mesmas", sem mediação da linguagem, em Aristóteles, – apesar da cisão palavra/coisa – a essência das coisas somente pode ser conhecida pela linguagem. Contudo, a cisão entre linguagem e ser, ou entre o mundo sensível e o inteligível, mostra a divisão – que, nascida do mundo das ideias de Platão, seguirá séculos – da razão teórica e razão prática. Afirma Streck que:

> Como contraponto, tanto o idealismo platônico como o essencialismo realista aristotélico, embora discordantes entre muitos aspectos, convergem num ponto considerado por Platão e Aristóteles como fundamental: seja qual for a sua sede ou o seu lugar de origem, a verdade está enquanto tal preservada da corrupção e da mudança para sempre.[46]

Reconhece Stein que a teoria do ser em Aristóteles permanece "a meio caminho. A abstração na teoria aristotélica deixa muita coisa insolvida".[47] No processo de objetivação, ou seja, na busca de essências imutáveis, passa a tratar o ser como ente. Daí, desprezada a diferença ontológica, passa a se velar o ser. Portanto, como assevera Castanheira Neves, estes essencialismos significativos não pode prevalescer, pois "se sabe hoje, por um lado, da irredutível mediação constitutiva da linguagem".[48]

2.2. A filosofia da consciência e o surgimento do sujeito da modernidade

O ideal da metafísica clássica, em estabelecer uma real relação entre ser e essência, perdurou na história da filosofia, até a chegada do século XX, com a reviravolta causada pelo *cogito* de Descartes e as investigações filosóficas de Kant. Não se nega as contribuições de Duns Scotus, Guilherme de Ockham,[49] de Santo Agostinho, das teorias nominalistas[50] ou de São Tomás de Aquino.[51] Cumpre ressaltar que, para a presente pesquisa, é com Descartes e Kant que nasce e se desenvolve a metafísica moderna, calcada na filosofia da consciência.

Até o surgimento da obra de Descartes, pode-se afirmar, em síntese, que a preocupação hermenêutica estava voltada para a organização de princípios e métodos da interpretação. Iniciou-se pela interpretação bíbli-

---

[46] STRECK, 2009a, op. cit., p. 125.

[47] STEIN, Ernildo. *Uma breve introdução à filosofia*. 2. ed. Ijuí: Unijuí, 2005, p. 54.

[48] CASTANHEIRA NEVES, A. *O actual problema metodológico da interpretação jurídica I*. Coimbra: Coimbra Editora, 2003, p. 17.

[49] STRECK, 2010a, op. cit., p. 13.

[50] Ibidem, p. 127-136.

[51] MARRAFON, Marco Aurélio. *Hermenêutica e sistema constitucional*: a decisão judicial entre o sentido da estrutura e a estrutura do sentido. Florianópolis: Habitus, 2008, p. 55-58.

ca e, a partir do Iluminismo, ampliou-se a toda sorte de textos. Esta concepção da hermenêutica, essencialmente indistinguível da filologia, era marcada pelo objetivismo típico da metafísica clássica. Isto porque acreditava-se que o objeto era autônomo, ou seja, existia independentemente do intérprete, de sua experiência. Assim, o objeto possuía um sentido objetivo que podia ser determinado através de processos analíticos abstratos. Neste período, seguiu a linguagem como mero meio, instrumento, através do qual os sentidos são comunicados. A linguagem não possuía qualquer papel substantivo ou constitutivo do significado.

2.2.1. Descartes e o cogito

O *cogito* traduz-se no ponto primeiro à quebra do paradigma essencialista da filosofia clássica, para o subjetivismo da metafísica moderna. O sujeito, antes assujeitado pelo objeto – eis que buscava neste a verdade, através de sua "essência" –, torna-se assujeitador. É o primado da razão, pela qual as coisas só existem se pensadas por um sujeito. O conhecimento, como adverte Oliveira, não surge mais pela "visão" de um objeto, mas pela "produção", fruto da espontaneidade criadora do homem.[52]

O método cartesiano, refutando como falso tudo aquilo que pudesse levantar qualquer dúvida para, ao final, observar o que sobrava como verdadeiro, chegou ao *cogito*. Em outras palavras, ao observar a falibilidade dos sentidos e mesmo a dos pensamentos, deu-se conta Descartes que, por mais que qualificasse tudo como falso, tinha ele que pensar para chegar àquela conclusão. Como ele descreve:

> Mas logo depois atentei que, enquanto queria pensar assim que tudo era falso, era necessariamente preciso que eu, que o pensava, fosse alguma coisa. E, notando que esta verdade – *penso, logo existo* – era tão firme e tão certa que todas as mais extravagantes suposições dos cépticos não eram capazes de a abalar, julguei que podia admiti-la sem escrúpulo como o primeiro princípio da filosofia que buscava.[53]

Em Descartes, portanto, o sujeito, porque racional (*eu penso*), é o lugar da verdade e o ponto de partida para qualquer conhecimento. Inaugura-se, assim, a consiência-de-si-do-pensamento-pensante – em expressão criada por Streck[54] – e, portanto, o subjetivismo como reflexo da verdade. O método cartesiano visa à proteção do espírito contra a imperfeição discursiva e contra a crença ingênua na informação sensível. Partindo de uma única evidência originária (*cogito*), o método cartesiano se propõe a

---

[52] OLIVEIRA, M. A, 1981, op. cit., p. 8.

[53] DESCARTES, op. cit., 2001, p. 38.

[54] STRECK, 2009a, op. cit., p. 475.

fazer participar em toda a cadeia dedutiva do conhecimento esta evidência primeira, graças à sua perfeita coesão racional – à maneira das ciências exatas, encadeando os fenômenos em uma ordem causal observável –, que na conexão racional de suas proposições encontram a certeza, a verdade. Por isso, "em Discurso do Método, o método passava a ser o supremo momento da subjetividade e da possibilidade da certeza".[55]

Explicando a guinada do pensamento metafísico à subjetividade do *cogito*, afirma Heidegger:

> Descartes pergunta: qual é aquele ente que no sentido do *ens certum* é o ente verdadeiro? Para Descartes, entretanto, se transformou a essência da *certitudo*. Pois na Idade Média *certitudo* não significava certeza, mas a segura delimitação de um ente naquilo que ele é. Aqui *certitudo* ainda coincide com a significação da *essentia*. Mas, para Descartes, aquilo que verdadeiramente *é* se mede de uma outra maneira. Para ele a dúvida se torna aquela dis-posição em que vibra o acordo com o *ens certum*, o ente que é com toda certeza. A *certitudo* torna-se aquela fixação do *ens qua ens*, que resulta da indubitabilidade do *cogito* (*ergo*) *sum* para o *ego* do homem. Assim o *ego* se transforma no *sub-iectum* por excelência, e, desta maneira, a essência do homem penetra pela primeira vez na esfera da subjetividade no sentido da egoidade. De acordo com esta *certitudo* recebe o dizer de Descartes a determinação de um *clare et distincte percipere*. A dis-posição afetiva da dúvida é o positivo acordo com a certeza. Daí em diante a certeza se torna a medida determinante da verdade. A dis-posião afetiva da confiança na absoluta certeza do conhecimento a cada momento acessível permanece o *páthos* e com isso a *arché* da filosofia moderna.[56] (grifos do autor)

De uma forma geral, o racionalismo, que marca a forma moderna da metafísica, foi elaborado sobre o caráter produtivo do entendimento humano e "o saber metafísico se determinou como o autodesdobramento do projeto do espírito a partir exclusivamente do espírito puro".[57] Especificamente, em Descartes, sua dúvida metódica sua teoria do *cogito* promoveram, "o deslocamento do ponto arquimediano para dentro do homem, fez com que o espírito só pudesse conhecer aquilo que ele mesmo produzisse".[58]

Contudo, como demonstra a evolução do pensamento filosófico – principalmente a partir da *linguistic turn* – ilusória é a principal mensagem de Descartes, qual seja, de que o método é o caminho para a direção do espírito. O "eu penso" é tão problemático quanto o "eu existo", eis que o pensamento, em si, pressupõe certas condições e não ocorre *per se* sem mundo ou algum contexto espaço-temporal. Para Descartes, o ser do "eu" no *cogito* é simplesmente dado, pressuposto. Por isso, ressalta Heidegger sobre a falta da correta colocação da questão do ser, afirmando

---

[55] STRECK, 2009b, op. cit., p. 137.

[56] HEIDEGGER, 2006, op. cit., p. 31.

[57] OLIVEIRA, M.A, 1981, op. cit., p. 8.

[58] MARRAFON, 2008, op. cit., p. 32.

que "com o 'cogito sum', Descartes pretende dar à filosofia um fundamento novo e sólido. O que, porém, deixa indeterminado nesse princípio 'radical' é o modo de ser da res cogitans ou, mais precisamente, o *sentido do ser do 'sum'*".[59]

2.2.2. Kant e o tribunal da razão

A metafísica kantiana levou a filosofia ao ápice da subjetividade. A forma *a priori* da razão, ou seja, aquela estrutura prévia existente no sujeito, ainda que vazia de conteúdo, transforma em objeto quaisquer dados ao homem. Por isso, diz Kant que "das coisas conhecemos *a priori* só o que nós mesmos colocamos nelas".[60]

O sujeito, assim, cria seu objeto, em um processo de objetivação do mundo, na medida em que a mediação da subjetividade é condição de possibilidade do próprio conhecimento, pois a razão seria capaz de compreender o que ela mesma produz segundo seu projeto. O sujeito, a partir de então, não se orienta pelo objeto; ao contrário, é o objeto que é determinado pelo sujeito. Cria-se, portanto, o sujeito da modernidade, que, como enfatiza Streck, é o "assujeitador" das coisas.[61] Fica claro este posicionamento de Kant – do sujeito assujeitador – quando afirma que "até agora se supôs que todo o nosso conhecimento tinha que se regular pelos objetos; porém, todas as tentativas de, mediante conceitos, estabelecer algo *a priori* sobre os mesmos, através do que ampliaria o nosso conhecimento, fracassaram sob esta pressuposição".[62] Assim, não se podendo conhecer qualquer objeto em si mesmo, somente restaria ao homem pensá-los, projetá-los, em suma, criá-los por meio da razão pura.

Neste passo, a metafísica moderna reproduz o sistema sujeito-objeto. Está ela preocupada com os conceitos puros da razão, expurgando a faticidade, a experiência do ato de conhecer. A razão ocupa-se de si como única fonte do conhecimento. Assim, a cisão entre razão teórica e razão prática é levada ao extremo. Conforme Pires, "os antigos já tinham visto a dualidade teórica e prática da razão. Mas nunca operaram a cisão kantiana".[63]

---

[59] HEIDEGGER, Martin. *Ser e tempo*: parte I. 15. ed. Tradução Marcia Sá Cavalcante Schuback. Petrópolis: Vozes; Bragança Paulista: Editora Universitária São Francisco, 2005a, p. 53.

[60] KANT, Immanuel. *Crítica da razão pura*. Tradução Valério Rohden. São Paulo: Abril Cultural, 1980, p. 13.

[61] STRECK, 2010a, op. cit., p. 13.

[62] KANT, op. cit., p. 12.

[63] PIRES, Celestino. Os pressupostos de Kant na solução do problema da metafísica. In: OLIVEIRA, Manfredo Araújo de; et al. *Kant*: cadernos da UnB. Brasília: Editora UnB, 1981, p. 57.

Velou-se, ainda mais, o ser, que cede lugar ao sujeito. Assenta novamente Pires que "[...] o objeto não é, rigorosamente falando, ob-jeto, mas pro-jeto. Só conhecemos das coisas o que nelas pomos. [...] A noção de ser esvaziou-se. Esvaziamento esse que, no fim de contas, é acontecimento epocal na história da filosofia no Ocidente".[64]

A filosofia transcendental kantiana representa, portanto, o ponto máximo da subjetividade. Se na filosofia clássica buscava-se o sentido nas coisas, porque nelas havia uma essência, na metafísica moderna – figurando Kant como seu representante maior – busca-se o sentido no sujeito. Neste particular, "a Crítica kantiana cola o transcendental no sujeito e, nesse momento, ele passa a ser o lugar último e fundamento da verdade".[65] Contudo, uma filosofia calcada em tais pressupostos não pode subsistir. Como assevera Pires:

> Um ser assim esvaziado de conteúdo existentivo, diríamos "desexistencializado", "ens nominaliter sumptum" na linguagem tradicional, ser reduzido a *nome*, e não "verbaliter sumptum", não *verbo*, ser que não exerce o ato mesmo de ser, não podia fundamentar uma Metafísica aceitável.[66]

Pode-se dizer, com isso, que sempre se buscou, tanto na metafísica clássica quanto na moderna, um *fundamentum absolutum inconcussum veritatis*; na primeira, tal fundamento estava na "essência", passando, na segunda, à "consciência". Contudo, como mostrará o giro linguístico-ontológico, não há um fundamento último para se fundar o conhecimento. Trata-se do paradoxo do fundamento sem fundo, que leva ao existencial.

O projeto kantiano falha justamente neste ponto. Ao esvaziar o conteúdo do ser, afasta-o da temporalidade – que é a própria condição de sua possibilidade –, velando-o. Esquece, portanto, que a impossibilidade de definição do ser, seja pela finitude da própria representação ou pelo fato de ele acontecer apenas em si mesmo, antes de dispensar a questão de seu sentido, a impõe. Por isso, Heidegger afirma que Kant não conseguiu penetrar no problema da temporalidade por dois fatores: o primeiro, como dito acima, pela falta da questão do ser, situação que leva intimamente ao segundo, qual seja, "a falta de uma ontologia explícita da pré-sença ou, em terminologia kantiana, a falta de uma analítica prévia das estruturas que integram a subjetividade do sujeito".[67]

---

[64] PIRES, op. cit., p. 68.

[65] STRECK, 2010a, op. cit., p. 18.

[66] PIRES, 1981, op. cit., p. 68.

[67] HEIDEGGER, 2005a, op. cit., p. 52-53.

2.3. Como ainda se decide hoje: entre subjetivismos e objetivismos

O exercício da jurisdição ainda se encontra atrelado aos paradigmas filosóficos antes expostos. Não houve a recepção do giro linguístico, no qual decidir é interpretar e interpretar é aplicar. A impossibilidade de cisão entre interpretar e aplicar, com a superação da hermenêutica clássica – que divide a interpretação em partes: *subtilitas intelligendi, subtilitas explicandi* e *subtilitas applicandi* – acarreta uma nova forma de ver o Direito,[68] principalmente quanto à análise da decisão judicial, buscando suas condições de possibilidade.

As teorias acerca da decisão judicial tradicionalmente trabalhadas voltam-se ao objetivismo e ao subjetivismo na interpretação. A primeira considera que a lei traz em si a norma (desprezando a diferença ontológica entre ambas) e que, por isso, a interpretação judicial é objetivamente controlada pelas regras, as quais levam a uma correta determinação do significado do texto, como se a verdade estivesse "nas coisas", retomando a metafísica clássica. A segunda vê a interpretação judicial como sendo subjetivamente determinada pelas preferências valorativas pessoais do intérprete – como seu senso de justiça –, o qual, em última análise, dá ao texto o significado que lhe aprouver – como se houvesse um "grau zero" de significância (na expressão de Streck[69]) –, utilizando-se, também, como pano de fundo, uma visão metafísica, calcada na filosofia da consciência.

Assim, a aplicação do Direito é realizada por um sujeito solipsista, proprietário dos significados, que, julgando conforme sua consciência, acredita – de forma alienada – estar decidindo corretamente (com justiça) as questões que lhe são postas.

Contudo, ambas as visões são positivistas, cada uma ao seu modo, mas rejeitadas pela Nova Crítica do Direito. Nesta concepção, a interpretação não é uma atividade livre e discricionária; mas, ao revés, caracteriza-se por ser uma interação dialógica entre intérprete e texto, que é possível por meio de sua mútua participação em um meio comum na história e linguagem (tradição). Assim, nem o intérprete, nem o texto, independentemente, determinam o significado textual (norma); ambos contribuem, intersubjetivamente, para a determinação do significado, o qual somente pode acontecer na historicidade e faticidade (temporalidade). Portanto, é a superação do esquema sujeito-objeto pela concepção de

---

[68] "Tampouco o intérprete interpreta por partes, como que a repetir as fases da hermenêutica clássica: primeiro a *subtilitas intelligendi*, depois a *subtilitas explicandi*; e, por último, a *subtilitas applicandi. Claro que não!* Gadamer vai deixar isto muito claro, quando diz que esses três momentos ocorrem em um só: a *applicatio*" (STRECK, 2005, op. cit., p. 212-213, grifo do autor).

[69] STRECK, 2009b, op. cit., p. 77.

uma relação sujeito-sujeito (intersubjetiva). Diante disso, a resposta adequada a qualquer caso não está na atividade solipsista do intérprete ou, de outra forma, na letra da lei.

2.3.1. Ainda entre o objetivismo e o subjetivismo: o positivismo e sua impossibilidade de encontrar respostas corretas em Direito

Um ótimo exemplo para se explicar como a jurisdição ainda está entre o subjetivismo e o objetivismo interpretativo é a análise, feita por Streck,[70] do romance *Medida por Medida*, de Shakespeare. Na obra, Ângelo, exercendo o governo de Viena a pedido de Vicêncio, aplica uma antiga lei que previa tal punição àquele que fornicasse antes do casamento, condenando Claudio à morte, pois este havia se deitado com sua noiva, Julieta, advindo a gravidez.

A formosa Isabela, irmã de Cláudio, que estava prestes a ingressar em um convento, vai até Ângelo para pedir a libertação de seu irmão. Num primeiro momento, Ângelo diz: "Resignai-vos, bela menina, mas é a lei que pune vosso irmão, não sou eu".[71] Esta afirmação é a manifestação do objetivismo, remontando à metafísica clássica. Em outras palavras, como se a lei tivesse uma substância própria, basta a apreensão do sentido do texto e seu encaixe na situação fática (subsunção) e está resolvido o problema. Ângelo está completamente desvinculado e descomprometido com o resultado da aplicação da legislação.

Contudo, no transcorrer da trama, Ângelo se apaixona por Isabela e, não vendo outro caminho para se aproximar dela, diz que, se ela consentir em dormir com ele, Cláudio estará libertado. Conforme propõe Ângelo:

> Mas já que principiei, vou soltar rédeas ao instinto sensual: consente logo no que requer o meu desejo ardente, pára com essas sutilezas, esses ruts dispensáveis, que só servem para banir o que eles ambicionam; resgata o irmão, cedendo aos meus desejos o corpo; do contrário, não somente vai morrer ele a morte cominada e, ante a recusa tua, ora acrescida de morosa agonia.[72]

O que era um resultado quase mecânico, torna-se um atividade incontrolável, eis que não há qualquer espécie de freios à vontade de Ângelo. Dizendo de outra forma, o que era um ferrenho objetivismo passa a

---

[70] *DIREITO & LITERATURA*: do fato à ficção – Medida por Medida. Direção: Airton Nedel. Produção: Cecília Jacoby. Palestrantes: Lenio Luiz Streck, Lawrence Flores Pereira e Jader Marques. (28 min.). Disponível em: http://vimeo.com/13512251. Acessado em: 20.03.2011.

[71] SHAKESPEARE. *Medida por medida e conto do inverno*. Tradução: Carlos Alberto Nunes. São Paulo: Ediouro, 1999, p. 40.

[72] Ibidem, p. 50.

um subjetivismo desmedido. Como bem salienta Streck, "num primeiro momento, a lei valia tudo. Agora, frente à vontade de Ângelo, a lei não vale nada. Ângelo, de escravo da lei, vira seu dono".[73]

Shakespeare capturou de forma brilhante este sério problema, dizendo, por Isabela, "Oh bocas cheias de perigos, que, com uma língua apenas, tanto podem matar como dar vida, dobrando a lei com tais e tais caprichos, que o justo e o injusto espetam no apetite que os maneja à vontade!".[74] Atualmente, a jurisdição está envolta no mesmo problema, pois se verifica que, no seu exercício, o juiz, assim como Ângelo, faz do Direito aquilo que a sua vontade (consciência, enfim, subjetivismo) quiser.

Há a carência de uma teoria da decisão que suplante estes elementos positivistas. É importante ressaltar que tanto o objetivismo quanto o subjetivismo são posturas positivistas. Contudo, estas concepções ainda retratam o *habitus* – conforme assevera Bourdieu[75] – que norteia o senso comum teórico dos juristas – na expressão criada por Warat[76] –, principalmente em relação à teoria da decisão judicial, representando o estado da arte, sendo que se repristinam "antigas teses exegético-normativistas, de claro perfil objetivista, e, de outro, prolifera um conjunto de ações ativistas e/ou decisionistas, [...] transformando a subjetividade do intérprete no protagonista da história".[77]

Baseadas (ainda) nas visões acima delineadas, não recepcionando a viragem linguística, as teorias sobre a decisão judicial não conseguiram superar a grande questão posta à prova pelo positivismo: a discricionariedade judicial. Por isso, um dos grandes equívocos do modo de se fazer Direito, ainda hoje predominante, é a confusão estabelecida entre o exercício da jurisdição constitucional e a possibilidade de discrição judicial. A jurisdição constitucional, *locus* primordial para a realização de uma filtra-

---

[73] *DIREITO & LITERATURA*: do fato à ficção – Medida por Medida. Direção: Airton Nedel. Produção: Cecília Jacoby. Palestrantes: Lenio Luiz Streck, Lawrence Flores Pereira e Jader Marques. (28 min.). Disponível em: http://vimeo.com/13512251. Acessado em: 20.03.2011.

[74] Ibidem, p. 50.

[75] "(...) o *habitus* é um produto dos condicionamentos que tendem a reproduzir a lógica objetiva dos condicionamentos, mas introduzindo neles uma transformação: é uma espécie de máquina transformadora, que faz com que nós 'reproduzamos' as condições sociais de nossa própria produção, mas de uma maneira relativamente imprevisível, de uma maneira tal que não se pode passar simplesmente e mecanicamente do conhecimento das condições de produção ao conhecimento dos produtos". (BOURDIEU, Pierre. *Questões de sociologia*. Tradução: Jeni Vaitsman. Rio de Janeiro: Marco Zero, 1983, p. 105).

[76] "Chamar-se-á 'senso comum teórico' a essa montagem de noções – representações – imagens – saberes, presentes nas diversas práticas jurídicas, lembrando que tal conjunto funciona como um arsenal de ideologias práticas. Em outras palavras, essa montagem corresponde a normas que disciplinam ideologicamente o trabalho profissional dos juristas". (WARAT, Luis Alberto. *Mitos e teorias na interpretação da lei*. Porto Alegre: Síntese, 1979, p. 19).

[77] STRECK, 2008, op. cit., p. 110-111.

gem hermenêutico-constitucional, não possibilita ao juiz, de forma alguma, discrição na atribuição de sentido. Conforme afirma Streck, "[...] não há implicação necessária entre jurisdição constitucional e discricionariedade judicial, pela simples razão de que uma coisa não implica a outra".[78] Até porque, "[...] nem mesmo o Tribunal encarregado de dizer o Direito em *ultima ratio* pode decidir ao seu alvedrio".[79]

No Direito, como será visto nos capítulos subsequentes, a resposta de um caso não deve ser buscada exclusivamente na lei ("nas coisas") – como se ela, fora da *applicatio*, pudesse conter uma verdade em si – ou no próprio intérprete ("na consciência-de-si-do-pensamento-pensante"); pelo contrário, deve aquela ser buscada na virtuosidade do círculo hermenêutico, através da fusão dos horizontes dos sujeitos envolvidos, pois "um só é em face do outro".[80] Assim, o processo hermenêutico é sempre criativo e não meramente descritivo, bem como se torna o ato de conhecer um autoconhecimento,[81] "porque compreender é sempre o processo de fusão dos supostos horizontes para si mesmos".[82]

A tese objetivista representa um esforço para que seja deixada de lado, no momento de interpretação, qualquer influência valorativa do julgador. Tem por justificativa que a interpretação judicial deve ocorrer com base em outros nortes que a vontade de um juiz. Para tanto, buscam-se minimizar as brechas normativas (o problema das lacunas) e maximizar as exigências institucionais para que os juízes decidam conforme os *standards* legais gerais por mera subsunção, num processo lógico-dedutivo.

Para atender a tal desiderato, criou-se um verdadeiro endeusamento do método, pois somente a utilização de metodologias próprias poderia garantir a objetividade necessária para a formação do conhecimento jurídico. Estas metodologias preestabeleceriam critérios impessoais de avaliação, característicos ao próprio objeto, por meio dos quais este pudesse revelar seu significado intrínseco. Contudo, como visto, o método não passou do momento supremo da subjetividade.

As teorias objetivistas pregam uma separação entre o Direito positivo e considerações extralegais (cisão entre Direito, política e moral), as quais estariam afastadas do discurso jurídico. Por isso, "para um positi-

---

[78] STRECK, 2007, op. cit., p. 381.

[79] STRECK, 2009b, op. cit., p. 545.

[80] STRECK. In: LUCAS; SPAREMBERGER, op. cit., p. 381.

[81] "To understand always implies an element of self-understanding, self-implication, in the sense that it is always a possibility of my own self that is played out in understanding. [...] It is always a possibility of my understanding that is played out when I understand a text" (GRONDIN, Jean. Gadamer's basic understanding of understanding. In: DOSTAL, Robert J. *The cambridge companion to Gadamer*. Nova Iorque: Cambridge University Press, 2006, p. 36-51).

[82] STRECK, 2002, op. cit., p. 21.

vista, a tarefa da jurisprudência analítica, que é o estudo sistemático das leis e das instituições legais, é descobrir quais são as leis de um país, sem considerar se elas satisfazem ou não os padrões morais".[83] O propósito desta separação encontrava-se na possibilidade/necessidade da análise lógica do Direito positivo à apuração dos conceitos essenciais e estruturas do ordenamento jurídico.

A partir daí, o método para a interpretação judicial seria silogístico. Dar-se-ia a classificação jurídica dos fatos através de sua subsunção às regras gerais. Nesta concepção formalista, o sistema legal é lógico e fechado, no qual a decisão correta é dedutível de uma norma legal predeterminada, por uma operação puramente lógica.

O subjetivismo nasce da tentativa de superação do interpretativismo objetivista, o qual não respondeu aos anseios de assegurar a previsibilidade das decisões judiciais (eis que abre espaços para decisionismos) ou seu grau de justiça (sobretudo como um positivismo justificador da legalidade de estados totalitários).

O interpretativismo subjetivista acredita no sujeito da modernidade, no sujeito kantiano assujeitador do mundo. O intérprete cria seu próprio objeto de estudo. Delega-se ao juiz, da mesma maneira, a função de escolher as respostas que melhor o aprouver. Esta é a saída kelseniana, por exemplo, ao afirmar que a decisão é um ato de vontade.

O subjetivismo apresenta várias vertentes e tem como ponto comum a crença que o texto legal possui um vasto número de possíveis significados, sendo que a interpretação consiste em escolher um desses, processo no qual o juiz, expressando seus valores pessoais (extralegais), efetivará a escolha. Nesta concepção, os juízes, e não as regras, possuem a função criativa do significado (norma).

Em tal visão, acredita-se que o senso de justiça subjetivo inerente ao julgador será a mola mestra para a solução do litígio de forma justa. Logo, a intuição judicial sobre a justiça ao caso concreto motivaria o juiz a decidir de determinada forma. Acredita-se que o magistrado decide por sentimento e não por julgamento, por intuição e não por raciocínio, ou seja, o impulso vital para a decisão judicial é um senso intuitivo do que é certo ou errado para determinado caso.

Contudo, em pleno Estado Democrático de Direito, não se pode renunciar às conquistas alcançadas a duras penas, delegando-se ao juiz a possibilidade de (forma solipsista) dar as respostas que melhor lhe pare-

---

[83] APPIAH, Kwame Anthony. *Introdução à filosofia contemporânea*. Tradução Vera Lúcia Mello Joscelyne. Rio de Janeiro: Vozes, 2006, p. 245.

çam. Tribe e Dorf já afirmavam que os juízes, em suas decisões, devem buscar "algo mais do que somente suas visões pessoais".[84]

Da mesma forma, assevera Streck:

Daí a pergunta: por que, depois de uma intensa luta pela democracia e pelos direitos fundamentais, enfim, pela inclusão das conquistas civilizatórias nos textos legais-constitucionais, deve(ria)mos continuar *a delegar ao juiz a apreciação discricionária* nos casos de regras (textos legais) que contenham vaguezas e ambigüidades e nas hipóteses dos assim denominados *hard cases*? Volta-se, sempre, ao lugar do começo: *o problema da democracia e da (necessária) limitação do poder.* Discricionariedades, arbitrariedades, inquisitorialidades, positivismo jurídico: tudo está entrelaçado.[85]

2.3.2. A discricionariedade judicial e o "estado de natureza hermenêutico"

A discricionariedade judicial reflete a maior aporia do juspositivismo. Por um lado, Constituições são formuladas, fazem-se leis, estabelecem-se critérios para a resolução dos casos e, por fim, esquece-se de tudo isso e delega-se a decisão à consciência subjetiva do juiz.

Em plena democracia, não se pode depender da consciência de uma pessoa, a despeito das regras de convivência legitimamente estabelecidas, para a resolução de qualquer problema intersubjetivo. Trata-se, antes de tudo, de uma questão democrática. Se o povo tem o direito de se autogovernar, por meio dos meios institucionalmente estabelecidos, não pode um magistrado não eleito, por um ato de vontade, alterar os destinos fixados no exercício deste autogoverno, principalmente em relação ao pacto social fundante (Constituição), para, com isso, obedecer a sua consciência.

Em outras palavras, no solipsismo interpretativo, em que há a substituição do Direito por aquilo que o intérprete acredita que o Direito é, há um sério *déficit* de democracia, eis que ocorre o desvirtuamento daquilo que os representantes legitimamente escolhidos fixaram como regras gerais de convívio social para o axiologismo do intérprete (juiz), ou seja, para aquilo que o magistrado "acha bom" ou "acha melhor" para a sociedade. Por isso, ressalta Canotilho, "temos manifestado as mais sérias reticências a este ativismo por mais nobre que seja a sua intencionalidade solidária".[86]

---

[84] TRIBE; Laurence; DORF, Michael. *Hermenêutica constitucional*. Tradução Amarílis de Souza Birchal. Belo Horizonte: Del Rey, 2007, p. XLI.

[85] STRECK, 2010A, op. cit., p. 56.

[86] CANOTILHO, J. J. Gomes. O ativismo judiciário: entre o nacionalismo, a globalização e a pobreza. In: MOURA, Lenice S. Moreira de. *O novo constitucionalismo na era pós-positivista*: homenagem a Paulo Bonavides. São Paulo: Saraiva, 2009, p. 57.

Neste diapasão, cumpre diferenciar dois tópicos normalmente mal-resolvidos na teoria jurídica brasileira: a judicialização da política e o ativismo judicial. As confusões estabelecidas entre os dois fenômenos acarretam vários problemas, como a alegação, feita por Ramos, que Hércules – juiz criado por Dworkin – é ativista.[87] O equívoco não pode passar desapercebido, uma vez que a empreitada de Dworkin é justamente contra o ativismo. É necessário dizer apenas, neste momento – já que será melhor analisado no capítulo terceiro –, que o jurista americano cria sua teoria integrativa e compara o juiz com o escritor (*chains of law*) justamente para afastar qualquer discricionariedade na interpretação. Rotular de ativista um autor que defende justamente a hipótese de que para cada caso existe uma única resposta correta é, no mínimo, um grande equívoco.[88]

Outro exemplo de falta de compreensão é visto em Barroso, para quem a judicialização e o ativismo são primos, que, embora não decorreram da mesma causa imediata, aparecem frequentemente juntos. Assevera que a judicialização "significa que algumas questões de larga repercussão política ou social estão sendo decididas por órgãos do Poder Judiciário, e não pelas instâncias políticas tradicionais: o Congresso Nacional e o Poder Executivo".[89] O ativismo judicial, por sua vez, "é uma atitude, a escolha de um modo específico e proativo de interpretar a Constituição, expandindo o seu sentido e alcance".[90]

Portanto, o ativismo, para Barroso, está ligado a uma maior participação do Judiciário, interferindo no espaço destinado originalmente aos demais Poderes, para concretizar os valores (*sic*) constitucionais. Para tanto, afirma que as principais características do ativismo são: a aplicação direta da Constituição à situação que não está expressamente contida em seu texto, independentemente da existência de lei ordinária; critérios menos rígidos do que a ostensiva violação da Constituição para a declaração de insconstitucionalidade; e, a imposição de obrigações de fazer ou não fazer ao Poder Público, principalmente em políticas públicas.[91]

---

[87] RAMOS, Elival da Silva. *Ativismo judicial*: parâmetros dogmáticos. São Paulo: Saraiva, 2010, p. 31.

[88] Sobre estas concepções equivocadas de Dworkin, aponta Streck que "uma leitura apressada de Dworkin (e isso também ocorre com quem lê *Gadamer* como um filólogo, fato que ocorre principalmente no campo jurídico) dá uma falsa impressão de que Hércules é o portador de uma 'subjetividade assujeitadora'. Esse equívoco é cometido, inclusive, por François Ost, ao falar nos 'três modelos de juiz'" (STRECK, Lenio Luiz. *Hermenêutica jurídica e(m) crise*: uma exploração hermenêutica da construção do direito. 8. ed. Porto Alegre: Livraria do Advogado, 2009, p. 368-369).

[89] BARROSO, Luís Roberto. Judicialização, ativismo judicial e legitimidade democrática. *Revista Atualidades Jurídicas – Revista Eletrônica do Conselho Federal da OAB*, jan.-fev. 2009, p. 3. Disponível em: http://www.oab.org.br/oabeditora/users/revista/1235066670174218181901.pdf. Acesso em: 17 fev. 2010.

[90] Ibidem, p. 6.

[91] Ibidem.

Com isso, verifica-se que a divisão sugerida por Barroso não se encontra correta. A aplicação direta da Constituição, sem *interpositio legislatoris*, decorre da parametricidade constitucional e não mantém qualquer relação com o ativismo judicial. Assim, realizar a concreção da Constituição através da jurisdição – mesmo em caso próprio de judicialização (da política) – não pode ser confundido com o ativismo judicial. Na judicialização, o juiz está tão somente cumprindo sua tarefa constitucional. Posta a causa em juízo, o magistrado deve dar uma resposta àquele que bate às cidadelas da Justiça. Se, para tanto, aplica diretamente uma norma constitucional – seja regra ou princípio – nada mais faz do que sua função típica.

Da mesma forma, os critérios para a aferição da constitucionalidade de uma lei ou qualquer outro ato normativo não podem ser menos ou mais rígidos, pois ou esta lei (ou ato normativo) afronta à Constituição ou não! A fluidez dada às margens desses critérios – como se pudessem ser mais ou menos alargados – remonta à filosofia da consciência, na qual o sujeito cria o seu objeto de estudo, podendo, portanto, cada intérprete emprestar à Constituição o limite que bem quiser[92] e, a partir daí, uma postura ativista seria mais rígida e uma atitude de *self-restraint* seria mais condescendente na análise da constitucionalidade.

Esta distinção só pode ser feita a partir do positivismo, que acredita em múltiplas respostas, como se a posição pessoal do intérprete permitisse escolher uma ou outra. Assim, um "juiz ativista" decidiria corretamente de determinada forma, enquanto um "juiz da autocontenção" também apresentaria uma reposta igualmente correta embora diferente daquela formulada pelo primeiro. Portanto, é indevida a caracterização do ativismo baseando-o em grau mais ou menos rígido para a análise da constitucionalidade de qualquer ato.

Por fim, a imposição de obrigações de fazer ou não fazer ao Poder Público também não diferencia a judicialização do ativismo. Por vezes, o resguardo de um direito demanda a fixação de alguma obrigação a determinado ente público, sem que isso represente qualquer atitude ativista. Por exemplo, Streck cita dois casos em que, em ações civis públicas, juízes impuseram obrigações de fazer para a criação de vagas no ensino público. No primeiro deles, na Comarca de Joinville, o Município preferiu aplicar a verba em favor de um time de futebol local a atender a carência de 2.948 vagas no ensino fundamental. No segundo, ocorrido em Rio Claro, o magistrado concedeu a liminar para a criação das vagas suficientes

---

[92] Postura análoga será verificada em Kelsen, quando se analisar a questão da formação da moldura, verificando-se que os limites são definidos pelo próprio intérprete, que, querendo, pode levá-las até onde for necessário para albergar seus pensamentos.

para que não houvesse nenhuma criança fora da escola no ano de 1998, sendo que, neste caso, o Município não opôs resistência ao pedido.[93] São hipóteses em que a imposição de obrigação de fazer simplesmente decorreu da própria resposta hermeneuticamente correta ao caso dado, não havendo qualquer substituição daquilo que é exigido constitucionalmente pela vontade do próprio juiz. Desta feita, não se pode falar em fixação de obrigações ao Poder Público, mormente em relação às políticas públicas, para caracterizar o ativismo judicial.

Desta forma, não se pode misturar o ativismo judicial com a judicialização da política. No ativismo há a substituição dos juízos institucionalmente (e democraticamente) estabelecidos – através de um ordenamento jurídico construído sob a égide de uma Constituição democrática, ou seja, numa ordem em que há uma filtragem hermenêutico-constitucional das leis – pelos juízos dos próprios magistrados. Em outras palavras, larga-se mão da ordem constitucional e legal democraticamente construída, passando-se à consciência (o subjetivismo) do julgador.

A judicialização da política, por outro lado, é um fato que decorre do próprio aumento do caráter hermenêutico do Direito a partir do segundo pós-guerra.[94] Na medida em que os direitos sociais passam a fazer parte dos direitos fundamentais e, por outro lado, o Estado não os cumpriu sequer de forma mínima, a jurisdição aparece como lugar último ao cidadão para a garantia de tais direitos.

Isto pode ser demonstrado na própria evolução das formas de Estado. No Estado Liberal o papel da legislação é o dominante, preponderando a função do Parlamento, eis que a Constituição não passava de um pacto político e os direitos e obrigações eram fixados pela lei. O Executivo passou ao lugar de destaque no Estado Social, eis que sua atuação era central na implementação e promoção de políticas públicas para a concretização dos direitos sociais. Já no Estado Democrático de Direito, o pólo de tensão é deslocado à jurisdição, porquanto as Constituições, para além de cartas políticas, passam a representar, com seus textos compromissários e dirigentes, a possibilidade de alteração do quadro de injustiça social, com a instituição de um amplo rol de direitos fundamentais.

Por isso, num Estado como o Brasil, que há uma gama de direitos sociais não cumpridos, a judicialização é algo que certamente acontecerá. O cidadão que não tiver seu direito satisfeito pelos demais Poderes, procurará o Judiciário como recurso último à proteção de sua pretensão.

---

[93] STRECK, 2009, op. cit., p. 123-125.

[94] Ibidem, p. 9.

Portanto, diferentemente da judicialização, o ativismo representa risco à democracia, eis que é o subjetivismo do juiz que guiará a aplicação do Direito. Desta feita, pouco importará o texto constitucional ou as leis vigentes, pois a solução que prevalecerá é a visão pessoal do julgador.

Recente e bom exemplo para retratar o ativismo é da decisão do Supremo Tribunal Federal no julgamento conjunto da ADPF 132 e ADI 4277, que ganhou grande relevo na mídia por tratar das relações homoafetivas. Por critérios de política (no sentido empregado por Dworkin) os Ministros efetuaram a interpretação conforme à Constituição do art. 1.723 do Código Civil,[95] para alargar a possibilidade da união estável a pessoas do mesmo sexo.

Não se nega aqui a possibilidade e necessidade da regulação da matéria. Sem qualquer dúvida, a união de pessoas do mesmo sexo não pode ser deixada ao léu, como se não existisse. Por isso, seria propícia e desejável proposta de Emenda Constitucional para alterar o § 3º do art. 226 da Constituição Federal,[96] ou mesmo suprimi-lo, deixando a regulamentação da matéria à legislação ordinária. Contudo, até que seja proposta e aprovada, deve-se conviver e respeitar o citado artigo, mesmo porque ele representa a ordem democrática instituída em 1988. Na decisão, consignou o Relator Ministro Ayres Britto:

> Pelo que dou ao art. 1.723 do Código Civil interpretação conforme à Constituição para dele excluir qualquer significado que impeça o reconhecimento da união contínua, pública e duradoura entre pessoas do mesmo sexo como "entidade familiar", entendida esta como sinônimo perfeito de "família". Reconhecimento que é de ser feito segundo as mesmas regras e com as mesmas conseqüências da união estável heteroafetiva.[97]

Entretanto, surge a primeira questão: como se fazer uma interpretação conforme de um dispositivo legal que tão somente repete o texto da própria Constituição? A restrição ao reconhecimento da relação homoafetiva como união estável não é uma questão legal, mas constitucional. O § 3º do art. 226 da Constituição Federal refere-se apenas às uniões entre homem e mulher. Portanto, a decisão do STF ultrapassou o próprio limite semântico da norma constitucional. Trata-se, portanto, de um positivismo que, dependente da discricionariedade, ultrapassa as concepções de Kelsen e Hart ou, como diz Streck, mostra como ambos foram traídos.[98]

---

[95] Art. 1.723. É reconhecida como entidade familiar a união estável entre o homem e a mulher, configurada na convivência pública, contínua e duradoura e estabelecida com o objetivo de constituição de família.

[96] Art. 226. (...) § 3º – Para efeito da proteção do Estado, é reconhecida a união estável entre o homem e a mulher como entidade familiar, devendo a lei facilitar sua conversão em casamento.

[97] Voto na ADPF 132 e ADI 4277, p. 49. Disponível em: http://www.stf.jus.br/arquivo/cms/noticia-NoticiaStf/anexo/ADI4277.pdf. Acessado em: 21.06.2011.

[98] "O que ocorreu é que os positivistas de *terrae brasilis* traíram Herbert Hart e Hans Kelsen, os quais, embora defensores do poder discricionário dos juízes, admitiam que este se dava somente nos limites

Isso porque a condução da votação no STF ocorreu por critérios não legais (argumentos de política). O voto condutor, do Relator Ministro Ayres Britto, defendeu a necessidade de eliminação o preconceito de sexo, protegendo-se um segmento social historicamente desfavorecido. Para burlar o § 3º do art. 226 da Constituição Federal, o Ministro-Relator, em suas próprias palavras, deu "salto triplo carpado hermenêutico"[99] para encaixar o texto à sua vontade. Afirma, para tanto, que a utilização da dicotomia homem-mulher só representa o desejo do constituinte em ver a conversão da união estável em casamento, que em nossa tradição sociocultural-religiosa é realizado entre pessoas de sexos distintos, além de asseverar que o objetivo de ver homens e mulheres igualados, como uma espécie de bandeira de luta albergada pela Constituição, e que, por isso, não se poderia utilizar o dispositivo para não se regular, da mesma forma, a união hétero ou homoafetiva. Assim, para o Ministro, apenas uma direta e explícita proibição poderia alterar esta situação.[100]

A argumentação do Ministro Ayres Britto – de que não há uma proibição expressa – não prevalece. A expressão "homem e mulher" possibilita afirmar que não está incluída como união estável uma relação de pessoas do mesmo sexo, uma vez que "homem e mulher" não pode ser entendido como "homem e homem" ou "mulher e mulher". A lógica utilizada pelo Ministro, ao exigir uma proibição expressa, é a mesma usada por uma pessoa que, ao visualizar em um parque a placa "não pise na grama", passe a correr ou pular sobre ela, alegando que o ato proibido era o de pisar e não o de correr ou pular.

No mesmo sentido, manifestou-se a Ministra Cármen Lúcia,[101] apontando o histórico de intolerância a grupos minoritários no Brasil, bem como o Ministro Marco Aurélio,[102] o qual, ressaltando argumentos de política, salientou os altos índices de homicídios por homofobia e o fato de

---

da 'moldura do texto' (limites semânticos, portanto), e não para além desses contornos. Ou seja, a discricionariedade admitida pelos positivismos hartiano e keleniano foi transformado em arbitrariedade. Assim, para o positivismo praticado no Brasil parece natural que, em determinados momentos – mesmo em plena vigência da Constituição Democrática de 1988 – os 'limites semânticos' (a moldura) possam vir a ser ultrapassados, sob 'argumentos' tais como: em nome da 'justiça', 'dos valores esculpidos na norma', etc." (STRECK, Lenio Luiz. *Verdade e consenso*: constituição, hermenêutica e teorias discursivas: da possibilidade à necessidade de respostas corretas em direito. 3. ed. Rio de Janeiro: Lumen Juris, 2009, p. 394-395).

[99] Esta foi a designação do Min. Ayres Britto à manifestação do Min. Cezar Peluso nos debates do julgamento da Lei Ficha Limpa (RE 630147).

[100] Voto na ADPF 132 e ADI 4277, p. 41-43. Disponível em: http://www.stf.jus.br/arquivo/cms/noticiaNoticiaStf/anexo/ADI4277.pdf. Acessado em: 21.06.2011.

[101] Ibidem.

[102] Ibidem.

que a população homossexual paga impostos, vota e está sujeita às leis como outros cidadãos.

Esta solução é seguida pelo Ministro Ricardo Lewandowski, ao afirmar que as formas de entidade familiar, dispostas no art. 226 da Constituição Federal, são meramente exemplificativas e que, assim, seria viável somar-se a elas a união homoafetiva. Afirma o Ministro que as relações homoafetivas são uma realidade de elementar constatação empírica, exigindo o devido enquadramento jurídico.[103]

Concorda-se com o Ministro, nesta última frase, em gênero, número e grau. Efetivamente há uma realidade que demanda o enquadramento jurídico próprio. Contudo, o que não se pode aceitar é que o Judiciário, substituindo-se ao constituinte e ao legislador, passe a formular o regulamento jurídico à situação. Esta não é sua função e o ativismo aparece justamente neste ponto, em que o STF substitui o texto constitucional pelo que o tribunal acha melhor para a sociedade.

Aceitando-se que o STF tem esse poder, não se poderá fazer nada quando, por exemplo, os Ministros entenderem que a liberdade de ir e vir pode ser cerceada por qualquer autoridade administrativa e que a pena de morte poderia ser aceita em tempos de paz, face à gravidade do delito praticado, pois seria a decisão mais justa. Estas são as facetas do ativismo. Ele desvirtua os rumos estabelecidos pela própria nação, expressados pela Constituição, passando ao subjetivismo do julgador, razão pela qual é um sério problema democrático, devendo ser expurgado da prática judiciária, para o bem ou para o mal, pois bons ativismos nada mais são do que a porta de entrada para os maus.

Referido julgamento até pode ter representado às aspirações sociais um exemplo de bom ativismo. Todavia, é um julgamento antidemocrático e que retira a autonomia do próprio Direito – e é nesta acepção que deve ser rechaçado –, pois o STF não tem o poder de substituir o constituinte reformador e realizar, pela jurisdição, a pretendida Emenda Constitucional.

Não se trata de seguir a intenção dos constituintes originários (*framers*), como num originalismo *a la* Scalia, como fez crer o Ministro Ricardo Lewandowski, ao fazer menção às discussões da Assembleia Nacional Constituinte, expondo que eles queriam excluir as uniões entre pessoas do mesmo sexo. Nesta quadra da história, está superada a controvérsia entre a vontade da lei e a vontade do legislador.[104] Busca-se apenas o res-

---

[103] Voto na ADPF 132 e ADI 4277, p. 41-43. Disponível em: http://www.stf.jus.br/arquivo/cms/noticiaNoticiaStf/anexo/ADI4277RL.pdf. Acessado em: 21.06.2011.

[104] Sobre esta questão ver: STRECK, Lenio Luiz *Hermenêutica jurídica e(m) crise*: uma exploração hermenêutica da construção do direito. 8. ed. Porto Alegre: Livraria do Advogado, 2009, p. 96-100.

peito à Constituição, ou seja, que a jurisdição seja prestada de forma adequada a ela, e não por motivações pessoais, por melhores que sejam os objetivos e intenções.

Entretanto, convive-se com este grande subjetivismo, situação que leva ao "estado de natureza hermenêutico" – na expressão criada por Streck[105] –, no qual cada juiz chega a "sua resposta correta", pois é o próprio intérprete que julga a correção de sua decisão, como se o Direito não possuísse uma história institucional própria, ou se pairasse um "grau zero de sentido",[106] no qual cada um estivesse autorizado a decidir da maneira que quiser. Trata-se o Direito como uma colcha de retalhos ao invés de um romance escrito a várias mãos, como diz Dworkin.[107]

O paradigma da subjetividade, calcado na filosofia da consciência, agasalha este decisionismo (discricionariedade), que se apresenta em três principais formas: 1 – a pressuposição, com base em Kelsen, que a decisão judicial é ato de vontade; 2 – baseando o ato de julgar em um sujeito solipsista; 3 – buscando a justificação das decisões no plano de uma racionalidade argumentativa[108] (a qual, especificamente, será analisada no capítulo terceiro do presente trabalho, quando se analisará a resolução dos casos difíceis segundo a teoria de Lorenzetti).

2.3.2.1. *O positivismo e a decisão como ato de vontade: a interpretação em Kelsen*

A primeira forma de aparição da discricionariedade judicial na prática judicial atual é a filiação ao pensamento de Kelsen, fundada no capítulo VIII de sua Teoria Pura, apresentado na segunda edição da obra, de que a decisão é um ato de vontade do julgador. De uma forma geral, Kelsen entende a interpretação como "a fixação por via cognoscitiva do sentido do objeto a interpretar".[109] Como se vê, baseia-se na estrutura sujeito-objeto, típico de uma doutrina neokantista, que fica dependente, portanto, da filosofia da consciência.

---

[105] STRECK, Lenio Luiz. *Verdade e consenso*: constituição, hermenêutica e teorias discursivas: da possibilidade à necessidade de respostas corretas em direito. 3. ed. Rio de Janeiro: Lumen Juris, 2009, p. 411.

[106] Ibidem, p. 77.

[107] DWORKIN, Ronald. *O império do direito*. 2. ed. Tradução: Jefferson Luiz Camargo. São Paulo: Martins Fontes, 2007, p. 276.

[108] STRECK, Lenio Luiz. *O que é isto – decido conforme minha consciência?* Porto Alegre: Livraria do Advogado, 2010, p. 23-27.

[109] KELSEN, Hans. *Teoria pura do direito*. 8. ed. Tradução João Baptista Machado. São Paulo: Martins Fontes, 2009, p. 390.

A primeira distinção por ele formulada aborda a essência da interpretação. Para o citado jurista, a interpretação seria autêntica e não autêntica. A primeira refere-se à interpretação realizada pelo órgão jurídico que tem como função a aplicação do Direito. A segunda é procedida por aqueles que devem observar o Direito, evitando os comportamentos que possam dar azo à aplicação de qualquer sanção, bem como pela ciência jurídica, quando descreve o Direito. Importante ressaltar que somente a interpretação autêntica cria a norma individual e, portanto, a não autêntica em nada pode limitar – ou criar qualquer controle epistemológico – a atividade do juiz.

O jurista define a interpretação autêntica como o processo mental que acompanha a aplicação na análise do ordenamento jurídico, "no seu progredir de um escalão superior para um escalão inferior".[110] Por isso, a interpretação tem como finalidade "saber qual o conteúdo que se há de dar à norma individual de uma sentença judicial ou de uma resolução administrativa, norma essa a deduzir da norma geral da lei na sua aplicação a um caso concreto".[111]

Como se pode ver, a sentença judicial faz parte do sistema normativo piramidal de Kelsen, como a norma individual que regulará o caso concreto. Assim, como tal, deve buscar sua validação no escalão superior do ordenamento – a lei – que, por sua vez, terá sua validade albergada pelo escalão superior: a Constituição, que terá por fundamento a norma hipotética fundamental.

A relação entre os escalões do ordenamento jurídico é concebida por Kelsen como de "determinação ou vinculação". Contudo, como ressalta o jurista, esta determinação nunca é completa, ou seja, sempre há um espaço, ora maior, ora menor, de livre apreciação do intérprete. E, aqui, nasce o subjetivismo na teoria kelseniana. Reconhece o jurista de Viena que uma norma não pode trazer em si todas as hipóteses de sua própria aplicação, e, portanto, ela poderá formar, no máximo, um quadro ou moldura, no interior do qual o intérprete, na especificação da norma individual – sentença – encontrará uma variedade de respostas. Kelsen parte do pressuposto de que há uma relativa indeterminação do ato de aplicação do Direito. Por isso, afirma que "mesmo uma ordem o mais pormenorizada possível tem de deixar àquele que a cumpre ou executa uma pluralidade de determinações a fazer".[112]

Estas indeterminações do Direito podem ocorrer, segundo Kelsen, por duas formas: a intencional, que deriva da vontade do órgão compe-

---

[110] KELSEN, op. cit., p. 387.

[111] Ibidem, p. 387.

[112] Ibidem, p. 388.

tente para estabelecer a norma (da intenção do legislador – quando relativo à lei – ou das partes – no caso de um contrato), e a não intencional, devotada a própria indeterminação semântica das palavras. Ambos os casos levam à multiplicidade de respostas possíveis, sendo que ao intérprete – juiz – é facultada a escolha de qualquer delas, pois, uma vez que se encontram dentro da moldura formada pelo escalão superior, todas são conforme o Direito.

Com base nesse pressuposto, Kelsen afirma que a sentença não apresenta *a* resposta ao caso concreto, mas *uma* das respostas possíveis. Com isso, afasta-se da tradição positivista até então propagada, de um positivismo exegético que, junto com Montesquieu, viu na interpretação apenas a utilização de uma *ratio* que levaria a única resposta possível, fundada na própria lei, ou "como se tratasse tão somente de um ato intelectual de clarificação e de compreensão, como se o órgão aplicador do Direito apenas tivesse que pôr em ação o seu entendimento (razão), mas não a sua vontade, (...)".[113]

É importante ressaltar este ponto, uma vez que Kelsen é extremamente mal-interpretado pelo senso comum teórico dos juristas. O jurista de Viena é tipicamente confundido com o defensor de que o juiz é o mero reprodutor da lei, estando por ela amarrado, como um "escravo da lei". Trata-se de um equívoco entre o positivismo exegético, nascido em Montesquieu, e o desenvolvido por Kelsen, um (neo)positivismo normativista.

Aos olhos kelsenianos, o magistrado está longe de ser o escravo da lei, ou seja, em nada se assemelha ao juiz *la bouche de la loi*; pelo contrário, ele decide por ato de vontade, porque não há um critério – ou mesmo um metacritério – para distinguir, entre as possibilidades possíveis de interpretação, aquela que deve ser aplicada ao caso. Por isso, a busca por uma resposta correta, para Kelsen, não está circunspecta à teoria do Direito, mas se trata de um problema de política do Direito. Assim, a sentença – e genericamente qualquer ato de aplicação – é um puro ato voluntarista do juiz, que, de forma subjetiva, escolhe, entre várias possibilidades, aquela que lhe aprouver. O juiz, portanto, "é um criador de Direito e também ele é, nesta função, relativamente livre".[114]

Porém, nem mesmo a criação da moldura afasta o completo arbítrio do intérprete. Primeiro, porque é ele mesmo quem cria o quadro, ou seja, remontando a própria filosofia da consciência, na subjetividade do próprio intérprete é que haverá a distinção de qual das interpretações estarão dentro da moldura e quais permanecerão fora dela, demonstrando, cla-

---

[113] KELSEN, op. cit., p. 391.

[114] Ibidem, p. 393.

ramente, como o método, dentro do conhecimento jurídico, apresenta-se como momento máximo da subjetividade do intérprete. Como descreve Dimoulis, "quem afirma, como Kelsen, que o posicionamento do aplicador é o único relevante confessa que o projeto interpretativo fracassa e admite que, virtualmente, tudo pode ser apresentado como situado dentro da moldura".[115]

Com isso, possibilita-se ao juiz adquirir a propriedade dos significados e tornar norma individual aquilo que bem quiser, pois pode alargar *ad infinitum* as bordas da moldura, fazendo constar, em seu interior, qualquer resposta que desejar. Como bem afirmam Tavares e Osmo, "como cabe ao próprio aplicador estabelecer os contornos dessa moldura que comportará um *pool* de soluções admissíveis, ele poderá estendê-los a ponto de abarcar a sua decisão".[116]

Assim, no processo interpretativo proposto por Kelsen, a competência é autorreferencial, ou seja, o magistrado detém competência para fixar sua própria competência, remetendo a decisão judicial ao mero arbítrio do julgador para um "faça o que quiser".[117]

Além disso, mesmo decidindo o juiz fora da moldura, não prevê a doutrina kelseniana solução para o problema, ou seja, em situações limítrofes, esta moldura "pode até ser ultrapassada".[118] Reconhece Kelsen que através de todo o processo de interpretação, "não somente se realiza uma das possibilidades reveladas pela interpretação cognoscitiva da mesma norma, como também se pode produzir uma norma que se situe completamente fora da moldura que a norma a aplicar representa",[119] afirmando que este ato – uma vez que já não pode ser anulado – como no caso da sentença com trânsito em julgado, cria Direito (a norma jurídica individual).

Tavares e Osmo tratam a hipótese como uma "cláusula alternativa tácita", a qual prevê que, até ser anulada pela autoridade competente, a norma individual permanece válida, ainda que em desacordo material com a norma do escalão superior que lhe serviu de base.[120] Portanto, desde que haja definição da competência de determinada autoridade judiciária,

---

[115] DIMOULIS, Dimitri. *Positivismo jurídico*: introdução a uma teoria do direito e defesa do pragmatismo jurídico-político. São Paulo: Método, 2006, p. 211.

[116] TAVARES, André Ramos; OSMO, Carla. Interpretação jurídica em Hart e Kelsen: uma postura (anti)realista? In: DIMOULIS, Dimitri; DUARTE, Écio Oto. *Teoria do direito neoconstitucional*. São Paulo: Método, 2008, p. 154.

[117] DIMOULIS, op. cit., p. 212.

[118] STRECK, Lenio Luiz. *O que é isto – decido conforme minha consciência?* Porto Alegre: Livraria do Advogado, 2010, p. 63.

[119] KELSEN, op. cit., p. 394.

[120] TAVARES; OSMO, op. cit., p. 149-153.

sua decisão é válida mesmo se prolatada em qualquer sentido – inclusive com afronta à lei ou à Constituição – até que seja reconhecida a ilegalidade (inconstitucionalidade) pelo órgão revisor competente.[121]

Ao discorrer sobre o conceito de validade em Kelsen, Barzotto demonstra a inconsistência da teoria pura em explicar os casos de não vinculação de uma norma – no caso a individual – do escalão inferior ao superior:

> a) Se as normas superiores contêm uma autorização "aberta" ao órgão, de modo que este pode ou não segui-la ao seu arbítrio, ela nunca pode ser desobedecida, o que a anula enquanto norma. b) Se a norma superior deixa a possibilidade de determinação do procedimento e da matéria a ser regulada pelo órgão competente, não se vê porque ela não deixaria em aberto a própria determinação do órgão. Daí ser legítima a queixa que se apresenta nestes termos: "Não pode deixar de ser desalentadora, portanto, uma tese que induz a sustentar que o Direito positivo autoriza a qualquer pessoa a ditar normas mediante qualquer procedimento e sobre qualquer matéria".[122]

Se, por um lado, existe a moldura – como freio epistemológico –, por outro, ela não vincula o intérprete. Logo, se o aplicador possui a competência de decidir de forma definitiva, a decisão valerá independentemente da observância da moldura ou do próprio ordenamento jurídico. Desta forma, como sustenta Rocha, Kelsen "aceitaria a total irracionalidade da interpretação feita pelos órgãos do Direito",[123] uma vez que não há relação – vinculação – entre o ato de vontade no julgar e o seu elemento cognitivo. Assim, "não há métodos ou critérios que 'segurem' a interpretação".[124]

Todavia, esta teoria provoca um deficit democrático, uma vez que há, no ato de julgar, a substituição da ordem democraticamente estabelecida pelas preferências pessoais (consciência) do julgador. Mesmo com este déficit, a teoria da interpretação kelseniana ainda norteia o senso comum teórico, principalmente dos próprios julgadores, situação vislumbrada nas decisões dos tribunais pátrios, ou mesmo em obras escritas por magistrados. Mesmo no Supremo Tribunal Federal (STF) esta visão ainda se faz presente, eis que o ministro Marco Aurélio já ressaltou que "toda e qualquer interpretação consubstancia ato de vontade, devendo o intérprete considerar o objetivo da norma".[125]

---

[121] "Portanto, na concepção de Kelsen, existe uma autorização tácita para que se crie uma norma com qualquer conteúdo, inclusive fora da moldura, simplesmente por força da regra jurídica que prevê aquela autoridade ou órgão como fonte do Direito autorizado" (Ibidem, p. 150).

[122] BARZOTTO, Luis Fernando. *O positivismo jurídico contemporâneo*: uma introdução a Kelsen, Ross e Hart. 2. ed. Porto Alegre: Livraria do Advogado, 2007, p. 59.

[123] ROCHA, Leonel Severo. *Epistemologia jurídica e democracia*. 2. ed. São Leopoldo: Unisinos, 2003, p. 109.

[124] STRECK, 2010a, op. cit., p. 66.

[125] BRASIL. Supremo Tribunal Federal. Agravo de Instrumento 218668 AgR/MG. Relator: Ministro Marco Aurélio. 13 dezembro. 1998. DJ 16 abr. 1999, p. 10. Disponível em: www.stf.jus.br. Acesso em: 30 maio 2011.

Existem, entre vários, sérios problemas neste julgado. Primeiro, apresenta uma ementa performática. Há, é bem verdade, certa pompa e erudição na ementa que não se reproduz no voto. É um perfeito exemplo da estrutura dual já denunciada por Rosa, no manifesto, há um "efeito estético persuasivo de semblante", contudo, no latente, mantém-se o "vazio significante".[126] No caso, a ementa – que teria por finalidade resumir o conteúdo do julgamento – é mais longa que o próprio voto. Apesar de ressaltar a decisão como ato de vontade e o objetivo da norma como fim da interpretação, não há, no curso dos fundamentos apresentados, qualquer menção a tais questões.

Isso bem demonstra a falta de uma maior problematização da própria questão do julgar e a função dos precedentes no sistema jurídico, comprovando a afirmação de Rosa, para quem "as decisões judiciais deixaram de dizer o caso. Elas são produzidas para serem vistas".[127] Em outras palavras, falta uma teoria que fundamente a prática atual do Direito. Redige-se uma ementa para demonstrar uma pretensa erudição – e por isso, performática – que, apesar de não servir sequer para a reconstrução da tradição jurídica, dará azo para várias citações, sem, contudo, preocupar-se com a resolução, de forma autêntica, do caso posto.

A citada ementa, além de representar um positivismo ultrapassado, multiplica-se, no seu vazio, em diversos outros acórdãos pelo país. Bom exemplo à constatação do presente problema é o que ocorre no Tribunal Regional Eleitoral do Estado de Santa Catarina (TRE-SC). No julgamento dos recursos eleitorais relativos ao pleito de 2010, há a citação do precedente do STF em nove casos,[128] sendo que em nenhum deles, novamente, a questão chegou sequer a ser trabalhada no transcorrer dos votos. Da mesma forma, no Tribunal de Justiça do Estado de Santa Catarina (TJSC),

---

[126] ROSA, Alexandre Moraes da. Apresentação. In: RAMIRES, Maurício. *Crítica à aplicação de precedentes no direito brasileiro*. Porto Alegre: Livraria do Advogado, 2010, p. 23.

[127] ROSA, Alexandre Morais. *Garantismo jurídico e controle de constitucionalidade material*: aportes hermenêuticos. 2. ed. Rio de Janeiro: Lumen Juris, 2011, p. 103.

[128] BRASIL. Tribunal Regional Eleitoral do Estado de Santa Catarina. *Recurso em prestação de contas n. 1943*; 59. BRASIL. Tribunal Regional Eleitoral do Estado de Santa Catarina. *Matéria Administrativa n. 29*; 53. BRASIL. Tribunal Regional Eleitoral do Estado de Santa Catarina. *Recurso contra decisões de juízes eleitorais n. 1213*; 52. BRASIL. Tribunal Regional Eleitoral do Estado de Santa Catarina. *Recurso contra decisões de juízes eleitorais n. 1486*; 55. BRASIL. Tribunal Regional Eleitoral do Estado de Santa Catarina. *Recurso contra decisões de juízes eleitorais n. 1937*; 56. BRASIL. Tribunal Regional Eleitoral do Estado de Santa Catarina. *Recurso contra decisões de juízes eleitorais n. 2025*; 57. BRASIL. Tribunal Regional Eleitoral do Estado de Santa Catarina. *Recurso contra decisões de juízes eleitorais n. 2033*; 51. BRASIL. Tribunal Regional Eleitoral do Estado de Santa Catarina. *Recurso contra decisões de juízes eleitorais n. 1885*; 58. BRASIL. Tribunal Regional Eleitoral do Estado de Santa Catarina. *Recurso contra decisões de juízes eleitorais n. 24343*.

a partir do ano de 2010, o mesmo acórdão foi citado em 22 oportunidades.[129]

No Superior Tribunal de Justiça (STJ), de igual forma, há julgados que remontam à teoria kelseniana da decisão judicial como ato de vontade. Apoiado em Moacyr Amaral dos Santos, o então ministro do STJ, Carlos Alberto Menezes Direito, assentou que a sentença, apesar de não arbitrária, é um ato de vontade.[130] Da mesma maneira, a ministra Eliana Calmon, ao analisar a alegação de erro material na sentença que decidiu acerca dos expurgos inflacionários em cadernetas de poupança, afastou tal tese "porque a inclusão dos expurgos foi ato de vontade do julgador (...)".[131]

Por seu turno, no Tribunal de Justiça do Estado de Minas Gerais (TJMG) reitera-se tal posicionamento, com a afirmação de que "embora a decisão do juiz seja ato de vontade, não é ato de imposição de vontade, devendo traduzir-se em ato de justiça, do qual devem ser convencidas não somente as partes, como também a opinião pública".[132] Não fosse o apego ao positivismo normativista, há, no acórdão, uma mixagem teórica comum e equivocada: junta-se a ideia kelseniana, de decisão como ato de vontade, com a teoria discursiva habermasiana, buscando a correção da decisão judicial pelo consenso por ela criado. Erra, portanto, duplamente.

O Tribunal de Justiça do Estado de São Paulo (TJSP) reiteradamente manifesta-se do mesmo modo, assentando que:

---

[129] BRASIL. Tribunal de Justiça do Estado de Santa Catarina. *Agravo de Instrumento n. 2010.011825-0*; 29. BRASIL. Tribunal de Justiça do Estado de Santa Catarina. *Apelação Cível n. 2010.041750-5*; 32. BRASIL. Tribunal de Justiça do Estado de Santa Catarina. *Apelação Cível n. 2010.047511-2*; 33. BRASIL. Tribunal de Justiça do Estado de Santa Catarina. *Apelação Cível n. 2010.056881-9*; 34. BRASIL. Tribunal de Justiça do Estado de Santa Catarina. *Apelação Cível n. 2009.027762-2*; 40. BRASIL. Tribunal de Justiça do Estado de Santa Catarina. *Apelação Cível em Mandado de Segurança n. 2009.075449-2*; 35. BRASIL. Tribunal de Justiça do Estado de Santa Catarina. *Apelação Cível n. 2010.031304-9*; 36. BRASIL. Tribunal de Justiça do Estado de Santa Catarina. *Apelação Cível n. 2009.068530-0*; 37. BRASIL. Tribunal de Justiça do Estado de Santa Catarina. *Apelação Cível n. 2010.010200-6*; 44. BRASIL. Tribunal de Justiça do Estado de Santa Catarina. *Agravo (§ 1º art. 557 do CPC) em Apelação Cível n. 2010.015589-4*; 45. BRASIL. Tribunal de Justiça do Estado de Santa Catarina. *Agravo (§ 1º art. 557 do CPC) em Apelação Cível n. 2010.012326-8*; 38. BRASIL. Tribunal de Justiça do Estado de Santa Catarina. *Apelação Cível n. 2010.020402-5*; 46. BRASIL. Tribunal de Justiça do Estado de Santa Catarina. *Agravo (§ 1º art. 557 do CPC) em Apelação Cível n. 2010.003841-9*; 47. BRASIL. Tribunal de Justiça do Estado de Santa Catarina. *Agravo (§ 1º art. 557 do CPC) em Apelação Cível n. 2010.006493-3*; 48. BRASIL. Tribunal de Justiça do Estado de Santa Catarina. *Agravo (§ 1º art. 557 do CPC) em Apelação Cível n. 2010.004074-4*; 41. BRASIL. Tribunal de Justiça do Estado de Santa Catarina. *Apelação Cível n. 2009.028687-2*; 42. BRASIL. Tribunal de Justiça do Estado de Santa Catarina. *Agravo de Instrumento n. 2009.048515-7*; 43. BRASIL. Tribunal de Justiça do Estado de Santa Catarina. *Apelação Cível n. 2009.034948-0*; 28. BRASIL. Tribunal de Justiça do Estado de Santa Catarina. *Ação Direta de Inconstitucionalidade n. 2008.025861-2*.

[130] BRASIL. Superior Tribunal de Justiça. *Recurso Especial n. 47169/MG*.

[131] BRASIL. Superior Tribunal de Justiça. *Recurso Especial n. 710394/MG*

[132] BRASIL. Tribunal de Justiça do Estado de Minas Gerais. *Processo n. 2.0000.00.421284-4/000(1)*

Na sentença, que se nos depara como um ato de inteligência, um ato lógico, existe também e, especialmente, um ato de vontade (sentido em que, dominante, tem-se a doutrina professada por Chiovenda, Calamandrei, Carnelutti, Liebman e Michelli, além de outros). Incontroverso, pois, que a sentença formula uma ordem, uma decisão, um comando.[133]

Verifica-se, assim, que apesar de amplamente criticada – mesmo porque ninguém hoje se diz positivista – a teoria kelseniana da interpretação ainda está inserida no *establishment* jurídico, no senso comum teórico dos juristas.

2.3.2.2. O sujeito solipsista: o juiz que julga conforme sua consciência

O sujeito solipsista da modernidade – tendo por base as formulações de Descartes e Kant – é o protótipo do juiz atual. O solipsismo ocorre, aberta ou veladamente, de várias formas, possuindo, em comum, o fato de relegar a decisão à consciência ou à convicção pessoal do julgador. Conforme sintetiza Streck, no âmbito do Direito, o solipsismo aparece pela: a) Interpretação como fruto do ato de vontade do juiz ou no adágio "sentença como *sentire*"; b) Interpretação como produto da subjetividade do julgador; c) Interpretação como produto da consciência do julgador; d) Crença de que o juiz deve fazer a "ponderação de valores" a partir de seus valores; e) Razoabilidade e/ou proporcionalidade como ato voluntarista do julgador; f) Crença de que "os casos difíceis se resolvem discricionariamente"; g) Cisão estrutural entre regras e princípios, em que estes proporciona(ria)m uma "abertura de sentido" que deverá ser preenchida e/ou produzida pelo intérprete.[134]

Analisar-se-á, para a configuração das situações acima citadas, a jurisprudência de tribunais pátrios, além de textos – acadêmicos ou não – de magistrados. Isto mostrará a concepção que ainda reina no exercício da jurisdição, qual seja, a de que está no subjetivismo do juiz a solução do caso concreto.

A primeira situação – item a – é bem visualizada na jurisprudência e doutrina brasileira. Um exemplo interessante a ser analisado é o posicionamento de Beneti, magistrado de carreira e ministro do STJ. Inicia o autor afirmando que a legitimação da decisão judicial se dá pela motivação, ou seja, em suas palavras, "pelo procedimento seguido"[135] (*sic*). A obediência ao procedimento poderá demonstrar que o juiz, em suma,

---

[133] BRASIL. Tribunal de Justiça do Estado de São Paulo. *Apelação n. 9113335-78.1999.8.26.0000.*

[134] STRECK, 2010a, op. cit., p. 33.

[135] BENETI, Sidnei Agostinho. Personalidade e opções psicológicas de julgamento. In: PELUSO, Antônio Cezar; NAZARETH, Eliana Riberti (org.). *Psicanálise, direito, sociedade*: encontros possíveis. São Paulo: Quartier Latin, 2006, p. 242-243.

subsumiu corretamente os fatos concretos à norma abstrata. A motivação realiza-se por um processo silogístico,[136] ou seja, por subsunção. Aparentemente, poder-se-ia pensar que o autor está atrelado a um positivismo jurídico já ultrapassado, que remonta a escola da exegese que, por si ao, já se traduz em erro, pois defender modelos silogísticos de aplicação – remontando à metafísica clássica – seria retroceder a própria evolução histórica do Direito. Também se poderia concluir que o autor começaria um esboço procedimentalista. Contudo, o autor dá uma guinada em seu pensamento, passando a um psicologismo subjetivista. Mantém-se fiel à subsunção, mas comenta como uma forma de motivação exterior da sentença. Em outras palavras, a motivação silogística funcionaria como a formalização do julgamento, mas não como o julgamento em si. Afirma que a verdadeira motivação é a interior, que buscará nos fundamentos profundos da mente do juiz o mote para decidir.[137]

Para explicar um psicologismo subjetivista, Beneti afirma que "não é por acaso que a peça processual pela qual o juiz julga se chama 'sentença', que vem de 'sentir', de sentimento, e não de razão",[138] juntando-se, portanto, ao senso comum teórico (descrito no item a, supracitado). A decorrência lógica de tal premissa é remeter à subjetividade do julgador – item b – a solução do caso, que não obedecerá qualquer critério racional e, por consequência, sem qualquer possibilidade e controle. Por isso, no *decision-making process*, assevera o autor, "não há parâmetros legais. O psiquismo encontra-se em mar aberto. Tudo pode ter peso decisivo".[139]

Assim, Beneti apresenta diversas circunstâncias que, a seu ver, poderiam alterar a tomada de decisão pelo juiz, como: o condicionamento psicológico; formação religiosa; experiências agradáveis e penosas da vida familiar ou social; hábitos e preferências pessoais; experiências de vida; o respeito a personagens envolvidos no julgamento; a participação submissa em correntes do pensamento sociopolítico-jurídico (questão do politicamente correto); interesse pessoal; temor de prejuízo ou mal futuro; e a repercussão do julgamento sobre a família ou pessoas ligadas ao juiz.[140] Acrescenta que tais situações são meramente exemplificativas, eis que, em verdade, há incontáveis quantidades de circunstâncias que

---

[136] "Assim como nos exemplos clássicos de silogismo, o juiz exporá o julgamento assim: 'O art. 121 do Código Penal estabelece que 'matar alguém' configura homicídio, determinando a pena de reclusão de seis a vinte anos. O acusado matou alguém. Logo, deve ser condenado a cumprir pena de reclusão entre seis e vinte anos'" (Ibidem, p. 243).

[137] "A motivação silogística é exterior; a motivação real não é ela, mas, sim, o embate das forças psicológicas profundas do juiz" (BENETI, op. cit., p. 243).

[138] Ibidem, p. 243.

[139] Ibidem, p. 244.

[140] Ibidem, p. 244-245.

podem modificar a motivação interna (subjetiva), para "direcionar a decisão em um sentido ou outro, antes que se formalize na exteriorização silogística".[141]

Ainda preso ao esquema sujeito-objeto, Beneti afirma que o julgador funciona como um sujeito cognoscente que "reproduz em seu psiquismo a realidade 'cognoscida'". Por isso, "a realidade vive no juiz por intermédio de seu subjetivo".[142] Pode-se ver nisto uma típica posição com base na doutrina kantiana, uma vez que a experiência experimentada passa pelo "tribunal da razão", onde ganha seu conteúdo, sendo que a verdade estará na projeção da consciência do sujeito.

O projeto de Beneti não pode ser sustentado. Há, antes de tudo, o problema democrático. Se há uma Constituição e leis a serem cumpridas, ou seja, um Direito democrático conquistado historicamente, por que abrir mão de tudo isso e remeter aos "fundamentos profundos da mente do juiz" a resposta aos casos? Qualquer cidadão, quando bate às cidadelas da Justiça, deve estar preocupado com eventuais experiências agradáveis ou penosas do juiz ou sua religião? Uma boa noite de sono, uma briga conjugal ou a prática fervorosa de um determinado culto – ou mesmo posturas agnósticas ou ateístas – devem ser critérios decisivos na adjudicação? Decididamente não! Enfim, a resposta para um caso não pode depender de qualquer circunstância pessoal ou psicológica daquele que tem a autoridade para resolvê-lo. Numa democracia – enquanto autogoverno dos cidadãos – não se podem admitir respostas afastadas da própria história institucional do Direito – a tradição jurídica – para obedecer à subjetividade (psiquismo) de uma só pessoa.

Em outras palavras, Beneti depende de um juiz bom para que se possa chegar a respostas boas (corretas), porque não há qualquer outro freio senão a consciência do próprio juiz – item c – para controlar o processo decisório. Como afirma, "o controle do juiz está, realmente, nele mesmo, na própria consciência e na honestidade de sua formação principiológica".[143] Isto faz levar, novamente, à metáfora de Hermes, ao juiz Ângelo e, portanto, ao positivismo. A questão do controle, tarefa primeira da hermenêutica ora proposta, fica esquecida, completamente afastada da *applicatio*. Não se pode esquecer que se o reforço judicial dos direitos é uma precaução auxiliar contra a tirania dos governos[144], o controle epistemológico sobre como decidir é outra precaução necessária contra um tipo diferente de tirania: a do próprio Judiciário.

---

[141] BENETI, op. cit., p. 245.

[142] Ibidem, p. 245-246

[143] Ibidem, p. 252.

[144] TRIBE; DORF, op. cit., p. 1.

Contudo, esta visão da interpretação como um ato subjetivo do julgador não é exclusiva do eminente ministro Benetti, mas compartilhada pelo próprio STF. Na visão do Excelso Pretório, o juiz detém ampla discricionariedade para, por exemplo, escolher o montante da diminuição da pena no caso do art. 33, § 4º, da Lei n. 11.343/2006.[145]

Colhe-se do STF que:

> O juiz não está obrigado a aplicar o máximo da redução prevista [art. 33, § 4º, da Lei n. 11.343/2006], quando presentes os requisitos para a concessão desse benefício, tendo plena discricionariedade para aplicar a redução no patamar que entenda necessário e suficiente para reprovação e prevenção do crime, segundo as peculiaridades de cada caso concreto. Do contrário, seria inócua a previsão legal de um patamar mínimo e um máximo.[146]

Com efeito, se há um mínimo e um máximo para a redução da pena, não se pode desonerar o julgador de fundamentar – explicar o compreendido – o *quantum* da diminuição através de argumentos jurídicos. Só assim será possível a formação de uma tradição – no sentido dado por Gadamer – acerca das circunstâncias que possibilitem um grau maior ou menor de minoração. Deixar isto a cargo de um sujeito solipsista – à sua consciência – somente enfraquece a coerência e integridade do Direito.

Ainda no STF há outros casos deixados à discricionariedade do magistrado, como, por exemplo, a análise e *quantum* de majoração das circunstâncias judiciais do art. 59 do Código Penal (CP).[147]

Da mesma forma, multiplicam-se os exemplos nos quais questões jurídicas importantes são relegadas ao arbítrio – discricionariedade – do magistrado em outros tribunais. Segundo o TJSC, por exemplo, o juiz

---

[145] Art. 33. Importar, exportar, remeter, preparar, produzir, fabricar, adquirir, vender, expor à venda, oferecer, ter em depósito, transportar, trazer consigo, guardar, prescrever, ministrar, entregar a consumo ou fornecer drogas, ainda que gratuitamente, sem autorização ou em desacordo com determinação legal ou regulamentar: Pena – reclusão de 5 (cinco) a 15 (quinze) anos e pagamento de 500 (quinhentos) a 1.500 (mil e quinhentos) dias-multa. § 1º Nas mesmas penas incorre quem: I – importa, exporta, remete, produz, fabrica, adquire, vende, expõe à venda, oferece, fornece, tem em depósito, transporta, traz consigo ou guarda, ainda que gratuitamente, sem autorização ou em desacordo com determinação legal ou regulamentar, matéria-prima, insumo ou produto químico destinado à preparação de drogas; II – semeia, cultiva ou faz a colheita, sem autorização ou em desacordo com determinação legal ou regulamentar, de plantas que se constituam em matéria-prima para a preparação de drogas; III – utiliza local ou bem de qualquer natureza de que tem a propriedade, posse, administração, guarda ou vigilância, ou consente que outrem dele se utilize, ainda que gratuitamente, sem autorização ou em desacordo com determinação legal ou regulamentar, para o tráfico ilícito de drogas. (...) § 4º Nos delitos definidos no caput e no § 1º deste artigo, as penas poderão ser reduzidas de um sexto a dois terços, vedada a conversão em penas restritivas de direitos, desde que o agente seja primário, de bons antecedentes, não se dedique às atividades criminosas nem integre organização criminosa.

[146] BRASIL. Supremo Tribunal Federal. *Habeas Corpus n. 105950/SP*

[147] BRASIL. Supremo Tribunal Federal. *Habeas Corpus n. 81759/SP*

pode decidir a causa da melhor forma que lhe aprouver, dispensando-o inclusive de explicitar os dispositivos legais em que se baseou:[148]

> Ao Tribunal, e ao Juiz, não compete detalhar os dispositivos legais aplicados no julgamento da causa. Incumbe-lhes apenas julgar de acordo com o seu convencimento e com a sua consciência, optando pelo posicionamento que lhe parecer mais adequado ao enfrentamento da questão colocada ao seu poder-dever de decisão, pois não estão adstritos aos fundamentos de Direito trazidos pelas partes, nem estão obrigados a se manifestar expressamente sobre todos eles quando, salienta-se, solucionam a lide sob motivação diversa da esposada pelas partes.[149]

No Tribunal Regional Federal da 4ª Região (TRF4), a análise de liminar em mandado de segurança é uma discricionariedade judicial. Ou seja, o juiz analisa o pedido liminar se quiser e, querendo, defere ou indefere, ao seu alvedrio. Retira-se da ementa do julgado:

> MANDADO DE SEGURANÇA. ATO JUDICIAL. MEDIDA LIMINAR EM MANDADO DE SEGURANÇA. DISCRICIONARIEDADE JUDICIAL. PREJUÍZO REPARÁVEL. DENEGAÇÃO DO *WRIT*. A apreciação da medida liminar, no mandado de segurança de origem, cabia no poder discricionario do magistrado, não revelando, sua denegação, ofensa a legalidade. Presente, além disso, a possibilidade do impetrante obter a reparação de prejuízos que venham a ocorrer, descabe também por isso, a concessão da segurança postulada contra o ato do juiz.[150]

Já no Tribunal Regional Federal da 3ª Região (TRF3) há discricionariedade judicial, em mandado de segurança, na análise das provas produzidas em justificação judicial anteriormente proposta. Como afirmado pelo relator, Desembargador Federal Batista Gonçalves, "é reconhecida como legítima a discricionariedade judicial no despacho que deixou de validar o tempo de serviço apresentado em tais circunstâncias".[151] Observa-se, assim, que os discursos que levam a questão da decisão à consciência do julgador são, ainda, lugar comum no atuar da jurisdição.

Não se pode esquecer, por fim, da já conhecida decisão do STJ, na qual sustentou o Ministro Humberto Gomes de Barros:

> Não me importa o que pensam os doutrinadores. Enquanto for Ministro do Superior Tribunal de Justiça, assumo a autoridade da minha jurisdição. O pensamento daqueles que não são Ministros deste Tribunal importa como orientação. A eles, porém, não me submeto. Interessa conhecer a doutrina de Barbosa Moreira ou Athos Carneiro. Decido, porém, conforme minha consciência. Precisamos estabelecer nossa autonomia intelectual, para que

---

[148] Com isso não quer se dizer que basta o juiz mencionar tais dispositivos, afirmando "decidi assim por conta do art. *x*, da Lei *y*". Não, isto também não seria uma fundamentação hermeneuticamente correta. Contudo, eximir o magistrado de explicitar tudo aquilo – inclusive os dispositivos legais – que serviu de base à sua decisão é afrontar o art. 93, IX, da CF.

[149] Embargos de declaração em agravo seqüencial do artigo 557, § 1º do Código de Processo Civil n. 2006.012739-7/0001.00.

[150] BRASIL. Tribunal Regional Federal da 4ª Região. *Mandado de Segurança n. 91.04.06246-9*.

[151] BRASIL. Tribunal Regional Federal da 3ª Região. *Agravo de Instrumento n. 92072*.

este Tribunal seja respeitado. É preciso consolidar o entendimento de que os Srs. Ministros Francisco Peçanha Martins e Humberto Gomes de Barros decidem assim, porque pensam assim. E o STJ decide assim, porque a maioria de seus integrantes pensa como esses Ministros. Esse é o pensamento do Superior Tribunal de Justiça, e a doutrina que se amolde a ele. É fundamental expressarmos o que somos. Ninguém nos dá lições. Não somos aprendizes de ninguém. Quando viemos para este Tribunal, corajosamente assumimos a declaração de que temos notável saber jurídico – uma imposição da Constituição Federal. Pode não ser verdade. Em relação a mim, certamente, não é, mas, para efeitos constitucionais, minha investidura obriga-me a pensar que assim seja.[152]

Este voto demonstra a prevalência, na jurisdição, da filosofia da consciência, consubstanciada num julgador solipsista que, como proprietário dos significantes, molda as leis, e mesmo a Constituição, apenas aos ditames de sua consciência. Parece claro que, em um Estado Democrático de Direito, o Direito não é aquilo que os tribunais dizem que ele é. Por sua vez, a posição (positivista) exposta pelo Ministro demonstra o quanto a academia – a doutrina – vem sendo relegada a um segundo plano, mesmo porque tornou-se, em grande parte, meros repositórios jurisprudenciais, repetindo acriticamente os *standards* tribunalescos. Como enfatiza Streck, "*A doutrina deve doutrinar sim. Este é o seu papel*".[153] Tudo isto mostra, antes de tudo, que o problema é paradigmático.

Comentando a decisão em apreço, Ommati verifica o descompasso entre o voto do Ministro Humberto Gomes de Barros e os compromissos do Estado Democrático de Direito, aduzindo, além disso, que fere "às próprias exigências constitucionais em relação ao ato de julgar, fundamentalmente se pensarmos na necessidade imperiosa de fundamentação de todos os atos estatais estabelecida pela Constituição de 1988 em seu artigo 93, inciso IX".[154] Parece acertada esta proposição, uma vez que o Ministro deixa de explicar o compreendido, permanecendo num completo relativismo.

Frise-se que o relativismo acarreta a morte de qualquer discussão (jurídica ou não), enfim, acaba com o próprio filosofar. Se um Ministro está certo em decidir x por pensar x e, outro, igualmente correto em decidir y por pensar y, findou-se não só a possibilidade de controle da decisão judicial, mas, e principalmente, acabou-se com qualquer espaço para discussão ou outro ato reflexivo, eis que cada um possui a "sua verdade indiscutível", gerada por sua própria consciência. Se assim for, podem-se

---

[152] BRASIL. Superior Tribunal de Justiça. *Agravo Regimental nos Embargos de Divergência em Recurso Especial n. 279.889/AL*.

[153] STRECK, 2010a, op. cit., p. 25.

[154] OMMATI, José Emílio Medauar. O positivismo jurídico na prática jurisprudencial brasileira: um estudo de caso a partir de uma decisão do Superior Tribunal de Justiça. In: DIMOULIS, Dimitri; DUARTE, Écio Oto. *Teoria do direito neoconstitucional*. São Paulo: Método, 2008, p. 251.

fechar todas as universidades, jogando-se as chaves fora, pois nada mais faz sentido.

Outra circunstância recorrente é a confusão entre Direito e moral e, ainda pior, a propagação que a moral a ser exercida – como correção do Direito – é aquela pessoal, ou seja, a moral do julgador, seu senso individual (e, portanto, subjetivo) de justiça. Isto leva que o juiz proceda a uma ponderação de valores calcados em seus próprios valores – item d. Esta é a saída proposta, por exemplo, pelo Ministro do STJ, Cesar Asfor Rocha.

Faz-se mister ressaltar que o texto do Ministro Asfor Rocha não é uma produção acadêmica, razão pela qual não está preocupado em construir uma racionalidade que explique e dê conta dos problemas da jurisdição; ao contrário, trata-se de uma obra que tem a finalidade de servir como guia a novos magistrados, não passando de relato das experiências vividas nos anos de toga. Por isso mesmo a análise deste texto é pertinente neste estágio da pesquisa, pois retrata, de forma fidedigna, como a jurisdição vem sendo prestada. Diferentemente do capítulo terceiro, no qual se contraporão teorias sobre a decisão judicial, com racionalidades distintas, o presente momento destina-se a verificar como se vem decidindo atualmente.

Assim, a visão do Ministro é de grande valia, pois o ponto a ser verificado é justamente a ausência (falta) de uma teoria que embase a prática judiciária atual, claramente observada na frequente inconstância do autor, que, sem matriz teórica alguma, faz um forte sincretismo para que, a cada ponto trabalhado, o Direito albergue seus pensamentos. Por isso, poucos textos demonstrariam, de forma tão direta, os problemas pelos quais passa a jurisdição.

É proposto por Rocha que a velha hermenêutica, referindo-se à visão legalista do Direito, seja modificada por outra, na qual a força dos comandos legais é relativizada em prol de uma interpretação conforme a justiça e a equidade. Contudo, o autor não indica de forma segura em que se consiste os referidos parâmetros; ao revés, aponta, apenas, de que se trata um meio-termo aristotélico, que deverá ser encontrado através de um empirismo subjetivista, pois "cada um de nós aprende qual é a medida certa pela experiência: observando e corrigindo o excesso e a falta em nossa conduta".[155]

Portanto, a justiça defendida por Rocha não passa do "sentimento de justiça que domina a mente e o espírito do juiz".[156] Por isso, é defendida pelo autor a possibilidade de o magistrado determinar a produção

---

[155] ROCHA, Cesar Asfor. *Cartas a um jovem juiz*: cada processo hospeda uma vida. Rio de Janeiro: Elsevier, 2009, p. 33.

[156] Ibidem, p. 38.

de provas de ofício, ou mesmo fundamentar a decisão em fatos não constantes no processo, mas que sejam de seu conhecimento. Possibilita uma "tolerância judicial" em favor de humanismos, partindo-se de critérios metalegais para a interpretação e aplicação do Direito.[157]

É bem verdade que, de forma contraditória, Rocha afirma que a mera sensação do justo não deve ser baliza às decisões judiciais, afirmando que a lei constrange a subjetividade do intérprete, ou seja, "a lei limita o julgador; a lei é o freio eficaz contra seus impulsos subjetivos e sua particular percepção de justiça, às vezes contra sua vocação de paladino".[158] Apesar da crítica inicial, o autor, como saída ao subjetivismo – por ele defendido anteriormente –, invoca o apego à lei, dizendo que "devemos ser servos da lei para que possamos ser livres".[159]

Destaca-se a própria contradição da argumentação apresentada, que bem demonstra a postura positivista do autor, que nos remonta, embora em ordem inversa, a Ângelo: ora a lei não vale nada, ora vale tudo. Desta forma, o autor, a par de tentar apresentar uma nova hermenêutica, apresenta diferentes versões de positivismos: no primeiro, calcado na filosofia da consciência, a resposta correta deverá ser encontrada no subjetivismo do intérprete (em seu senso individual de justiça), na outra, a lei governa o processo de aplicação e traz em si a resposta, definindo todas as hipóteses de aplicação da norma, remontando à metafísica clássica.

Em momento posterior, volta o autor a defender que "não convém ao juiz ficar preso aos ditames da lei escrita",[160] devendo revestir-se de humanidade, advogando por uma postura ativa do magistrado. Entre idas e vindas paradigmáticas, seja uma ou outra a tese realmente vista pelo autor como a correta, a verdade é que nenhuma das duas representa qualquer avanço à hermenêutica jurídica; ou seja, nenhuma das duas serve.[161]

Problemas similares podem ser colhidos da obra do ex Ministro do STJ e do STF, Carlos Alberto Menezes Direito, para quem "a decisão judicial é, portanto, uma decisão que está subordinada aos sentimentos, emoções, crenças da pessoa humana investida do poder jurisdicional".[162] Por isso mesmo, a resposta dependerá de cada magistrado, pois o alcance

---

[157] ROCHA, C., op. cit., p. 33-39.

[158] Ibidem, p. 51.

[159] Ibidem, p. 52.

[160] Ibidem, p. 69.

[161] Há, ainda, na postura de Rocha outros problemas, como a defesa ferrenha das súmulas vinculantes e o julgamento "em massa" dos processos, julgando-se, por conseguinte, teses e não casos (ROCHA, C., op. cit., p. 97-100).

[162] DIREITO, Carlos Alberto Menezes. A decisão judicial. *Revista Forense*, v. 351, jul.-ago. 2000, p. 21.

da interpretação dada por um "pode ser diverso da interpretação dada por outros juízes".[163]

Assim, na visão de Menezes Direito, o juiz deve-se contaminar com o sentimento da justiça. Contudo, a justiça aqui se confunde com o mero arbítrio. Dizendo de outra forma, ela não é outra senão a construída pelo próprio intérprete. Conforme afirma o autor:

> Esse sentimento de justiça, que faz com que o juiz vença as limitações da lei, subordina a lide, no fundo, ao sistema de convicções do juiz, ao seu sentido de justiça. Ele carrega para a decisão a força do seu temperamento, da sua formação, das influências que recebe da sociedade, da cultura do seu tempo. *A justiça é a justiça na perspectiva daquele que está julgando*, aplicável ao caso sob julgamento, à medida que é, pelo menos, muito difícil avançar um conceito de justiça comum a todos os Juízes e para a generalidade dos casos.[164] (grifou-se)

Aqui o autor assume o mesmo pessimismo moral de Kelsen, conforme ressaltado por Streck,[165] e, não dando conta da razão prática, relega ao juiz (à sua consciência) o ato de decidir. Portanto, perspectiva de Menezes Direito não difere do positivismo kelseniano, e a decisão judicial se torna, também, um ato de vontade.

Contudo, o fato mais peculiar do posicionamento de Menezes Direito aparece ao comentar um julgado do STJ, no qual os Ministros, apesar de entenderem não ser cabível o Recurso Especial, admitiram o recurso, dando-lhe provimento, justificando que, no caso, as exigências formais para o controle de admissibilidade deveriam ser dispensadas pelo grau do equívoco percebido.[166] No caso, entendeu-se que a indenização por danos morais devida pelo Jornal do Brasil S.A. (JB) havia sido arbitrada em valor muito elevado. Reduziu-se o montante da indenização de 2.400 para 1.000 salários mínimos.

O curioso (e espantoso) é que a Corte, neste caso, sabe que está atuando fora da sua competência constitucionalmente estabelecida – eis que só pode analisar recursos que preencham os requisitos de admissibilidade – e, ainda assim, age para pretensamente exercer a "justiça" ao caso concreto. Em outras palavras, comete-se uma inconstitucionalidade para se corrigir uma ilegalidade.

---

[163] DIREITO, op. cit., p. 24.

[164] Ib. Ibid., p. 27.

[165] "Mas Kelsen era um pessimista moral, uma espécie de cético que apostava em uma moral relativista. Para ele, o problema da vinculação do direito à moral se apresenta problemático porque não já como sustentar uma moral absoluta – válida e vigente em todos os lugares e em todos os tempos – que possa servir como parâmetro para determinação dos conteúdos das normas jurídicas" (STRECK, Lenio Luiz. *O que é isto – decido conforme minha consciência?* Porto Alegre: Livraria do Advogado, 2010, p. 62).

[166] DIREITO, op. cit., p. 28-29.

Na jurisprudência, esta situação de dependência ao sujeito da modernidade é confirmada. Nesta perspectiva, defendendo que a decisão é um ato de justiça, conforme o senso de justiça do julgado, o Min. Marco Aurélio já se manifestou:

> Senhor Presidente, o sentimento de Justiça é inerente à condição humana e uma das características que mais distinguem o homem das outras espécies. Precioso demais à convivência social, há de ser reforçado como fator de aperfeiçoamento da humanidade, sob pena de grassar a desordem, o caos. O sentimento de Justiça é, quem sabe, o responsável pelos maiores feitos, pelas causas mais nobres que honram e elevam as civilizações.[167]

No caso, um jovem de 15 anos de idade realizou um assalto à mão armada, em companhia de outro adolescente, subtraindo roupas e calçados após fazer ameaças de morte e dar chutes e socos nas vítimas. Após o transcurso do processo judicial, foi aplicada medida socioeducativa de internação. No curso da aplicação da medida, houve, pelo juiz de 1º grau, a substituição da medida imposta pela liberdade assistida. Contudo, a decisão foi modificada pelo TJSP, no julgamento do recurso impetrado pelo Ministério Público. Assim, a matéria discutida no STF dizia respeito ao reestabelecimento da liberdade assistida ou a manutenção da internação.

Feita a necessária explanação do conteúdo da lide, continuou o Ministro Marco Aurélio:

> Pois bem, estamos diante de um caso em que se cuida de preservar, num jovem, a boa expectativa no poder da Justiça, na certeza de que os passos na direção do bem conduzirão sempre a uma vida digna. Se decidirmos de forma contrária, como convencê-lo de que vale a pena esforçar-se, reprimir os impulsos mais egoístas da sobrevivência, não ceder diante dos irresistíveis chamados do consumismo moderno, conformar-se e dar sua própria contribuição em favor da diminuição das desigualdades inerentes ao sistema capitalista?[168]

Nada contra a justiça. Contudo, o que não se pode aceitar é que a justiça vire um casuísmo, que, por ser inerente à condição humana – como diz o Ministro, cada um possui a sua –, no seu exercitar chegue a decisões diametralmente opostas àqueles que agem no uso da mesma faculdade. O discurso proposto retira a coesão lógica do Direito, além de enfraquecer sua autonomia, na medida em que faz com que o resultado de cada demanda fique dependente do senso de justiça particular de cada juiz.

Assim como nada se tem contra a justiça, nada se tem, de igual forma, contra a decisão do STF, que reverteu a decisão do TJSP, restabelecendo a liberdade assistida, para dar cumprimento ao art. 122, § 2º, do

---

[167] BRASIL. Supremo Tribunal Federal. *Habeas Corpus n. 75629/SP.*

[168] Ibidem.

Estatuto da Criança e do Adolescente (ECA),[169] já que os documentos e estudo técnicos retratavam ser desnecessária a internação. Na hipótese, a decisão foi acertada. Entretanto, novamente se dependeu de um bom ativismo, de um bom juiz. E se o senso de justiça do Ministro Marco Aurélio – tal qual dos desembargadores do TJSP – caminhasse em sentido oposto? A internação ou não do adolescente, que tem seu critério de aplicação regido pela legislação própria, deve depender exclusivamente do senso de justiça de um magistrado, ainda que de um Ministro do STF? Este é o ponto principal: não se pode, em pleno Estado Democrático de Direito, depender de bons ativismos, de bons magistrados, para a obtenção da resposta correta. Neste diapasão, o discurso sobre a justiça, na qual ela dependa do sentimento subjetivo do julgador, somente obnubilará – a par de se encontrar respostas corretas ou não – o exercício da jurisdição.

Da lavra do mesmo Ministro, observa-se caso similar em que o senso de justiça é aquele próprio, inerente ao julgado, *verbis*:

> (...) 2. OFÍCIO JUDICANTE – POSTURA DO MAGISTRADO. Ao examinar a lide, o magistrado deve idealizar a solução mais justa, considerada a respectiva formação humanística. Semente após, cabe recorrer à dogmática para, encontrando o indispensável apoio, formalizá-la. (...).[170]

No corpo do acórdão, continua:

> Senhor Presidente, desde os meus primeiros dias no ofício judicante compreendi que o juiz, ao defrontar-se com uma lide, deve idealizar a solução mais justa para a controvérsia, valendo-se, nesta primeira fase, apenas da formação humanística que possua. A seguir, então, em respeito à almejada segurança nas relações jurídicas, passa ao cotejo da solução com os preceitos legais pertinentes à hipótese. Concluindo pela harmonia entre o resultado mais equânime e a ordem jurídica estabelecida, consagra-a, e, com isto, concretiza a justiça na concepção mais ampla do termo. Não encontrando apoio na dogmática, despreza a solução que lhe pareceu mais justa e atua segundo a vontade da lei.[171]

Este é mais um caso paradigmático comprovando que se vive, no exercício da jurisdição, uma mixagem entre subjetivismos e objetivismos. Primeiramente, segundo o Ministro, a resposta é encontrada no senso de justiça do juiz, derivado de sua formação humanística. Em outras palavras, o intérprete é completamente livre para construir a decisão que bem entenda, uma vez que é assentada no *sentire* do julgador. Depois, buscará argumentos que reforcem aquilo que subjetivamente escolheu como "a

---

[169] Art. 122. A medida de internação só poderá ser aplicada quando: I – tratar-se de ato infracional cometido mediante grave ameaça ou violência a pessoa; II – por reiteração no cometimento de outras infrações graves; III – por descumprimento reiterado e injustificável da medida anteriormente imposta. § 1º O prazo de internação na hipótese do inciso III deste artigo não poderá ser superior a três meses. § 2º. Em nenhuma hipótese será aplicada a internação, havendo outra medida adequada.

[170] BRASIL. Supremo Tribunal Federal. *Recurso Extraordinário n. 140265/SP.*

[171] Ibidem.

decisão mais justa". Contudo, não achando tais argumentos, abandonará tudo aquilo que seu "tribunal da razão" construíra e seguirá "a vontade da lei" (*sic*).

Isso bem mostra o sincretismo entre dois paradigmas inconciliáveis, uma tentativa de "'junção' do paradigma metafísico-clássico (*adequatio intellectus et rei*) e a filosofia da consciência (*adequatio rei et intellectus*)".[172] Em um primeiro momento, a consciência tudo pode, enquanto a lei nada é. Após, invertem-se os papéis, a "vontade da lei" é o governante do processo interpretativo – como se a lei possuísse uma vontade própria, uma essência –, repristinando o juiz como "a boca da lei".

Válidas aqui todas as críticas feitas por Streck à obra de Ernani Fidelis dos Santos e Rui Portanova, dada a similaridade das situações – o sincretismo ou mixagem teórica inconciliável –, pois no voto do eminente Ministro observa-se, também, "a substituição de um vetor de racionalidade estruturante (pré-compreensão) por uma racionalidade meramente instrumental, lógico-argumentativa".[173] Permanece, assim, o discurso do Ministro Marco Aurélio no nível apofântico, desconsiderando-se a precedência do hermenêutico. Como será delineado no capítulo segundo, o juiz não decide para, a partir de então, achar um fundamento; ocorre o contrário, ele somente decidiu por já tê-lo encontrado.

Nestas mixagens, acaba prevalecendo a subjetividade, a consciência do julgador, discurso que ainda está entranhado no senso comum teórico dos juristas, no teto hermenêutico criado pelo *habitus* dominante. Exemplos não faltam, como o seguinte retirado do TJSC:

> O Juiz, como ser humano culturalmente diferenciado, deve sentir desconforto quando não interage com os valores pessoais e tradicionais do contexto social. Assim, o que motiva o julgador a tomar a decisão mais justa é seu senso intuitivo do que é certo, filtrado nos princípios do Direito e na sua formação moral, além da consciência média da comunidade a que jurisdiciona.[174]

Outro problema verificado na adjudicação é a tendência à realização da ponderação ou da razoabilidade como um ato voluntarista – discricionário – do julgador. Com efeito, no STJ, entre outros casos, multiplicam-se arestos consolidando que o ato de majoração da pena pelo juiz, ao aplicar uma condição agravante, é discricionário, dependendo da aplicação dos princípios da razoabilidade e proporcionalidade.

Numa forma geral, assenta-se no STJ que as circunstâncias atenuantes e agravantes, por não possuírem majoração ou redução previamente

---

[172] STRECK, 2010a, op. cit., p. 34.

[173] Ibidem, p. 36.

[174] SANTA CATERINA. Tribunal de Justiça do Estado de Santa Catarina. *Apelação Cível n. 2006.045036-8.*

escalonada, devem ser analisadas pelo magistrado de forma discricionária, tendo por base o princípio da proporcionalidade e razoabilidade[175] – item e.

Como expresso no HC 161614/DF:

AGRAVANTE. REINCIDÊNCIA. *QUANTUM* DE ACRÉSCIMO. DIscricionariedade do juiz. Diversas condenações anteriores. Constrangimento ilegal não configurado. Ordem denegada.

Do corpo do aresto, colhe-se:

Não se olvida que há doutrinadores que defendem que o aumento por cada agravante ou atenuante deva ser equivalente a 1/6 da pena-base (menor montante fixado para as causas de aumento ou diminuição da pena), a fim de se evitar a aplicação em quantidades aleatórias, ao arbítrio do magistrado, como defende a impetrante.

Entretanto esse Superior Tribunal tem orientado no sentido de que o *quantum* de acréscimo pela circunstância agravante deve observar os princípios da proporcionalidade, razoabilidade, necessidade e suficiência à reprovação e prevenção ao crime, informadores do processo de aplicação da pena, não se podendo acoimar de ilegal a decisão que elevou em 1/3 (um terço) a pena-base em razão do reconhecimento da agravante da reincidência, quando devidamente justificada.[176]

Contudo, pergunta-se: a razoabilidade a ser adotada é a razoabilidade de quem? A pena deve ser proporcional a quê? Por que um terço é razoável e um sexto não? Se um terço é proporcional e um sexto não, o que fazer com as infinitas possibilidades de frações intermediárias? Em outras palavras, em que momento o prazo de redução deixa de ser desarrazoado e passa a ser razoável? Nada disso é explicado, nem teria como ser, uma vez que o procedimento utilizado funcionou simplesmente como um simulacro de racionalidade. Como acima delineado, a razoabilidade e a proporcionalidade apontadas não passam senão da já narrada subjetividade do juiz.[177] São álibis teóricos que velam a mais absoluta arbitrariedade no julgamento. Na tentativa de conferir racionalidade ao processo de aplicação de pena, a invocação dos princípios acima assinalados somente oculta ou mascara a irracionalidade empregada.

---

[175] BRASIL. Superior Tribunal de Justiça. *Habeas Corpus 23033/MS*; 5. BRASIL. Superior Tribunal de Justiça. *Habeas Corpus n. 139558/SP*; 6. BRASIL. Superior Tribunal de Justiça. *Habeas Corpus n. 157936/RJ*.

[176] BRASIL. Superior Tribunal de Justiça. *Habeas Corpus n. 161614/DF*.

[177] "Por isso, merecem especial cuidado as decisões que lançam mão especialmente da 'razoabilidade' (com ou sem 'ponderação de valores'), argumentação que se transformou em autêntica 'pedra filosofal da hermenêutica' a partir desse caráter performativo. Excetuando os casos em que, teleologicamente, decisões calcadas na ponderação de valores podem ser consideradas corretas ou adequadas à Constituição (o que por si só já é um problema, porque a interpretação não pode depender dessa 'loteria' de caráter finalístico), a maior parte das sentenças e acórdãos acaba utilizando tais argumentos como um instrumento para o exercício da mais ampla discricionariedade (para dizer o menos) e o livre cometimento de ativismos" (STRECK, 2010a, op. cit., p. 48).

Neste ponto, torna-se dificultoso o controle epistemológico da própria decisão, pois como o aumento de um terço foi proporcional, modificando-se o julgador, a majoração de um sexto, tal qual pretendido pelo recorrente, poderia passar a ser, de igual forma, razoável. A aplicação dos princípios da proporcionalidade e razoabilidade, da forma como explanada,[178] somente reafirma o caráter voluntarista da decisão, repristinando, no fundo, a interpretação judicial tal qual vista por Kelsen. Se ninguém mais se autointitula positivista, tornando-se a teoria kelseniana *démodé*, agora ela volta vestindo Armani ou Hugo Boss, transmutada (velada) por argumentos retóricos que, na verdade, nada trazem de novo. Se necessário fosse escolher, permanecer-se-ia, pelo ineditismo que trouxe à época, com a teoria de Kelsen, dispensando-se a atual forma "genérica", ou melhor, "similar" de aplicação.

Por fim, a crença de que "os casos difíceis se resolvem discricionariamente" e de que a cisão estrutural entre regras e princípios permite uma "abertura de sentido" – itens *f* e *g* – derivam, principalmente, da aplicação da ponderação, como faz Lorenzetti. Como se demonstrará no capítulo terceiro deste trabalho, a ponderação não resolve o problema positivista da discricionariedade judicial; ao contrário, depende dela. No mais, também será mostrado que a cisão entre *easy cases* e *hard cases* já é, em si, problemática, se verificada sob a matriz hermenêutica, bem como o fato dos princípios – enquanto introdução do mundo prático no Direito – representam não uma "abertura de sentido", mas sim seu fechamento.

2.3.2.3. *Panprincipiologismo ou a jurisprudência dos valores à brasileira*

Outro problema na teoria do Direito que vem se arraigando na prática judicial é o panprincipiologismo – em expressão criada por Streck[179] –, que surge a partir da confusão, por grande parcela da doutrina, entre princípios e valores. Assim, passaram a servir, como aponta Streck, como substitutos dos princípios gerais do Direito e possibilitaram, num segundo momento, a criação de tantos quantos princípios a vontade assujeitadora do sujeito da modernidade pudesse criar.[180]

---

[178] Não se desconhece que a proporcionalidade pode – e deve – fazer parte da interpretação se entendida como equanimidade e, por isso mesmo, importante resgatar a tradição, a história institucional do Direito. Agora, projetá-la como algo que mascara o subjetivismo do intérprete é inviável e este é o ponto discutido na passagem (KELSEN, op. cit.).

[179] STRECK, Lenio Luiz. *Verdade e consenso*: constituição, hermenêutica e teorias discursivas: da possibilidade à necessidade de respostas corretas em direito. 3. ed. Rio de Janeiro: Lumen Juris, 2009, p. 475.

[180] Ibidem, p. 476.

Sem encontrar lugar na Constituição (*locus* dos verdadeiros princípios), o panprincipiologismo deriva dos empirismos do cotidiano jurídico, por uma instrumentalidade prática utilizada para resolver um problema específico, que, pela reiteração, passam a ser aplicados (erroneamente) a casos futuros. Isto aproxima os princípios (*sic*) surgidos do panprincipiologismo com os princípios gerais de direito, uma vez que, estes, conforme Oliveira,

> eram articulados a partir de um processo que vai da apuração dos problemas de lacunas nos ordenamentos jurídicos codificados de modo indutivo, até sua universalização axiomática capaz de produzir as condições necessárias para a posterior dedução na sua aplicação aos fatos.[181]

Assim, o panprincipiologismo refere-se a uma tentativa de "principializar" todos e quaisquer *standards* jurídicos, em face de um problema pontual, sem nenhuma preocupação quanto à normatividade que detém – lembre-se que princípio, assim como a regra, é norma –, utilizando-os como álibis teóricos quando o intérprete, ao alvedrio do próprio Direito, impõe seu subjetivismo à decisão tomada. Em outras palavras, quando a Constituição ou as leis não dizem aquilo que o intérprete gostaria que elas dissessem, inventa-se um princípio que albergue a sua intenção, resolvendo-se o problema.

Em seu *Verdade e Consenso*, Streck relaciona mais de quarenta princípios criados como verdadeiros álibis teóricos, que não possuem qualquer normatividade. Em apertada síntese, e ressaltando que o próprio autor afirma que a relação é meramente exemplificativa, eis que dia a dia inventam-se outros, apresenta os seguintes princípios: da simetria; da efetividade da Constituição; da precaução; da não surpresa; da confiança; da absoluta prioridade dos direitos da Criança e do Adolescente; da afetividade; do processo tempestivo; da ubiquidade; do fato consumado; do dedutível; da instrumentalidade processual; da delação impositiva; protetor no direito do trabalho; da alteridade; da humanidade; da benignidade; da não ingerência; da paternidade responsável; do autogoverno da magistratura; da moderação; da situação excepcional consolidada; da rotatividade; lógico; econômico; da gratuidade da justiça; da aderência ao território, da recursividade, do debate, da celeridade, da preclusão, da preferibilidade do rito ordinário; da finalidade; da busca da verdade; da livre admissibilidade da prova; da comunhão da prova; da avaliação da prova; da imediatidade; do livre convencimento; da sucumbência; da invariabilidade da sentença; da eventualidade; da ordenação legal; da utilidade; da continuidade; da inalterabilidade; da peremptoriedade; do

---

[181] OLIVEIRA, Rafael Tomaz de. *Decisão judicial e o conceito de princípio*: a hermenêutica e a (in)determinação do Direito. Porto Alegre: Livraria do Advogado, 2008, p. 227.

interesse jurisdicional no conhecimento do mérito do processo coletivo; da elasticidade; da adequação do procedimento.[182]

Dentre tantos, analisar-se-á, a fim de explicar o fenômeno do pan-principiologismo, os ditos princípios (*sic*) da cooperação e da instrumentalidade processual. O primeiro deles foi cunhado a partir da ideia de que o processo deve ser visto como uma atividade cooperativa de todos os envolvidos: juiz, partes e seus procuradores. Defende-se, como demonstra Didier, que todas as pessoas do processo dee m visar a um objetivo comum, que é a decisão final sobre o objeto litigioso.[183]

Ressalta Didier a importância deste princípio (*sic*), principalmente em relação ao juiz, que passa a ter uma função de "agente-colaborador" do processo, ampliando seus poderes instrutórios ou de efetivação de suas decisões. Impõe, assim, ao julgador o dever de esclarecimento, o dever de consultar e o dever de prevenção.[184]

Contudo, este posicionamento suscita uma série de questões. Primeiramente, volta-se a confiar no sujeito da modernidade para a realização de direitos. Em pleno Estado Democrático de Direito, no qual o processo é um meio de defesa do cidadão contra o arbítrio estatal, depender de um juiz interventor, que, sob a insígnia de "agente-colaborador", determina produção de provas que são de interesse exclusivo das partes envolvidas ou, de qualquer forma, tem ampliado seu poder instrutório, é retroceder historicamente. Mesmo no processo penal, em que o ranço da inquisitoriedade faz-se mais presente, vagarosamente já se conseguiu evoluir em alguns pontos.[185] Entretanto, caminha-se no sentido inverso no processo civil, deixando-se cada vez mais a cargo do Estado-juiz os rumos do processo (lembre-se da possibilidade da adequação do rito no projeto do novo CPC), com a sua iniciativa para a produção de toda sorte de prova. Seguindo-se a direção de que o Estado tudo pode no processo, em um futuro não muito distante haverá juristas sugerindo a volta das ordálias, em prol de uma pretensa "verdade real" ou de realização de justiça (sabe-se lá a de quem).

Não fosse tal sério problema, não há normatividade alguma no princípio da cooperação (*sic*). Em outras palavras, se uma das partes – ou mesmo o juiz – não cooperar, o que ocorre? Importante frisar que um verdadeiro princípio, antes de nada, é uma norma e, como tal, acarreta

---

[182] STRECK, 2009b, op. cit., p. 475-496.

[183] DIDIER JR., Fredie. Curso de direito processual civil: teoria geral do processo e processo de conhecimento. 11. ed. Salvador: Podivm, 2009, p. 50.

[184] Ibidem, p. 50-53.

[185] Como, por exemplo, a necessidade de presença de defensor no interrogatório ou na ordem de questionamento às testemunhas.

consequências jurídicas quando aplicado a um caso concreto. Entretanto, a aludido princípio (*sic*), não apresenta qualquer elemento que ao menos indique certa normatividade.

Esta ausência de normatividade pode ser vislumbrada principalmente em relação ao magistrado. Qual é a consequência se o juiz, ao alvedrio do seu "dever de esclarecimento", julga uma causa sem intimar a parte para explicar fatos que já deveriam estar detalhados à saciedade? O ônus processual da parte interessada (art. 333 do CPC)[186] transformou-se, agora, em obrigação em relação ao julgador? Há qualquer sanção ou responsabilização ao magistrado por descumprimento deste dever? Obviamente que não.

Como se vê, o princípio da cooperação processual (*sic*) é um nada jurídico, um dos *standards* criados no âmbito do senso comum teórico que, ao se reproduzir nas decisões de tribunais, nada significa senão o desmantelamento da ordem jurídica democraticamente conquistada para a promoção de decisionismos. Este fato é bem retratado pelo seguinte caso paradigmático do STJ:

AGRAVO REGIMENTAL. RECURSO ESPECIAL. AGRAVO DE INSTRUMENTO. PEÇA OBRIGATÓRIA. CERTIDÃO DE INTIMAÇÃO DA DECISÃO AGRAVADA. FORMALISMO EXCESSIVO. PROVA DIABÓLICA. MEIO DIVERSO DE VERIFICAÇÃO DA TEMPESTIVIDADE. NOTIFICAÇÃO EXTRAJUDICIAL. POSSIBILIDADE.

1 – Em homenagem ao princípio da instrumentalidade, a ausência da certidão de intimação da decisão agravada pode ser suprida por outro instrumento hábil a comprovar a tempestividade do agravo de instrumento.

2 – Exigir dos agravados a prova de fato negativo (a inexistência de intimação da decisão recorrida) equivale a prescrever a produção de prova diabólica, de dificílima produção. Diante da afirmação de que os agravados somente foram intimados acerca da decisão originalmente recorrida com o recebimento da notificação extrajudicial, caberia aos agravantes a demonstração do contrário.

3 – Dentro do contexto dos deveres de cooperação e de lealdade processuais, é perfeitamente razoável assumir que a notificação remetida por uma das partes à outra, em atenção à determinação judicial e nos termos da Lei 6.015/73, supre a intimação de que trata o art. 525, I, do CPC.

Agravo a que se nega provimento.[187]

---

[186] Art. 333. O ônus da prova incumbe: I – ao autor, quanto ao fato constitutivo do seu direito; II – ao réu, quanto à existência de fato impeditivo, modificativo ou extintivo do direito do autor. Parágrafo único. É nula a convenção que distribui de maneira diversa o ônus da prova quando: I – recair sobre direito indisponível da parte; II – tornar excessivamente difícil a uma parte o exercício do direito.

[187] BRASIL. Superior Tribunal de Justiça. *Agravo Regimental no Agravo Regimental no Recurso Especial*, n. 1187970/SC.

Verifica-se que a eminente Ministra-Relatora, apesar do contido no art. 525, I, do CPC,[188] reconheceu que a notificação feita de uma parte à outra supre a intimação judicial da decisão, contra a qual interessado deseja interpor o recurso de agravo de instrumento, alegando, para tanto, a aplicação do princípio da cooperação processual (*sic*). O acórdão, contudo, é casuísta e a aplicação do aludido princípio (*sic*) serve, tão somente, para encobrir a atitude ativista.

Assenta a Ministra que "de fato, o instrumento não estava instruído com a certidão da intimação da decisão recorrida, obrigatoriamente exigida pelo art. 525, I, do CPC". Contudo, continua, afirmando que "interpretar literalmente e com excessiva severidade a exigência do art. 525, I, do CPC configura formalismo excessivo e despropositado".

Aqui está o ovo da serpente – como diz Streck –, o positivismo velado pelo panprincipiologismo. É bem verdade que, no caso, o interessado eximido da prova da intimação não fez parte do processo originário. Contudo, deixar de aplicar o comando legal sem efetuar uma filtragem hermenêutico-constitucional (exercendo o controle de constitucionalidade), ou aplicar as formas de resolução de antinomias, substituindo-o pelos próprios juízos, é medida que não se mostra correta. Lutou-se no Brasil para a obtenção de uma ordem democrática. Ocorre que, uma vez conquistada, deixa-se de aplicá-la, porque não se concorda com seus rigores. Ao fim e ao cabo, cada intérprete faz o que quer e, com isso, volta-se ao positivismo.

No mesmo caso, pode-se verificar com clareza o problema do panprincipiologismo quando se analisa o princípio da instrumentalidade (*sic*) então utilizado. A Ministra Nancy Andrihi entendeu ser possível, em razão da instrumentalidade, a comprovação da tempestividade do agravo de instrumento por outros meios que não a certidão de intimação das partes. Contudo, a mesma Ministra, quatro meses após o citado julgamento, não reconheceu agravos por falta da mesma certidão, mesmo quando juntada cópia integral do processo original ou do Diário da Justiça em que circulou a intimação. Conforme se verifica:

AGRAVO NO AGRAVO DE INSTRUMENTO. FORMAÇÃO DO AGRAVO. FALTA DE PEÇA. CERTIDÃO DE INTIMAÇÃO. ACÓRDÃO RECORRIDO. AUSÊNCIA. ÔNUS DO AGRAVANTE.
- É imprescindível o traslado de todas as peças essenciais à formação do agravo.
- A mera alegação de cópia integral dos autos não supre a ausência de peça obrigatória.
- Agravo no agravo de instrumento não provido.[189]

---

[188] Art. 525. A petição de agravo de instrumento será instruída: I – obrigatoriamente, com cópias da decisão agravada, da certidão da respectiva intimação e das procurações outorgadas aos advogados do agravante e do agravado; (...).

[189] BRASIL. Superior Tribunal de Justiça. *Agravo de Instrumento*, n. 1354173/SC..

Ressaltou a Ministra, neste caso, "a importância do aspecto formal em matéria processual não a serviço do formalismo, mas sim a serviço da segurança das partes e resguardo do devido processo legal".

Neste mesmo sentido, em caso anterior, a mesma Ministra Nancy Andrighi já havia externado que "não supre a ausência de certidão de intimação, peça obrigatória do agravo de instrumento, a teor do art. 525, inciso I, do CPC, a juntada de boletim ou serviço de 'informativo judicial', contendo transcrição do Diário da Justiça".[190]

O que, a princípio – ou melhor, pelo princípio da instrumentalidade (*sic*) –, era um "formalismo excessivo", tornou-se "segurança das partes", transformou-se em "resguardo do devido processo legal". Esta estrondosa divergência ressalta a falaciosa função destes princípios *ad hoc*, inventados casuisticamente, que só servem para a perda e coerência do Direito. Eles são álibis teóricos que mascaram o subjetivismo do intérprete. Em um primeiro momento, a lei servia e foi, então, utilizada. Quanto não passou mais a interessar, inventou-se a instrumentalidade e a lei ficou ao léu. Por isso, ao invés da instrumentalidade se tornar uma das formas de controle da atividade judicial (como proposto pelo "fechamento hermenêutico" próprio dos princípios), amplia (antidemocraticamente) os poderes do juiz.

Geralmente são contrapostas decisões de diferentes tribunais que, através do panprincipiologismo, resolvem casos similares de forma diametralmente opostas. Aqui, tem-se uma situação ainda mais peculiar, demonstrando que este processo corrosivo da coerência e integridade do Direito acontece não só entre diferentes tribunais, mas pode ocorrer com a mesma pessoa – mesmo intérprete. Ao gosto de sua incontrolável subjetividade, a Ministra ora aplica o princípio da instrumentalidade (*sic*), ora não o aplica, e, quando o faz, corrige a imperfeição da lei da forma que sua consciência assim determina. Portanto, molda a lei à sua vontade. Por isso, "a instrumentalidade do processo é herança antiga do paradigma da filosofia da consciência".[191]

2.3.3. A adaptação do sistema e as súmulas vinculantes: neo-objetivismo ou um eterno retorno

O sistema jurídico, darwinianamente – como assevera Streck –, adapta-se para tentar suportar suas próprias aporias. Como delineado, o sujeito da modernidade trouxe ao campo jurídico um positivismo subjetivista,

---

[190] BRASIL. Superior Tribunal de Justiça. *Recurso Especial n. 685.322/SP.*

[191] STRECK, 2009b, op. cit., p. 483.

no qual o Direito perde sua própria autonomia porque confiscada pela "consciência" do intérprete. Instaurou-se o caos. Cada juiz, no exercício da subjetividade que garantiria a aplicação justa do Direito, decide os casos que lhe são postos como se fosse uma ilha. Explica-se: sem considerar a coerência e a integridade do Direito, o magistrado busca de forma a-histórica a solução "justa" para o caso concreto, como se este grau de justeza estivesse contido na sua sensibilidade, na intuição daquilo que seria o melhor, o desejável para os envolvidos.

Tratam-se os juízes, portanto, de ilhas, pois, como se fossem pontos isolados no universo, buscam no interior de seu âmago a solução às lides, descompromissados, desta forma, com tudo o que lhes precedeu ou com aquilo que os circunda, pois, nesta perspectiva, "cada caso é um caso", perdendo-se (ou desprezando-se) o fio condutor da história institucional do próprio Direito.

Este sujeito assujeitador, que, como Ângelo, dobra a lei com capricho como maneja à vontade, acarretou uma instabilidade sistêmica ao Direito: a imprevisibilidade das decisões judiciais. Na medida em que cada juiz, por meio do seu livre convencimento, passou a decidir de forma subjetivista, casos similares passaram a ser apreciados de forma totalmente diversa, variando a decisão conforme o juízo ao qual foram submetidos. Passou-se à institucionalização do adágio popular "cada cabeça uma sentença" (a ideologia do caso concreto).

Entretanto, o sistema jurídico não ficaria sem resposta a tal sorte de coisas. Para controlar este sujeito da modernidade lançou mão o Direito de fórmulas objetificadoras dos sentidos. Retornando à metafísica clássica, buscou nas súmulas vinculantes[192] o freio à subjetividade do juiz, como o leito de Procusto.[193] Esta é a visão de Mancuso, que afirma que o

---

[192] Art. 103-A. O Supremo Tribunal Federal poderá, de ofício ou por provocação, mediante decisão de dois terços dos seus membros, após reiteradas decisões sobre matéria constitucional, aprovar súmula que, a partir de sua publicação na imprensa oficial, terá efeito vinculante em relação aos demais órgãos do Poder Judiciário e à administração pública direta e indireta, nas esferas federal, estadual e municipal, bem como proceder à sua revisão ou cancelamento, na forma estabelecida em lei. § 1º A súmula terá por objetivo a validade, a interpretação e a eficácia de normas determinadas, acerca das quais haja controvérsia atual entre órgãos judiciários ou entre esses e a administração pública que acarrete grave insegurança jurídica e relevante multiplicação de processos sobre questão idêntica. § 2º Sem prejuízo do que vier a ser estabelecido em lei, a aprovação, revisão ou cancelamento de súmula poderá ser provocada por aqueles que podem propor a ação direta de inconstitucionalidade. § 3º Do ato administrativo ou decisão judicial que contrariar a súmula aplicável ou que indevidamente a aplicar, caberá reclamação ao Supremo Tribunal Federal que, julgando-a procedente, anulará o ato administrativo ou cassará a decisão judicial reclamada, e determinará que outra seja proferida com ou sem a aplicação da súmula, conforme o caso.

[193] "A propósito, toda essa discussão acerca da vinculação de Súmulas e de verbetes jurisprudenciais me faz lembrar a mitológica figura do malfeitor Procusto. De fato, a mitologia grega consagrou a figura cujo hábito singular passou à história como um modelo negativo de conduta, o que não obsta o constante surgimento de seguidores. Explicando: Procusto oferecia hospitalidade aos viajantes per-

direito sumular não existe para exacerbar o poder do juiz, mas, ao contrário, para inibir o arbítrio e fixar parâmetros seguros à decisão, impedindo a ocorrência da injustiça a partir de respostas discrepantes a casos similares.[194]

Acrescenta, ainda, que a adoção de súmulas vinculantes altera significativamente o próprio modelo jurídico-político, que passa a ficar a meio passo entre a *civil law* e a *common law,* pois se reconhece "prioridade ao precedente judiciário, ou à norma *judicata".*[195] Trata o autor da súmula vinculante como se precedente fosse. Da mesma forma, Velloso assevera que o efeito vinculante dos enunciados tribunalescos aproximaria o direito brasileiro do americano, pela utilização da súmula como um *leading case* da *stare decisis.*[196]

Contudo, importante frisar, tal como denunciado por Ramires, que as súmulas não são precedentes. Nestes se mantém a faticidade e temporalidade do caso concreto (seu DNA), ou seja, "jamais são abstratos e genéricos". As súmulas, apesar de serem uma forma de "'produção judicial' do Direito", não podem ser igualadas aos precedentes, pois, pela objetivação que expurga os fatos e o tempo, perdem o DNA que lhe deram origem em prol de uma "pretensão de abstração e generalidade".[197] Os precedentes servem para decidir casos passados, postos em juízo; as súmulas, ao contrário, buscam a resolução de casos futuros.

Explicando esta diferença, explana Streck:

> A súmula apresenta profundas *dessemelhanças* com os precedentes: (a) O efeito vinculante está prescrito em um texto normativo (arts. 102, § 2º, e art. 103-A da CF); (b) a instituição do efeito vinculante tem como finalidade *barrar* novas discussões sobre a matéria (e não atender à solução de uma demanda entre as partes); (c) A aplicação do precedente dotado de efeito vinculante se dá de forma descontextualizada, dedutivista e reveste a decisão/súmula com ares de regra geral e abstrata, infligindo área e competência do legislador (art. 5º, II, da CF). Este último fator demonstra a *incompatibilidade genérica* entre a regra do prece-

---

didos, mediante uma condição – a de que deitassem em seu leito. Se o infeliz hóspede medisse mais do que ele, cortava-lhes as pernas. Se medisse menos que o anfitrião, era colocado em uma máquina, que o espichava até o tamanho exato de Procusto. Daí que o mito de Procusto e seu leito aplicam-se perfeitamente à discussão em pauta, uma vez que é isso que os mentores do *establishment* querem fazer com as instâncias inferiores da Justiça brasileira" (STRECK, Lenio Luiz. Súmulas vinculantes e a reforma do judiciário: o leito de Procusto da justiça brasileira, *Revista do Ministério Público do Rio Grande do Sul*, Porto Alegre, n. 35, 1995, p. 36).

[194] MANCUSO, Rodolfo de Camargo. *Divergência jurisprudencial e súmula vinculante.* 2. ed. São Paulo: RT, 2001, p. 339.

[195] Ibidem, p. 344.

[196] VELLOSO, Carlos Mário da Silva. Do poder judiciário: como torná-lo mais ágil e dinâmico. *Revista de Informação Legislativa*, a. 35, n. 138, abr.-jun. 1998, p. 78.

[197] RAMIRES, Maurício. *Crítica à aplicação de precedentes no direito brasileiro.* Porto Alegre: Livraria do Advogado, 2010, p. 61.

dente e o sistema romano-germânico, visto que sempre a súmula ou decisão revestida de efeito vinculante será dotada de generalidade e abstração própria da lei.[198]

Por esta razão, é possível afirmar, como fez Mancuso e Velloso, que as súmulas vinculantes não encontram paralelo nos sistemas jurídicos da civil law ou mesmo da *common Law*.[199] Mesmo os assentos portugueses – dos quais derivavam as súmulas brasileiras[200] – foram declarados inconstitucionais pelo Tribunal Constitucional de Portugal em 1993.[201]

Instituída pela Emenda Constitucional (EC) n. 45/06, o constituinte reformador tentou criar uma espécie de supernorma, ou seja, uma norma que abarcasse todas as hipóteses futuras de aplicação. Defensores não faltaram para a implementação da medida. Além dos já citados Mancuso e Velloso, acrescentam-se outros, como Tucci, que enxerga nas súmulas vinculantes um caminho à aceleração dos julgamentos,[202] a Ministra Ellen Gracie, para quem as causas repetitivas, como expurgos de poupança, revisões de benefícios previdenciários e devolução de empréstimos compulsórios, devam ser matérias resolvidas por decisões de efeito vinculante.[203]

Entretanto, esta pretensão plenipotenciária da súmula é infundada, pois, como adverte Streck, "é como se fosse possível 'colocar' no interior de um texto jurídico todas as suas hipóteses de aplicação. Continuamos presos ao 'mito do dado'. Metafísica jurídica. Nada mais do que isto".[204]

Pode-se afirmar, com isso, uma espécie de eterno retorno entre os dois paradigmas em que repousa (ainda) o Direito. A insuficiência da metafísica clássica no campo jurídico, com a ruína de métodos lógicos-dedutivos (subsuntivos), levou à quebra paradigmática de Descartes e Kant e ao surgimento da filosofia da consciência, empresa que novamente ruiu,

---

[198] STRECK, Lenio Luiz. Súmulas vinculantes em *terrae brasilis*: necessitamos de uma "teoria para a elaboração de precedentes?, *Revista Brasileira de Ciências Criminais*, São Paulo, a. 17, n. 78, maio-jun 2009c, p. 289.

[199] "Assim, ao contrário do que se pensa, a publicação de súmulas pelos tribunais brasileiros não aproxima a prática jurídica nacional da tradição da *common law*, porque é uma parte vital daquele sistema que os tribunais não possam exara regras gerais em abstrato, mas apenas em função dos fatos da disputa que são trazidos a exame" (RAMIRES, op. cit., p. 62).

[200] Sobre a evolução do instituto no Direito brasileiro, vide em Cf. STRECK, Lenio Luiz. *Súmulas no Direito brasileiro*: eficácia, poder e função: a ilegitimidade constitucional do efeito vinculante. 2. ed. Porto Alegre: Livraria do Advogado, 1998, p. 79-82, 93-97 e 109-111.

[201] STRECK, Lenio Luiz. A hermenêutica jurídica e o efeito vinculante da jurisprudência no Brasil: o caso das súmulas. *Boletim da Faculdade de Direito*, Coimbra: Coimbra Editora, v. 82, 2006, p. 214.

[202] TUCCI, José Rogério Cruz e. *Precedente judicial como fonte do direito*. São Paulo: RT, 2004, p. 281.

[203] NORTHFLEET, Ellen Gracie. Ainda sobre o efeito vinculante. *Revista de Informação Legislativa*, a. 33, n. 131, jul.-set. 1996, p. 133.

[204] STRECK, Lenio Luiz. À guisa de prefácio: um libelo contra o *habitus dogmaticus*. In: RAMIRES, Maurício. *Crítica à aplicação de precedentes no Direito brasileiro*. Porto Alegre: Livraria do Advogado, 2010.

face ao incontrolável subjetivismo do intérprete. Para ajustar esta situação volta-se à já não exitosa metafísica clássica, como se os textos de agora – as súmulas vinculantes – não precisassem, da mesma forma que a lei ou a Constituição, serem interpretadas no processo de aplicação.

Assim como a subsunção da lei aos fatos não resolveu o problema da aplicação, esta nova dedução, da súmula ao caso, também não o sanará. A manutenção da linguagem como uma terceira coisa que interpõe entre sujeito e objeto demandará que, em pouco tempo, uma nova objetivação de sentidos para o controle da interpretação das súmulas. Dizendo de outro modo, a lei exigia uma interpretação, que se tornou incontrolável (a moldura não dava conta), e assim surgiram as súmulas. Contudo, as súmulas serão também interpretadas e, com isso, necessitar-se-á de novo expediente para "segurar" novamente o ímpeto do intérprete.

Talvez surjam, como diz Streck, súmulas sobre súmulas, ou seja, de súmulas que regulam – como que o art. 103-A da CF – a validade, interpretação e eficácia de outras súmulas. Vale ressaltar a lição do autor ao afirmar que "na medida em que súmulas são textos e na medida em que o positivismo interpreta textos *sem coisas*, também as súmulas serão vitimadas pelo positivismo".[205] Assim, enquanto não superado o esquema sujeito-objeto (quer o da metafísica clássica ou o da filosofia da consciência), viver-se-á um processo de eterno retorno.

É bem verdade que o *habitus* dominante já possuía, na forma reprodutiva de se fazer o Direito, o estabelecimento de diferentes formas de coagulações de sentido. Basta analisar a forma com que se trabalha diuturnamente com as ementas de acórdãos (mesmo que de casos isolados, ao gosto do intérprete) e jurisprudências dominantes, que viraram quase-súmulas, servindo como categorias (significantes primordiais-fundantes) a partir do qual o jurista passa a exercer um raciocínio lógico-dedutivo, ou seja, a subsunção.

Por isso, a vinculação talvez não seja a maior novidade das súmulas. De uma forma ou de outra, a ciência jurídica já se encontrava refém (vinculada) destes *standards* (a violência, que era simbólica, virou institucional); em suma, as súmulas, vinculantes ou não, "sempre estiveram aí, no nosso imaginário".[206] O que ressalta é a forma de se fazer o Direito que ainda vigora no *habitus dogmaticus*, ou seja, a maneira pela qual ainda se buscam fórmulas, conceitos pré-elaborados (*prêt-à-porter* significativos), como se o trabalho do jurista fosse um mero acoplamento dos fatos à essência do Direito aprisionada na respectiva súmula. Desta forma, caminha-se, sempre, entre objetivismos e subjetivismos interpretativos.

---

[205] STRECK, Lenio Luiz. À guisa de prefácio. In: RAMIRES, op. cit.

[206] STRECK, 2009b, op. cit., p. 350.

Pode-se verificar, atualmente, este processo de eterno retorno; os exemplos se multiplicam nesta quadra da história. Basta lembrar, para tanto, do anteprojeto do novo Código de Processo Civil (CPC) que faculta ao juiz a possibilidade de alteração do rito processual e prevê a concessão de tutelas de urgência de ofício. Neste mesmo caminho, tem-se o atual Código Civil (CC) que, como grande novidade, trouxe uma série de cláusulas gerais. Ou seja, ao mesmo tempo em que o sistema jurídico confiou – e tende a confiar ainda mais – ao sujeito da modernidade a implementação de direitos, por outro lado, busca mecanismos que retomam à metafísica clássica para conter o subjetivismo do juiz. Em outras palavras, há a tendência de dominar a atuação judicial através de uma metafísica jurídica que se baseia numa espécie de essencialismo platônico.

Este, em verdade, é o maior problema das súmulas vinculantes. Ao sequestraram a faticidade e a temporalidade do caso concreto, em um processo de objetivação da realidade à criação de universais, servem as súmulas, igualmente, como fundamento e justificação da decisão. Isso porque, na visão da dogmática (positivista), a súmula vinculante dispensaria qualquer fundamentação, sendo seu enunciado o bastante à sua aplicação, como se o texto pudesse trazer em si uma "textitute", uma essência.

Neste processo de abstração do concreto ao universal soçobram os fatos e o tempo, o que causa dois sérios problemas. O primeiro é a possibilidade de aplicação de uma súmula a um caso por ela não abarcado, pois "ao 'descender' aos fenômenos individuais reais fica desnaturado o 'mínimo jurídico' do 'abstrato' e se aplica a fenômenos que por sua singularidade são incompatíveis com o regime geral atribuído ao conceito abstrato".[207] Segundo, procura a dogmática jurídica, por meio das súmulas, dar as respostas antes das perguntas.[208] Com isso, desonera o juiz de uma justificação hermeneuticamente adequada de sua decisão, pois, seguindo o mito do dado, a resposta já esta estabelecida antes mesmo de se perquirir a concretude, os elementos essências da causa posta, como se a súmula pudesse resolver um caso. Sobre o assunto, enfatiza Streck:

> Ou seja – e aqui parece residir o ponto fulcral do problema –, *o juiz não pode considerar eu é a súmula que resolve um litígio* – até porque as palavras não refletem as essências das coisas, assim como as palavras não são as coisas – *mas, sim, que é ele mesmo, o juiz, o intérprete, que faz uma fusão de horizontes para dirimir o conflito*. Não devemos esquecer

---

[207] STRECK, Lenio Luiz. A hermenêutica filosófica e as possibilidades de superação do positivismo pelo (neo)constitucionalismo. In: ROCHA, Leonel Severo; STRECK, Lenio Luiz (Orgs.). *Constituição, sistemas sociais e hermenêutica*. n. 1. Porto Alegre: Livraria do Advogado; São Leopoldo: Unisinos, 2005, p. 178.

[208] Neste sentido, as súmulas "são uma forma de redução da complexidade do Direito feita de forma unilateral, descontextualizada e a-histórica" (STRECK, 1998, op. cit., p. 247).

– e a advertência vem de Gadamer – que existem sempre dois mundos de experiência no qual ocorre o processo de compreensão: o mundo de experiência no qual o teto foi escrito e o mundo no qual se encontra o intérprete. O objetivo da compreensão é fundir esses dois mundos, em um determinado contexto, que é a particularidade do caso, a partir da historicidade e da faticidade em que estão inseridos os atores jurídicos. (grifos do autor).[209]

Como consequência, aumenta o descomprometimento do julgador, como se ele, a partir de então, pudesse afirmar: "Decido assim por conta do enunciado da súmula vinculante x". Isto nem de longe é fundamentar, nos moldes exigidos pelo art. 93, IX, da CF. Ao contrário, este descomprometimento do intérprete, de uma forma geral, é típico do positivismo exegético. Veja-se, como exemplo já analisado, a postura de Ângelo que, ao condenar Cláudio à morte, afirma que não é ele que o faz, mas a lei. Ângelo, felizmente, ainda não conhecia as súmulas vinculantes.

Por tudo o que foi dito, observa-se que a súmula vinculante, na lógica da troca de um critério qualitativo por um quantitativo, aparece como ponto culminante do modelo subsuntivo (positivismo objetivista) de aplicação. O cume de um eterno retorno: quanto mais se depende do sujeito da modernidade para a realização do Direito, mais se buscam meios de controlá-lo, retomando a metafísica clássica.[210]

Nesta lógica, se o "estado de natureza hermenêutico" criado pelo subjetivismo do intérprete, ou mesmo a incerteza semântica do Direito (como alegado nos casos difíceis), causar algum transtorno ao sistema, basta editar uma súmula própria à resolução dos casos futuros. Em outras palavras, é só permanecer criando respostas antes das perguntas, como se possível fosse. Então, "não é possível, portanto, continuarmos analisando os textos das súmulas como se ali fosse 'o lugar da verdade' e como se o sentido 'imanente' desse texto nos desse as respostas para a sua futura aplicação".[211]

---

[209] Ibidem, p. 178-179.

[210] "Na verdade, está-se diante de um sincretismo *ad hoc*: quando interessa ao *establishment* dogmático (aos detentores da fala), lança-se mão da filosofia da consciência; quando já não há como 'segurar' esse 'estado de natureza hermenêutico' decorrente dessa 'livre convicção', 'livre convencimento', 'íntima convicção' (e suas decorrências, como o panprincipiologismo, o axiologismo, o pragmatismo etc), *apela-se ao mito do dado...* E tudo começa de novo, como um eterno retorno...!" (STRECK, Lenio Luiz. Posfócio – Diálogos (neo)constitucionais. In: DUARTE, Écio Oto Ramos; POZZOLO, Susanna. *Neoconstitucionalismo e positivismo jurídico*: as faces da teoria do direito em tempos de interpretação moral da constituição. 2. ed. São Paulo: Landy, 2010, p. 109).

[211] STRECK, 2009b, op. cit., p. 354.

3. Possibilidades teóricas: ontologia fundamental, hermenêutica filosófica e a nova crítica do direito

Como visto no capítulo anterior, a jurisdição ainda se encontra aprisionada sob um teto hermenêutico caudatário da metafísica clássica e da filosofia da consciência. Portanto, a reconstrução de uma teoria que possa dar conta das aporias da pós-modernidade deve destruir, no sentido heideggeriano,[212] a tradição ontológica, calcada nos paradigmas acima delineados, retomando-se, de forma genuína, a questão do ser.

Este é o objetivo da Nova Crítica do Direito, que traz ao mundo jurídico a viragem linguística, ressaltando que a linguagem não é algo que se põe entre um sujeito e um objeto. Antes, é condição de possibilidade, eis que, para falar de algo, é necessário falar na e pela linguagem. Nisto, difere e supera a metafísica clássica e a filosofia da consciência que forjaram, como visto, o imaginário jurídico.

Assim, passar-se-á ao estudo de alguns pontos cruciais trazidos por Heidegger e Gadamer,[213] para, após, observar-se a recepção deste pensamento na área jurídica, pela Nova Crítica do Direito.

3.1. A ontologia fundamental de Heidegger

A hermenêutica é vista, ainda, por muitos, como a ciência que tem por objeto o estudo dos métodos de interpretação, ou seja, a forma pela

---

[212] Em *O que é isso – a filosofia?*, Heidegger (2006, p. 27) deixa assente sua noção de "destruição": "Este caminho para a resposta à nossa questão não representa uma ruptura com a história, nem uma negação da história, mas uma apropriação e transformação do que foi transmitido. Uma tal apropriação da história é designada com a expressão 'destruição'. O sentido desta palavra é claramente determinado em Ser e Tempo (§ 6). Destruição não significa ruína, mas desmontar, demolir e pôr de lado – a saber, as afirmações puramente históricas sobre a história da filosofia. Destruição significa: abrir nosso ouvido, torná-lo livre para aquilo que na tradição do ser do ente nos inspira. Mantendo nossos ouvidos dóceis a esta inspiração, conseguimos situar-nos na correspondência".

[213] Não se busca – e nem se poderia neste âmbito –, exaurir a complexa e vasta obra de cada um deles – o que demandaria trabalhos próprios –, o objetivo não é outro senão situar o leitor acerca de pontos específicos do pensamento heideggeriano e gadameriano, para, então, observar sua incorporação pela Nova Crítica do Direito, de Lenio Streck.

qual se pode obter uma interpretação válida, baseando-se em métodos que mostram "o caminho mais lógico para a descoberta de um determinado tipo de verdade relativo ao objeto".[214] Para outros, e este é o enfoque buscado, a hermenêutica é uma exploração filosófica do caráter de toda a compreensão.

Este caminho de mudança foi percorrido de forma gradual, evoluindo-se da filologia clássica, que se ocupava basicamente da interpretação de textos bíblicos, à revolução linguística-pragmática (*linguistic turn*). Os trabalhos de Hamann, Herder e Humboldt realizaram o primeiro "giro linguístico", representando a primeira quebra paradigmática à consideração da linguagem como elemento constitutivo da relação do ser com o mundo. A crítica feita por Hamann a Kant pode ser vista como o passo inicial deste processo, pois "Hamann localizou na linguagem a raiz comum do entendimento e da sensibilidade buscada por Kant e com isso conferiu à linguagem uma dimensão empírica e transcendental".[215] Herder, ao continuar a crítica a Kant, concebeu a linguagem como abertura do mundo, o que foi ampliado por Humboldt, em que "a linguagem aparece como a condição de possibilidade de uma visão da totalidade do mundo".[216]

A evolução da invasão da filosofia pela linguagem seguiu seu rumo com o neopositivismo lógico, com Wittgenstein e com a filosofia da linguagem ordinária, além de Pierce, Saussure, entre outros.[217] Entretanto, é na destruição heideggeriana, reformulando a questão do ser – e, com isso, a da própria linguagem – e, depois, com Gadamer, que se encontrará solo firme para um novo acontecer – que, no Direito, será recepcionado pela Nova Crítica do Direito.

Heidegger redefine a questão do ser, fundando uma nova hermenêutica, que se afastará das questões metodológicas – que fizeram velar esta questão, fazendo inserir na filosofia a vida prática (faticidade) do existir. Por isso, "*Ser e Tempo* concretiza a proposição universal, que ele converte em problema hermenêutico, na questão do ser".[218] Também mostra como a compreensão é ontológica e concebe a fenomenologia na qual o ser é fundamental e está localizado no mundo das experiências vividas, assim como nossa compreensão do ser. A filosofia de Heidegger também forma uma teoria hermenêutica que inclui a noção da historicidade da compre-

---

[214] STEIN, Ernildo. *Aproximações sobre hermenêutica*. 2. ed. Porto Alegre: EDIPUCRS, 2004a, p. 26.

[215] STRECK, 2009a, op. cit., p. 145-146.

[216] Ibidem, p. 147.

[217] Ibidem, p. 166-175.

[218] GADAMER, Hans-Georg. *Verdade e método I*: traços fundamentais de uma hermenêutica filosófica. 10. ed. Tradução Flávio Paulo Meurer. Petrópolis: Vozes, 2008, p. 359.

ensão, o seu movimento dialético, e o questionamento do intérprete que analisa sua própria situação enquanto se questiona. Analisa Coreth que:

> A hermenêutica no Ser e Tempo não quer dizer a arte da interpretação, nem a própria interpretação, mas antes a tentativa de determinar a essência da interpretação antes de tudo pela hermenêutica como tal, isto é, pela essência hermenêutica da existência, a qual, compreendendo-se originalmente, interpreta a si mesma no mundo e na história. Hermenêutica torna-se assim interpretação da primitiva compreensão do homem em si e do ser.[219]

A construção do ser como algo imutável, não sujeito a qualquer condicionamento histórico, sempre ocorreu ao longo da história. Esta era a visão metafísica do ser até Heidegger, que pressupõe um sujeito universal capaz da transcendência de condições empíricas. Como afirma Vattimo, "what remains un-thought in metaphysical tradition is the *Ereignis* character of Being, Being as an event and not as a stable structure like Plato's *ontos on*".[220] A metafísica, até então, buscava falar do ser, enquanto, na verdade, estava tratando do ente. Assim, a busca pelo sentido do ser permaneceu velada. Isso fez Heidegger apontar que "a questão sobre o sentido do ser não somente ainda não foi resolvida ou mesmo colocada de modo suficiente, como também caiu no esquecimento, apesar de todo o interesse pela metafísica".[221]

Desde já, verifica-se que, para Heidegger, o ser e o ente não são a mesma coisa. Como expressa Gorner, "the *being* of entities is not itself an entity. There is, then, a fundamental *difference* between anything that is and being (*Sein*)".[222] Mas, qual é a diferença entre ambos? Esta é, diria Heidegger, uma diferença ontológica. O ser é sempre o ser de um ente e o ente somente pode ocorrer no seu ser; um não existe sem o outro. Por isso, o ser e o ente não são coisas iguais, porém não são completamente diferentes. Com isto, Heidegger "pretende orientar, através dessa distinção entre ser e ente, o olhar para a questão do ser cujo esquecimento pela metafísica torna-se problemática em sua própria essência".[223]

A diferença ontológica, desta forma, está na própria circularidade do acontecer da compreensão, no qual o ser se desvela e se vela. É desta forma que se pode acessar o ser do ente para, compreendendo-o, entender também o ente. Segundo Streck, "com o ser chegamos aos entes. O ser existe para dar sentido aos entes. Não vemos o ser; vemos o ente no

---

[219] CORETH, Emerich. *Questões fundamentais de hermenêutica*. Tradução: Carlos Lopes de Matos. São Paulo: EPU/Edusp, 1973.

[220] VATTIMO, Gianni. The End of (Hi)story. *Chicago Review*, Chicago, v. 35, n. 4, 1987, p. 26.

[221] HEIDEGGER, 2005a, op. cit., p. 50.

[222] GORNER, Paul. *Heidegger's being and time*: an introduction. Cambridge: Cambridge University Press, 2007, p. 15.

[223] STEIN, Ernildo. *Compreensão e finitude*: estrutura e movimento da interrogação heideggeriana. Ijuí: Unijuí, 2001, p. 280-281.

seu ser. É neste sentido que Heidegger pensa as bases da diferença ontológica".[224]

Para explicar esta circularidade da compreensão, Heidegger utiliza-se do círculo hermenêutico. Esta ideia representa a tentativa de definir uma coisa pelo uso dos atributos que já presumem um conceito pela estrutura de antecipação dos sentidos. Compreendem-se as partes como um todo e o todo por meio de suas partes. Por isso, um conceito individual deriva seu significado de um contexto ou horizonte no qual ele esta incluído. Como adverte Stein:

> Heidegger se refere ao fato de que, na filosofia, sempre se tivera consciência de um tal fato, visto que as partes de um texto eram compreendidas a partir de um sentido prévio que se projetava sobre o todo do texto e que esse todo, por sua vez, era, então, compreendido a partir das partes.[225]

A metafísica clássica, tampouco a moderna (filosofia da consciência), não davam conta de explicar inteiramente a natureza e o processo do compreender; o círculo hermenêutico pode. Por exemplo, quando se começa a buscar o ser, não se parte de um início absoluto. Pelo contrário, como ressalta Heidegger, começa-se com uma compreensão já formada sobre o ser, com uma antecipação de sentidos. Não se tratam de pressuposições de essências universais, nem de representações da razão pura, mas de uma compreensão histórica acumulada pelo tempo.

Assim, pode-se ver que o círculo hermenêutico já funciona na busca pelo ser. As possibilidades de formas que o homem pode compreender a si mesmo e ao mundo pressupõe e é limitada pela situação histórica atual na qual ele está incluído e na tradição particular em que está inserido. Assim, a compreensão é verdadeiramente histórica, sempre limitada por horizontes, representando a totalização do sentido de uma época, a conformação com o mundo vivido. É somente pela compreensão de um fenômeno que se pode entender o sentido do ser, mas se começa esta interpretação com uma certa compreensão do próprio ser (a estrutura prévia da compreensão).

Ainda que inviável uma conceituação do ser, continua sendo importante explorar a questão de seu sentido.[226] Em *Ser e Tempo*, Heidegger delineou analiticamente o ser enquanto constitutivo existencial do "aí" do Ser-aí (*Dasein*). O sentido do ser-aí está estampado em um "encon-

---

[224] STRECK, Lenio Luiz. Heidegger. In: *Dicionário de filosofia do Direito*. BARRETTO, Vicente de Paulo (Org.). São Leopoldo: UNISINOS, 2009, p. 427.

[225] STEIN, 2001, op. cit., p. 247.

[226] "A impossibilidade de se definir o ser não dispensa a questão de seu sentido, ao contrário, justamente por isso a exige" (HEIDEGGER, 2005a, op. cit., p. 29).

trar-se", como uma abertura para si mesmo, autoconhecimento.[227] Este "encontrar-se" do homem "aberto" como "compreender" tornou-se a base da constituição de uma verdadeira hermenêutica existencial. Assim, o "compreender é o ser existencial do próprio poder-ser da pré-sença de tal maneira que, em si mesmo, esse ser abre e mostra a quantas anda seu próprio ser",[228] ou seja, o compreender constitui agora a estrutura existencial da própria existência humana. Como explica Gorner, "Dasein in not an entity from which the meaning of being is to be abstracted; it is what He calls the 'place (*Stätte*) of the understanding of being".[229]

Ao afirmar que o *Dasein* é dinâmico, historicamente condicionado, Heidegger rompeu com o pensamento metafísico até então dominante. Demonstrou, portanto, que o ser não é possuidor e uma essência etérea, como suposto pelos os filósofos antigos, tampouco é determinado subjetivamente, como queriam os modernos. Ao contrário, mostrou que o ser não possui uma última substância e que também não é construído estritamente de acordo com a consciência de um determinado sujeito. Sobre a refutação da metafísica clássica e da filosofia da consciência procedida por Heidegger, explica Stein que:

> A ontologia da coisa toma como ponto de referência a constância da substância. A filosofia transcendental mergulha na subjetividade e a ela sempre retorna. Tanto o método objetivo como o método transcendental terminam evocando como fulcro um elemento imóvel, perene, ideal, que permite sempre novamente o retorno a um ponto fixo para explicar o avanço da interrogação filosófica. Heidegger, em sua ruptura com a substância e a subjetividade do pensamento ocidental, desdobra um método fenomenológico que radica nas possibilidades da existência, que pretende ser a superação do esquema sujeito-objeto. O ser-aí não é nem substância, nem sujeito. O filósofo coloca todas as possibilidades da filosofia na estrutura existencial do ser-aí.[230]

Heidegger enfatiza que é necessário entender o *Dasein* como um todo, como uma complexa relação de estruturas existenciais, que será radicalmente mal compreendida se observada meramente como uma entidade entre outras ou como algum tipo de essência ou como uma representação formada pela razão pura. Explica Lobão que:

---

[227] "Dito de outra forma, o Desein, em seu ser, em sua maneira própria de ser, se relaciona com seu ser, isto é, está aberto para si mesmo, se 'compreende', tem de ser" (DUBOIS, Christian. *Heidegger*: introdução a uma leitura. Tradução Bernardo Barros Coelho de Oliveira. Rio de Janeiro: Jorge Zahar Editor, 2004, p. 18).

[228] HEIDEGGER, Martin. *Ser e tempo*: parte I. 15. ed. Tradução: Marcia Sá Cavalcante Schuback. Petrópolis: Vozes; Bragança Paulista: Editora Universitária São Francisco, 2005, p. 200.

[229] GORNER, Paul. *Heidegger's being and time*: an introduction. Cambridge: Cambridge University Press, 2007, p. 22.

[230] STEIN, Ernildo. *Compreensão e finitude*: estrutura e movimento da interrogação heideggeriana. Ijuí: Unijuí, 2001, p. 243.

Nós só podemos usar a mesma palavra para dizer tanto um fenômeno externo, a luz do sol, como um fenômeno interno, a luz da razão, porque nem o sol está somente fora de nós nem a razão está exclusivamente dentro de nós, e sim porque sempre e necessariamente realizamos nossa existência na estrutura de ser-no-mundo. A necessidade de um esquematismo espacial, temporal e gestual para dizer e compreender todos os modos de ser e agir mostra à saciedade que a presença fundadora de nossa existência não se dá na órbita de consciência de um cogito sem mundo, nem na complementaridade recíproca de sujeito e objeto. Abrange, ao contrário, todas as peripécias de uma co-presença originária que se realiza através de uma história de tempos, espaços e gestos, que se desenvolve num mundo de interesses e explorações, de lutas e fracassos, de libertação e escravidão.[231]

Para recuperar a questão do sentido do ser, Heidegger desenvolve a conexão entre a compreensão e o mundo vivido. Importante frisar que "mundo" pode ser entendido como o conjunto daquilo que é, ou, como a conexão peculiar da vida humana.[232] Foi neste segundo sentido que Heidegger desenvolveu o conceito de mundo, como "um 'vincular-se projetivo' do ser-aí e do fato de o ser-aí entregar a si mesmo com o projeto de um mundo uma 'vinculação'",[233] concebendo a compreensão não como a capacidade de resgate de uma situação experimentada, mas como o modo fundamental da existência do homem, de ser-no-mundo.

Assim, para Heidegger, o problema do compreender não é metodológico, mas, antes, está ligado à condição histórica de ser-no-mundo, por isso que, "com Heidegger, a hermenêutica deixa de ser normativa e passa a ser filosófica".[234] O ser conhece a si como parte de um mundo que não é de sua criação, mas que dele depende para sua autocompreensão. *Dasein* é um ser histórico, ou seja, sujeita-se e depende de sua condição histórica particular. O homem é um ser hermenêutico, porque seu modo fundamental de existência é compreendendo e interpretando tudo o que está ao seu redor, razão pela qual o ser está condenado a interpretar.

A interpretação, enquanto elaboração das possibilidades projetadas na compreensão,[235] constitui o modo original de ser do ser do homem, seu existencial primário face às proposições (modo derivado). Isso porque "não existe esse ser humano em estado neutro que de repente faz uma proposição assertórica predicativa", pois, "o ser humano desde sempre

---

[231] LOBÃO, Emmanuel Carneiro. Apresentação. In: HEIDEGGER, Martin. *Ser e tempo*: parte I. 15. ed. Tradução Marcia Sá Cavalcante Schuback. Petrópolis: Vozes; Bragança Paulista: Editora Universitária São Francisco, 2005, p. 19-20.

[232] FIGAL, Günter. *Oposicionalidade*: o elemento hermenêutico e a filosofia. Tradução Marco Antônio Casanova. Petrópolis: Vozes, 2007, p. 179.

[233] Ibidem, p. 181-182.

[234] STRECK, 2009a, op. cit., p. 196.

[235] HEIDEGGER, 2005a, op. cit., p. 204.

falou dentro de uma história determinada".[236] O mundo está inter-relacionado e não há nada fora desta relação hermenêutica universal.

Isto se torna importante por duas razões. Primeiro, acaba com a dicotomia entre sujeito e objeto – faz cair por terra a perspectiva de que os seres humanos são distintos ou separados dos outros seres ou que permanecem fora do mesmo mundo. O *Dasein* é uma entidade única, é um ser que não ocorre simplesmente entre outros seres. Ele é ontologicamente distinto pelo fato de se compreender. Contudo, isto não implica que ele seja separável de um mundo objetivo. Conforme Marías:

> Não existe nenhum sujeito sem mundo, em virtude da índole constitutiva do existir; tampouco existe um eu isolado dos demais. 'Os outros *coexistem* no 'estar no mundo'. O mundo do *Dasein* é um *mundo comum* (*Mitwelt*); o *estar em* é um *estar com* outros, e o ser em si intra intramundano destes é *coexistência*.[237]

Em segundo lugar, falar do *Dasein* como ser-no-mundo significa que a mais fundamental forma de ser precede qualquer explicação racional (de como o elemento hermenêutico precede o apofântico), pois a explicação lógico-causal oferecida a um evento é derivada de um modo mais primordial de se compreender, de existir. Como diz Stein, "o *como* hermenêutico é o *como* do nosso mundo prático em que nós já sempre compreendemos as coisas e por isso podemos falar delas através de enunciados assertóricos predicativos".[238] A proposição (o discurso) chega tarde, pois neste momento o ser já compreendeu, "já que não existe explicação sem a prévia compreensão"[239]. Afirma Heidegger que "a proposição e sua estrutura, o como apofântico, fundam-se na interpretação e em sua estrutura, o como hermenêutico e, a seguir, na compreensão, a abertura da pre-sença".[240]

A faticidade do existir revela "o local da fala", eis que é a partir dela que se pode "desnudar uma adequada orientação rumo ao ser".[241] Ainda que a faticidade não possa ser evitada, ninguém está nela simplesmente achado de forma inteiramente passiva. Como afirma Heidegger, "faticidade não é a fatualidade do *factum brutum* de um ser simplesmente dado, mas um caráter ontológico da pré-sença assumido na existência, embora, desde o início, reprimido".[242]

---

[236] STEIN, 2004a, op. cit., p. 18.

[237] MARÍAS, op. cit., p. 479.

[238] Ibidem, p. 21.

[239] STEIN, 2001, op. cit., p. 246.

[240] HEIDEGGER, 2005a, op. cit., p. 292.

[241] SILVA FILHO, José Carlos Moreira da. *Hermenêutica filosófica e Direito*: o exemplo privilegiado da boa-fé objetiva no direito contratual. 2. ed. Rio de Janeiro: Lumen Juris, 2006, p. 39.

[242] HEIDEGGER, 2005a, op. cit., p. 189.

Houve uma inovação autêntica no pensamento heideggeriano sobre o papel da linguagem na compreensão. Se, antes, a linguagem era uma terceira coisa que se colocou entre o sujeito e o objeto, ela passa a ser, com o giro linguístico, condição de possibilidade.[243] Isso porque toda a interpretação realiza-se de um modo linguístico, que se constitui, assim, na condição última da realização hermenêutica do compreender. A hermenêutica, neste cariz, não se preocupará com métodos ou modelos exegéticos, mas sim com a interpretação mesma da linguagem, enquanto ela representa a estrutura fundamental irredutível da própria compreensão. Inverte-se a visão moderna de que a linguagem estaria dominada pela razão (consciência) de um sujeito que a dobra como quer, eis que agora o homem pertence à linguagem. Afirma Heidegger que:

A linguagem pertence, em todo caso, à vizinhança mais próxima do humano. A linguagem encontra-se por toda parte. Não é, portanto, de admirar que, tão logo o homem faça uma ideia do que se acha ao seu redor, ele encontre imediatamente também a linguagem, de maneira a determiná-la numa perspectiva condizente com o que a partir dela se mostra.[244]

Tanto na Antiguidade como na Era Moderna, a linguagem era tida como mero instrumento, meio de informação, uma terceira coisa que se interpunha entre sujeito e objeto. Contudo, e é importante frisar novamente, em Heidegger, a linguagem passará à condição de possibilidade, eis que, a abertura de sentido da compreensão articula-se linguisticamente. Assim, a linguagem é acesso ao mundo, permitindo o desvelamento do ser, ou seja, seu sentido dá-se, somente, na linguagem.

Na relação entre verdade e ser, Heidegger afirma que a verdade e o ser são primordialmente conectados e que, de fato, o fenômeno da verdade move-se na problemática da ontologia fundamental, pois "o ser, de fato, vai junto com a verdade".[245] Portanto, desenvolve uma compreensão da verdade como desvelar que a coloca no contexto da finitude da existência humana.

Diferentemente do entendimento tradicional, Heidegger busca demonstrar que a verdade não é um acordo ou correspondência entre um sujeito e um objeto, mas que ela deixa que os seres sejam vistos em seu desvelar, em sua abertura para o mundo. Conforme afirma Dubois, "o Dasein está originalmente na verdade, na medida em que é sua própria abertura, abertura do mundo, descoberta das coisas e dos outros".[246] A

---

[243] STRECK, 2002, op. cit., p. 169.

[244] HEIDEGGER, Martin. *A caminho da linguagem*. Tradução Márcia Sá Cavalcante. Petrópolis: Vozes, 2003, p. 26.

[245] DUBOIS, op. cit., p. 46.

[246] Ibidem, p. 47.

verdade aparece como um processo relacional pelo qual aspectos da realidade continuam sendo desvelados pelo ser-no-mundo.

Isto significa que a verdade experimentada pelos seres humanos não está finalizada ou fechada a novas experiências. Esta ausência de final significa que há sempre um elemento de "esconder-se" que continua a ocorrer em cada abertura, em cada desvelar, eis que "o *Dasein* é bastante aberto para si mesmo, mas falastrão, curioso e ambíguo, sob a modalidade de um constante tornar a se fechar".[247] Por isso ela não será etérea, mas finita, um acontecer, assim como o ser:

> É justamente porque o *Dasein* é "capaz" de verdade que ele pode se engajar no projeto de uma verdade objetiva. Mas, certamente, a verdade é bem "relativa" ao ser do Dasein, ou, antes, este está ligado facticamente à verdade. O que quer dizer também que o conceito de uma verdade eterna, apoiada em última instância por uma teologia, é carente e sentido: "A afirmação de 'verdades eternas', assim como a assimilação de 'idealidade' – fenomenalmente fundada – do *Dasein* com um sujeito idealizado absoluto, fazem parte desses resíduos de teologia cristã que ainda estão longe de terem sido radicalmente expurgados da problemática filosófica".[248]

3.2. A hermenêutica filosófica de Gadamer

Primeiramente, cumpre salientar que Gadamer não pode ser considerado um mero sucessor de Heidegger. Se muitas coisas os unem, algumas demonstram as diferentes preocupações que moveram estes filósofos. Stein sustenta que em Heidegger a hermenêutica nunca foi adjetivada de filosófica e, ao fazer isso, Gadamer realizou uma grande modificação no próprio entendimento sobre a própria hermenêutica, diferenciando-se da visão heideggeriana. Por um lado, há um recuo diante das pretensões da filosofia hermenêutica de Heidegger e, por outro, uma ampliação da compreensão da hermenêutica, eis que agora extraída da própria filosofia. Isso deu a Gadamer duas liberdades: poder introduzir uma maneira diferente de compreender, em comparação às ciências do espírito, e libertar-se do uso estrito dado à hermenêutica por Heidegger.[249]

Stein indica, ainda, outras importantes diferenças. Enquanto para Heidegger o principal uso da fenomenologia hermenêutica era pensar a compreensão do ser, em Gadamer a questão transcendental é deixada de lado, aplicando-se o conceito de faticidade para o todo da cultura e da

---

[247] DUBOIS, op. cit., p. 47.

[248] Ibidem, p. 47.

[249] STEIN, Ernildo. Gadamer e a consumação da hermenêutica. In: STEIN, Ernildo; STRECK, Lenio. *Hermenêutica e epistemologia*: 50 anos de verdade e método. Porto Alegre: Livraria do Advogado, 2011, p. 11-12.

história. Assim, para Heidegger a questão fundamental da filosofia é a questão do ser. Já, em Gadamer, trata-se da questão do sentido, "ligado à compreensão da historicidade do mundo vivido".[250] Outra diferença marcante, assinala Stein, é o uso feito por Gadamer da dialética hegeliana, para superar a imediatidade (na questão da vida fática ou do mundo vivido), na qual o movimento para o absoluto é substituído pela historicidade do sentido, razão pela qual a "substância significa, para Gadamer, a história enquanto tradição".[251] Tudo isso faz com que o resultado de *Verdade e Método* "conduz para longe de Heidegger, o que quer dizer, para um campo de interesses teóricos que toma uma configuração claramente original e própria".[252]

Feitas esta necessária distinção, cumpre que Gadamer se baseará na analítica do ser-aí para a superação da hermenêutica clássica, pois, como afirma, "o fenômeno hermenêutico não é, de forma alguma, um problema de método",[253] mas repousará "só pelo aprofundamento no fenômeno da compreensão".[254] Hermenêutica, assim, é o estudo do fenômeno universal da compreensão humana.

Gadamer deixa clara a forma pela qual o caráter historicamente condicionado da própria experiência possibilita a compreensão. Esta é a base para a sua crítica do preconceito como entendido pelo racionalismo, que priva a tradição de seu poder. Esta concepção de preconceito encurtou o conceito aos seus contornos atuais, como juízo não fundamentado, julgamento impensado ou irracional, que leva ao dano, desvantagem, prejuízo.[255] Afirma Gadamer que "se quisermos fazer justiça ao modo de ser finito e histórico do homem, é necessário levar a cabo uma reabilitação radical do conceito do preconceito e reconhecer que existem preconceitos legítimos".[256]

Portanto, reabilita o termo preconceito, voltando a trabalhar com seu sentido mais literal: um juízo que é processado antes mesmo de que todos os elementos que determinam uma situação tenham sido examinados. Assim, o preconceito representa uma condição necessária e favorável à compreensão, aplicando-se diretamente a qualquer ato que se desenvol-

---

[250] STEIN In: STEIN; STRECK, op. cit., p. 14.

[251] Ibidem, p. 16.

[252] Ibidem, p. 17.

[253] GADAMER, 2008, op. cit., p. 29.

[254] Ibidem, p. 30.

[255] Ibidem, p. 360-361.

[256] Ibidem, p. 368.

va, mesmo porque, "os preconceitos de um indivíduo, muito mais que seus juízos, constituem a realidade histórica de seu ser".[257]

Não se compreende qualquer coisa ou situação de forma *tabula rasa*, ou seja, não há como apreender uma realidade fora do tempo e espaço em que se vive, fora da tradição em que estão os sujeitos envolvidos. Da mesma forma, não há como, a cada nova situação, esquecer-se, esvaziar a consciência, das experiências anteriores. A condição de possibilidade para se compreender qualquer situação é justamente a existência de meios preliminares de abordá-lo. O ato de interpretação nunca está desligado do passado, como se estivesse preso dentro do presente.

Nenhum mundo histórico anterior está disponível para habitação senão aquele em que se vive. Pode-se desenvolver a compreensão histórica apenas trabalhando com a realização da própria historicidade do ser. Não se pode ver sequer o passado em si mesmo, uma vez que o conhecimento histórico sempre implica na concepção do presente e do futuro. A compreensão é intrinsecamente temporal.

O reconhecimento da historicidade e temporalidade da compreensão é de importância fundamental para se repensar a tradição. A tradição é construída por aquilo que os homens, interpretativamente, fazem. Ela não se volta, desta forma, contra o sujeito, mas é algo no qual ele está e vive. Desta forma, não é portadora de significados atemporais. Sobre este caráter da tradição, aponta Gadamer:

> (...) encontramo-nos sempre inseridos na tradição, e essa não é uma inserção objetiva, como se o que a tradição nos diz pudesse ser pensado como estranho ou alheio; trata-se sempre de algo próprio, modelo e intimidação, um reconhecer a si mesmos no qual o nosso juízo histórico posterior não verá tanto um conhecimento, mas uma transformação espontânea e imperceptível da tradição.[258]

Neste sentido, a tradição fornece, nas práticas particularizadas de construção do significado, a estrutura prévia da compreensão. Esta pré-estrutura no processo de formação do sentido é um primeiro passo inevitável à compreensão. Contudo, ela não amarra o sujeito, pois o resultado da interpretação, porque realizado pelo círculo hermenêutico, pode levar a alteração, revisão ou transformação da pré-compreensão que se possuía no primeiro movimento interpretativo. A circularidade da compreensão apresenta-se, assim, neste contínuo fluxo, no qual um preconceito existente leva a outro, que será condição de possibilidade na compreensão de eventos futuros. Em outras palavras, o intérprete, enquanto ser-no-mundo, não está preso à tradição ou à sua própria pré-compreensão, daí

---

[257] GADAMER, 2008, op. cit., p. 368.

[258] Ibidem, p. 374.

Teoria da Decisão Judicial
DOS PARADIGMAS DE RICARDO LORENZETTI À RESPOSTA ADEQUADA À CONSTITUIÇÃO DE LENIO STRECK

a necessidade/possibilidade de verificação da autenticidade ou não desta estrutura prévia. Gadamer sustenta que:

> Constitui sério contra-senso assumir que a ênfase no fator essencial da tradição (presente em toda compreensão) implique uma aceitação acrítica da tradição ou um conservadorismo social e político. O leito deste esboço de minha teoria hermenêutica reconhecerá, de qualquer modo, que tal suposição reduz a hermenêutica a uma perspectiva idealista e histórica. Ora, o confronto com a nossa tradição histórica é sempre, em verdade, um desafio crítico que tal tradição nos lança. E esse confronto não tem lugar no ofício do filólogo ou do historiador, nem nas instituições culturais burguesas, que pretendem a todo custo generalizar o saber histórico. Toda experiência é um confronto dessa natureza.[259]

Admitir a importância da tradição na interpretação é reconhecer que não se pode viver, pensar, compreender, como um ser isolado, mesmo porque qualquer pessoa só se reconhece como indivíduo em face do outro, eis que "somente através dos outros é que adquirimos um verdadeiro conhecimento de nós mesmos".[260] Desta forma, a interpretação estará baseada em um mundo comum compartilhado, ou seja, na tradição. Frisa-se, novamente, que isto não acarreta a impossibilidade de alteração da pré-compreensão. Contudo, esta modificação ocorrerá no próprio ir e vir do círculo hermenêutico, através da abertura de horizonte possibilitada pela fusão ocorrida no primeiro processo, que gerará um novo ponto de partida (uma nova pré-compreensão). Como ressalta Gadamer:

> Ora, o círculo hermenêutico é um círculo rico em conteúdo (*inhaltlich erfüllt*) que reúne o intérprete e seu texto numa unidade interior a uma totalidade em movimento (*processual whole*). A compreensão implica sempre uma pré-compreensão que, por sua vez, é prefigurada por uma tradição determinada em que vive o intérprete e que modela os seus preconceitos.[261]

Este ir e vir entre passado e presente, que está contido na pré-compreensão, alça o círculo hermenêutico – conceito heideggeriano apropriado por Gadamer[262] – a algo que sempre está presente. Assim, "o círculo é universal, porque cada compreensão é condicionada por uma motivação ou por um pré-conceito".[263]

A tentativa de livrar-se de alguma característica historicamente ultrapassada do passado não significa negar a tradição, como se alguém pudesse tornar-se livre da tradição em si. Ao contrário, isto envolve a capacidade ativa de promover a própria tradição e adaptar a prática social em prol do coletivo, eis que "nós mesmos vamos instaurando-a na medi-

---

[259] GADAMER, 2008, op. cit., p. 14.

[260] Ibidem, p. 12-13.

[261] Ibidem, p. 13.

[262] Sobre esta apropriação e suas diferenças, Cf.: GRONDIN In: DOSTAL, op. cit., p. 36-51.

[263] GRONDIN, op. cit., p. 186.

da em que compreendemos, na medida em que participamos do acontecer da tradição e continuamos determinando-o a partir de nós próprios".[264] A tradição é indiscutivelmente uma categoria coletiva e, como tal, fornece uma ferramenta indispensável para o desenvolvimento de qualquer análise dos horizontes temporais e históricos de determinada sociedade. Afirma Dallmayr que "genuine tradition, for Gadamer, is not the 'dead hand' of the past but a lived experience that involves 'always an element of freedom'; as a process of transmission, preservation, and renewal, it implies 'an act of reason, though an inconspicuous one'".[265]

A historicidade da existência aponta que os pré-conceitos constituem a direção inicial de toda experiência e são, portanto, condições de possibilidade, ou seja, integrantes do horizonte a partir do qual se pode conhecer, trabalhando no momento anterior ("como" hermenêutico) ao lógico ("como" apofântico).

Gadamer reconhece, entretanto, que o intérprete não está em condições de distinguir, por si só, entre preconceitos autênticos e não autênticos. Sustenta que esta distinção deve ser efetuada na própria compreensão, por meio da distância temporal,[266] afirmando ser ela quem permite "distinguir os *verdadeiros* preconceitos, sob os quais *compreendemos*, dos *falsos* preconceitos que produzem os *mal-entendidos*"[267] (grifos do autor).

Este é o objetivo da consciência histórica, que permite que o intérprete assuma seus preconceitos como preconceitos. Isto deve ser feito cotejando-os, em uma forma de provocação, com a tradição. Reconhecidos, procede-se a suspensão e sua validade, por meio de uma preparação do ser para se manter aberto ao que encontrar, na estrutura da pergunta.[268] A suspensão dos pré-conceitos permitirá o acesso à coisa mesma, situação importante, porque "já que a compreensão pode deixar-se conduzir por pré-concepções enganadoras e nunca escapa totalmente desse risco, deve ela esforçar-se no sentido de desenvolver, a partir de sua própria situação, princípios de compreensão adequados à realidade".[269]

A experiência hermenêutica autêntica requer, desta forma, uma espécie de execução contra a expectativa, pois "um pensamento verdadeiramente histórico deve incluir sua própria historicidade em seu pensar".[270]

---

[264] GRONDIN, op. cit., p. 389.

[265] DALLMAYR, Fred R. Borders or horizons? Gadamer and Habermas revisited. *Chicago-Kent Law Review*, Chicago, v. 76, 2001, p. 830.

[266] GADAMER, 2008, op. cit., p. 391.

[267] Ibidem., 395.

[268] Ibidem, p. 395-396.

[269] GRONDIN, op. cit., p. 187.

[270] GADAMER, 2008, op. cit., p. 396.

Pode-se dizer que isso só pode ser realizado por meio de uma sensibilidade à alteridade. Estar aberto àquilo que é diferente significa reconhecer a alteridade. Deve-se ter respeito à alteridade do texto. Aquele que deseja saber algo deve deixar que o texto fale. Aqui, resplandece o caráter ético de uma compreensão autêntica, permitindo que se enxergue os próprios pré-conceitos como tais, colocando-os sob novas luzes, inclusive permitindo a criação de outros pré-conceitos (autênticos), pois, como diz Gadamer, "este reconhecimento da alteridade do outro, que a converte em objeto de conhecimento objetivo, é, no fundo, uma suspensão de nossa própria pretensão".[271] Neste contexto, a verdade acontece. Em outras palavras, ela não é infinita, mas finita, emergindo de um encontro experimentado, vivido.

Assim, o que se pode aprender com a experiência é a finitude humana, sua historicidade, os limites dos horizontes em que cada ser se movimenta, face à consciência histórica efeitual, em que o passado é trazido para uma relação aberta e interativa com o processo de interpretação e compreensão. Esta consciência, enquanto articulação contínua entre passado e presente, apresenta-se como uma situação hermenêutica, eis que simplesmente se está diante dela, sendo sua elucidação a tarefa principal a ser alcançada, o que, contudo, não pode ser realizada completamente pela própria finitude do existir. Logo, assim como todo presente finito é limitado, esta situação também, limitando a possibilidade de ver.[272] Sobre esta finitude, ressalta Grondin que:

> Gadamer reconhece, no entanto, de um modo mais marcante do que Heidegger, que essa tarefa não pode ser plenamente resolvida ou concluída. A história efetual não está em nosso poder ou à nossa disposição. Nós estamos mais submissos a ela, do que disso podemos ter consciência.

Desta forma, em um evento a compreensão ocorrerá nesta mediação entre passado e presente, reconhecendo que a história efeitual (como marca da tradição) possui a pretensão de verdade. Ao se abrir para o que é diferente (alteridade), permite-se a fusão do horizonte daquele que compreende com o horizonte do compreendido. Portanto, como resultado desta fusão, a compreensão dar-se-á em um momento único, na aplicação, superando-se as *subtilitas intelligendi, subtilitas explicandi* e *subtilitas applicandi*. Sobre a aplicação, dispõe Gadamer que:

> Ora, nossas reflexões nos levaram a admitir que, na compreensão, sempre ocorre algo como uma aplicação do texto a ser compreendido à situação atual do intérprete. Nesse sentido os vemos obrigados a dar um passo mais além da hermenêutica romântica, considerando como um processo unitário não somente a compreensão e interpretação mas tam-

---

[271] GADAMER, 2008, op. cit., p. 401.

[272] Ibidem, p. 97-400.

bém a aplicação. Isso não significa um retorno à distinção tradicional das três *subtilitatae* de que falava o pietismo. Ao contrário, pensamos que a aplicação é um momento tão essencial e integrante do processo hermenêutico como a compreensão e a interpretação.[273]

Assim, compreensão e aplicação coincidem em razão da fusão de horizontes carregar o próprio indivíduo para dentro de cada compreensão.[274] Pelo mesmo motivo, a compreensão será sempre criativa, eis que o resultado da interpretação – pela diferença ontológica – já não será mais o texto, mas "o sentido do texto", que se apresenta (acontece) no limite dos horizontes dos sujeitos envolvidos. Por isso, afirma Grondin:

> Não é de estranhar, ou de contestar, que a compreensão sempre aconteça e maneira diversa de época para época e de indivíduo para indivíduo. A compreensão, motivada por eventuais questionamentos, não é apenas uma conduta reprodutiva, mas também, já que ela implica aplicação, uma conduta produtiva.[275]

E a estrutura lógica da abertura, na compreensão, rege-se pela primazia hermenêutica da pergunta. Com isto, Gadamer diz que, em qualquer experiência, a estrutura da pergunta está pressuposta, mesmo porque "o conhecimento de que algo é assim, e não como acreditávamos inicialmente, pressupõe evidentemente a passagem pela pergunta para saber se a coisa é assim ou assado".[276] Assim, quando se busca algum sentido, já se anda na seara da pergunta, pois o sentido é sempre voltado a, ou seja, voltado à pergunta.

Desta forma, pela primazia da pergunta, pode-se afirmar que as perguntas orientaram o sentido das respostas, ou seja, "o sentido da pergunta é pois a única direção que a resposta pode adotar se quiser ter sentido e ser pertinente".[277] Logo, não pode haver respostas antes das perguntas e, com isso, afasta-se a possibilidade de busca por essências, pois "um texto só se torna falante graças às perguntas que nós hoje lhe dirigimos".[278]

Em relação à linguagem, Gadamer afirma que ela "*é o medium universal em que se realiza a própria compreensão*"[279] (grifos do autor), ou seja, é condição de possibilidade, pois a compreensão ocorre na e pela linguagem. Como afirma Hoy, "Gadamer insists that all understanding is

---

[273] GADAMER, 2008, op. cit., p. 406-407.

[274] GRONDIN, op. cit., p. 193.

[275] Ibidem, p. 193.

[276] GADAMER, 2008, op. cit., p. 473.

[277] Ibidem, p. 473.

[278] GRONDIN, op. cit., p. 195.

[279] GADAMER, 2008, op. cit., p. 503.

linguistic, and that this linguisticality is universal, or irreducible to non-linguistic structures".[280]

A linguagem, portanto, não é entendida como um conjunto de sinais ou um processo de objetivação, mas como, em si mesma, aquilo que se fala.[281] Nesta concepção, a construção do mundo só pode ocorrer linguisticamente, pois, "trata-se de falar do mundo e de nos darmos conta de que não podemos falar do mundo a não ser falando da linguagem".[282] Portanto, "sem linguagem não há mundo, enquanto mundo. *Não há coisa alguma onde falta a pá-lavra*"[283] (grifos do autor).

Logo, é a linguagem que possibilita ao indivíduo falar que algo é, na medida em que ela torna possível este próprio falar. Até a tentativa de distanciar alguém da linguagem só pode se dar na linguagem.[284] Por isso adverte Grondin que, se há uma linguisticidade de princípio da nossa experiência de linguagem, "isso só se deve ao fato de a linguagem encarnar o único recurso para a conversação (interior), que nós somos para nós mesmos e uns para os outros".[285] Por isso, como expressa Gadamer em célebre passagem, *"o ser que pode ser compreendido é linguagem"*[286] (grifos do autor).

3.3. A recepção do giro linguístico no mundo jurídico: a nova crítica do direito

A Nova Crítica do Direito, criada e desenvolvida por Lenio Streck, traz ao mundo jurídico a viragem linguística, ressaltando que a linguagem não é algo que se põe entre um sujeito cognoscente e um objeto. Antes, é condição de possibilidade, eis que, para falar de algo, é necessário falar na e pela linguagem.[287] Nisto, distingue e supera (em muito) a metafísica clássica e a filosofia da consciência que forjaram, como visto, o imaginário jurídico. Com a recepção desta viragem, "o Direito ganha uma densidade em sua linguagem e todo operador no Direito atinge uma

---

[280] HOY, David Couzens. Hermeneutic Circularity, Indeterminacy, and Incommensurability, *New Literary History*, The Johns Hopkins University Press, v. 10, n. 1, 1978, p. 163.

[281] BLEICHER, Josef. *Hermenêutica contemporânea*. Tradução Maria Georgina Segurado. Lisboa: Edições 70, 2002, p. 163.

[282] STEIN, 2004a, op. cit.

[283] STRECK, 2002, op. cit., p. 175.

[284] FIGAL In: DOSTAL, op. cit., p. 105.

[285] GRONDIN, op. cit., p. 199-200.

[286] GADAMER, 2008, op. cit., p. 612.

[287] STRECK, 2002, op. cit., p. 169.

autocompreensão que aumenta o aparecer das raízes que o alimentam com um nível em que ao operar se soma um compreender prévio".[288]

Tanto o interpretativismo objetivista quanto o subjetivista mantêm-se reféns da metafísica, quer de matiz aristotélico-tomista como da moderna, calcada no *cogito* de Descartes (filosofia da consciência).[289] Perdura, desta forma, a visão dual do mundo, com a cisão entre sujeito e objeto, teoria e prática, palavras e coisas, mundo e consciência, fato e Direito.

O objetivismo falha em assimilar como "verdade" um determinado enunciado linguístico, afastando-o da faticidade ("mundo da vida"), ou seja, ao considerar o significado da coisa em si, esquecendo-se que "nenhum caso é simplesmente a exemplificação de uma regra".[290] O subjetivistmo falha no mesmo ponto. Isso porque, como fizera o objetivismo, varre do processo de aplicação a faticidade. A verdade, que antes estava na lei, passa a ser encontrada no intérprete, como produto puro de sua razão.

Com a Nova Crítica do Direito, Lenio Streck destrói essas visões no Direito, criando uma teoria que está fundada na intersubjetividade. Fará a construção de uma teoria do Direito, ciente da invasão da filosofia pela linguagem, que retoma a faticidade. Em outras palavras, retoma o "mundo prático – sequestrado metafisicamente pelas diversas posturas episte-mo-metodológicas (...), que faz um verdadeiro exorcismo da realidade".[291] Como afirma Streck:

> A NCD busca, por meio de uma análise fenomenológica, o des-velamento (*Unverborgenheit*) daquilo que, no comportamento quotidiano, nos ocultamos de nós mesmos (Heidegger): o exercício da transcendência, onde não apenas somos, mas percebemos que somos (Dasein) e somos aquilo que nos tornamos pela tradição (pré-juízos que abarcam a faticidade e historicidade de nosso ser-no-mundo, *no interior do qual não se separa o Direito da sociedade*, isto porque o ser é sempre o ser de um ente e o ente é no seu ser, sendo o Direito entendido como a sociedade em movimento), e onde o sentido vem antecipado (círculo hermenêutico) por uma posição (*Vorhabe*), um ver prévio (*Vorsicht*) e um pré-conceito (*Vorgriff*), isso porque, conforme ensina Heidegger, o ente somente pode ser descoberto, seja pelo caminho da percepção, seja por qualquer outro caminho de acesso, quando o ser do ente já está revelado.[292]

---

[288] STEIN, Ernildo. Breves considerações históricas sobre as origens da filosofia no Direito. *Revista do Instituto de Hermenêutica Jurídica*, Porto Alegre, Instituto de Hermenêutica Jurídica, v. 1, n. 5, 2007, p. 108.

[289] Acerca do pensamento de Descartes, afirma Marrafon (2008, p. 32) que "a concepção de realidade fundante implica radical dualismo entre pensamento e mundo, consciência e matéria, oriunda dos domínios separados da *res cogitans* (coisa pensante) e *res extensa* (coisa extensa, matéria) [...]".

[290] RICOEUR, Paul. *O justo 1*: a justiça como regra moral e como instituição. São Paulo: Martins Fontes, 2008, p. 177.

[291] STRECK In: NUNES; COUTINHO, op. cit., p. 93.

[292] STRECK In: DIAS; CANOTILHO; COSTA, op. cit., p. *1111*.

Portanto, para a construção de uma teoria da decisão judicial, da qual se tratará no terceiro capítulo, faz-se necessária a descrição de termos próprios da Nova Crítica do Direito, sem se ter, contudo, o objetivo de exaurir sua análise, que, pela elevada sofisticação teórica que apresenta, não seria viável no estreito objetivo deste trabalho. Trata-se, portanto, de se oportunizar ao leitor uma introdução a conceitos chaves desta nova forma de se fazer Direito, para a superação, na decisão judicial, de objetivismos ou subjetivismos.

3.3.1. O problema da "baixa constitucionalidade" e o "teto hermenêutico"

Não há dúvidas de que a Constituição é o ápice do ordenamento jurídico. Independentemente da vertente filosófica adotada, a doutrina é unânime neste ponto. Contudo, a grande questão pendente de resolução é a existência de um hiato entre este ponto máximo e a prática jurídica, que, presa em uma tradição inautêntica, não consegue dar efetividade à Constituição.[293]

Isto começa no próprio Legislativo, que diuturnamente legisla acintosamente contra a Constituição, sem que o Executivo, no poder de veto, algo faça. Não é à toa que, entre 1988 e 2007, praticamente 4 mil leis tiveram sua constitucionalidade questionada no STF e, em 2007, das 128 normas analisadas por esse tribunal, 103 foram declaradas inconstitucionais. Isto faz do Brasil o recordista em número de leis inconstitucionais.[294]

Como se a atividade legiferante fosse tímida no Brasil, multiplicam-se "instruções normativas", "normas técnicas", "memorandos internos", "circulares", enfim, toda uma sorte de atos que, a pretexto de tornar o trabalho de determinada instituição mais eficiente, subverte, não raro, o próprio texto constitucional. Deve-se, então, colocar a lume esta incômoda questão. Por que ainda se interpreta a Constituição com base nestes atos?

Por exemplo, o cidadão do interior dirige-se até um posto de atendimento do INSS, buscando sua aposentadoria, pela atividade rural exercida durante toda a vida. Retorna, contudo, desolado por saber do indeferimento do pedido, uma vez que não reconhecido o longo período em que, apesar de já casado, continuou a trabalhar nas terras do pai, sem, entretanto, efetuar um contrato para tanto, afrontando o art. 116 da Ins-

---

[293] STRECK, 2002, op. cit., p. 178-185.

[294] MATSUURA, Lilian. Brasil é recordista em número de leis federais inconstitucionais. Disponível em: http://www.conjur.com.br/2008-jun-13. Acesso em: 02 jun. 2011.

trução Normativa INSS/PRES n. 45/2010,[295] disposição que não encontra fundamento na Constituição ou mesmo na legislação ordinária.

O próprio Judiciário, que deveria funcionar como o garante da Constituição, acaba velando-a. Ao esquecer o texto constitucional e aplicar inadvertidamente essas Instruções Normativas, mostra que a pré-compreensão acerca da Constituição necessita de novas luzes. Trata-se, por exemplo, do caso da revisão da renda mensal inicial de benefícios previdenciários.

O inciso II do art. 29 da Lei n. 8.213/91,[296] alterado pela Lei n. 9.876/99, estipulou a forma de cálculo do salário-de-benefício para benefícios previdenciários. Contudo, o INSS continuou efetuando os cálculos com base no Decreto n. 3.048/99 – fórmula adequada somente até a modificação proposta pela Lei n. 9.876/99 –, situação que trazia prejuízos financeiros aos segurados. Assim, as ações judiciais sobre a matéria multiplicaram-se pelo país. Em regra, essas espécies de demandas obtinham êxito, reconhecendo-se a ilegalidade do ato do INSS.

Contudo, em 15.04.2010, o INSS editou o Memorando Circular Conjunto n. 21 DIRBEN/PFE-INSS, no qual reconheceu a necessidade de revisão do salário-de-benefício para todos os benefícios prejudicados, especificando as diretrizes a serem observadas quando da revisão administrativa, podendo ser o recálculo efetivado tanto a requerimento do interessado como automaticamente.

Ora, se mesmo sem este Memorando a parte interessada, ao menos, via seu direito resguardado no âmbito judicial, poder-se-ia pensar que, agora, tudo seria mais fácil, uma vez que o próprio INSS reconheceu a ilegalidade de seu ato. Ledo engano. Com a expedição deste ato administrativo, a Turma Recursal Federal do Estado do Paraná, que até então, como a quase unanimidade dos pretórios brasileiros, reconhecia a apontada ilegalidade, passou a extinguir este tipo de demanda, sem análise de seu mérito. Conforme se observa:

PRÉVIO REQUERIMENTO ADMINISTRATIVO. ART. 29, II, L. 8213/91. EXTINÇÃO SEM RESOLUÇÃO DO MÉRITO. MEMORANDO CIRCULAR CONJUNTO PGFE 21. Em vista do Memorando- Circular Conjunto nº 21, editado pelo INSS, juntamente com a Procuradoria Geral Federal Especializada, o pedido de revisão de benefício com fulcro no art. 29, II, da Lei 8.213/91, é atendido administrativamente. 2. Falta de interesse de agir supervenien-

---

[295] Art. 116. A comprovação do exercício de atividade rural, para os filhos casados que permanecerem no exercício desta atividade juntamente com seus pais, deverá ser feita por contrato de parceria, meação, comodato ou assemelhado, para regularização da situação daqueles e dos demais membros do novo grupo familiar, assegurando-se a condição de segurados especiais deste novo grupo.

[296] Art. 29. O salário-de-benefício consiste: (...) II – para os benefícios de que tratam as alíneas *a, d, e* e *h* do inciso I do art. 18, na média aritmética simples dos maiores salários-de-contribuição correspondentes a oitenta por cento de todo o período contributivo.

te. Ausência de pretensão resistida face à satisfação integral do direito sem necessidade de intervenção do Poder Judiciário. 3. Recurso Improvido.[297]

PRÉVIO REQUERIMENTO ADMINISTRATIVO. ART. 29, II, L. 8213/91. EXTINÇÃO SEM RESOLUÇÃO DO MÉRITO. MEMORANDO CIRCULAR CONJUNTO PGFE 21. 1 Em vista do Memorando-Circular Conjunto nº 21, editado pelo INSS, juntamente com a Procuradoria Geral Federal Especializada, o pedido de revisão de benefício com fulcro no art. 29, II, da Lei 8.213/91, é atendido administrativamente. 2. Falta de interesse de agir superveniente. Ausência de pretensão resistida face à satisfação integral do direito sem necessidade de intervenção do Poder Judiciário. 3. Recurso improvido.[298]

Este é um dos exemplos que faz ressaltar as pré-compreensões inautênticas que ainda dominam o Direito. Ante uma ilegalidade, o cidadão recorre ao Judiciário e o juiz, por sua vez, ao ver que o próprio requerido reconheceu esta ilegalidade no curso do processo (sem nada fazer, frisa-se, pois a revisão administrativa dependeria do requerimento do interessado e não existia data determinada para iniciar o procedimento de ofício), extingue o processo, sem o julgamento de seu mérito. Em outras palavras, pobre do indivíduo que viu seu direito ser reconhecido pela parte adversa.

Trata-se, portanto, de um pré-juízo inautêntico do contido no inciso XXXV do art. 5º da CF.[299] A lei, com toda a força democrática que possui, eis que formulada por representantes eleitos, não pode afastar a jurisdição no caso de violação a direito, mas pode assim fazer o Memorando Circular Conjunto n. 21 DIRBEN/PFE-INSS, como se o referido memorando pudesse revogar o dispositivo constitucional. Se mesmo após a Constituição de 1988, o Judiciário passou a interpretar a Carta democrática a partir da legislação ordinária, em uma completa inversão das fontes. Pelo exemplo citado, observa-se que, na tradição inautêntica, atos administrativos também possuem esta força.

Sorte que, no caso citado, houve a edição do Memorando Circular n. 19 INSS/DIRBEN, de 2 de julho de 2010, sobrestando as revisões administrativas autorizadas pelo Memorando Circular Conjunto n. 21 DIRBEN/PFE-INSS e, por consequência, a referida turma achou por bem, até a resolução definitiva no âmbito do INSS, retomar o entendimento anterior, julgando procedente a demanda. Em outras palavras, precisa-se desejar e celebrar a sorte do INSS cometer ilegalidades sem reconhecê-las, para que assim o cidadão – que já não pode contar com a instituição previdenciária – possa procurar o Judiciário e nele ver sua pretensão resguardada. Se um memorando pode revogar a Constituição, pelo menos o

---

[297] BRASIL. Turma Recursal Federal do Estado do Paraná. *RCI n. 2009.70.51.005001-8*.

[298] BRASIL. Turma Recursal Federal do Estado do Paraná. *RCI n. 2009.70.51.005000-6*.

[299] Art. 5º. (...) XXXV – a lei não excluirá da apreciação do Poder Judiciário lesão ou ameaça a direito;

outro pode repristiná-la. Só não se sabe até quando. É a incongruência do senso comum teórico dos juristas, que demonstra que a Constituição não está devidamente posta no horizonte de sentido dos juízes.

Isso decorre da pré-concepção inautêntica que se possui da própria Constituição, o que acarreta a falta de uma filtragem hermenêutico-constitucional – termo referido por Streck – na qual o ser do ente da Constituição permanece velado. Os paradigmas que ainda pairam sobre o Direito são aqueles que formaram um *ethos* marcado pelo "idealismo individual, pelo racionalismo liberal e pelo formalismo positivista",[300] além da filosofia da consciência, os quais formam uma tradição inautêntica do Direito, retirando sua capacidade de emancipação social, moldando, portanto, o horizonte (inautêntico) da Constituição na prática judiciária. Trata-se, na expressão formada por Streck, da crise de dupla face que se atravessa no Direito.[301]

O próprio ensino jurídico perpetua este modelo de Direito. O currículo dos cursos de graduação das faculdades de Direito demonstra que aquele que procura os bancos acadêmicos é preparado tão somente para a resolução de contendas individuais, privilegiando-se, ainda, o estudo do Código Civil à Constituição. Mesmo as instituições que estão na vanguarda no estudo de teorias críticas e, por todas, cita-se a Universidade Federal de Santa Catarina (UFSC), que mantém em seu currículo (de 2010 e, portanto, atualizado) ao menos 11 disciplinas[302] que tratam exclusivamente das matérias abarcadas pelo Código Civil, cinco[303] tratando de Direito Processual Civil e apenas quatro[304] correlatas à Constituição. Este quadro é ainda pior em instituições de menor porte, não tão comprometidas com a pesquisa acadêmica na seara jurídica, como no caso da também catarinense Universidade Alto Vale do Rio do Peixe (Uniarp), em que o Direito Constitucional ocupa apenas duas cátedras,[305] mantendo-se praticamente inalterado o número de disciplinas referente ao estudo de Direito Civil e Processual Civil.

---

[300] WOLKMER, Antônio Carlos. *Introdução ao pensamento jurídico crítico*. 5. ed. São Paulo: Saraiva, 2006, p. 2.

[301] STRECK, 2009a, op. cit., p. 65.

[302] DIR5218 Direito Civil – Parte Geral I; DIR5219 Direito Civil – Parte Geral II; DIR5212 Direito Civil – Obrigações; DIR5213 Direito Civil – Contratos; DIR5216 Direito Civil – Família; DIR5215 Direito Civil – Coisas; DIR5217 Direito Civil – Sucessões; DIR5220 Direito Civil – Responsabilidade Civil; DIR5404 Direito Empresarial I; DIR5405 Direito Empresarial II; DIR5408 Direito Empresarial III.

[303] DIR5111 Teoria do Processo; DIR5705 Processo Civil I; DIR5706 Processo Civil II; DIR5707 Processo Civil III; DIR5708 Processo Civil IV.

[304] DIR5121 Teoria Constitucional; DIR5503 Direito Constitucional I; DIR5504 Direito Constitucional II; DIR5746 Processo Constitucional.

[305] DCO01 – Direito Constitucional I; DCO02 – Direito Constitucional II.

Trata-se, portanto, do problema da "baixa constitucionalidade", conforme termo criado por Streck.[306] Segundo o autor, esta "baixa constitucionalidade" é formada pela reprodução dos pré-juízos inautênticos, baseada em uma história que relega a própria Constituição para um segundo plano. Ao rebaixar o papel do Direito Constitucional forma-se uma tradição inautêntica, que impede a manifestação do ser da Constituição, estabelecendo-se, assim, *"o limite do sentido e o sentido do limite"*[307] (grifos do autor). Uma vez fixados tais limites, vive-se da reprodução destes *standards* (jurisprudencialmente) criados.

Esta "baixa constitucionalidade", que se sustenta desde o período não democrático brasileiro, acarretou a formulação de um "teto hermenêutico" – em expressão também criada por Lenio Streck – que pode ser definido da seguinte forma:

> Assim, obstaculizando a "imediatez constitucionalizadora", forjou-se no campo jurídico uma espécie de "teto hermenêutico", estabelecido exatamente a partir de uma tradição no interior da qual o direito constitucional nunca teve a devida importância. Ou seja, o limite do sentido e o sentido do limite de o jurista (operador do Direito *lato sensu*) poder dizer que o Direito permaneceu confinado a um conjunto de representações permeado pelas crises de paradigmas, isto é, de um lado a doutrina e a jurisprudência trabalham ainda sob a perspectiva de um modelo liberal-individualista-normativista, e, de outro, como que a avaliar esse (velho) modelo, estão o paradigma epistemológico da filosofia da consciência e o paradigma essencialista aristotélico-tomista. Graças a isso, os operadores do Direito (professor, advogado, juiz, promotor, estudante de direito) se forma(ra)m com aquilo que é (e, portanto, estava) pré-dito acerca do Direito na sociedade brasileira.[308]

Em suma, diz o autor que a Constituição de 1988 representou a reassunção, pelo Direito, de vários compromissos até então esquecidos (as promessas da modernidade). A Constituição, com seu texto compromissário e dirigente, passou a representar, portanto, a condição de possibilidade à superação do Estado liberal-individualista, formal-burguês. Enfim, o constitucionalismo surgido com cariz liberal – através de revoluções burguesas –, devia ser repensado.[309]

Contudo, o texto constitucional não foi desta forma assimilado pela doutrina constitucional. Os *standards* da racionalidade jurídica brasileira, moldados pela "baixa constitucionalidade", ficaram presos ao "teto hermenêutico" denunciado, tornaram a Constituição dirigente em Constituição dirigida. Tem-se, hoje, um texto rico, preso, contudo, aos grilhões teóricos que impossibilitam sua concretização. Por isso diz-se que, hoje, o problema é de efetividade da Constituição.

---

[306] STRECK, 2002, op. cit., p. 185.

[307] Ibidem.

[308] Ibidem, p. 51-52.

[309] STRECK, 2009a, op. cit., p. 241-244.

Por estar nesta prisão teórica (senso comum teórico), não se vê nos juristas a "angústia do estranhamento",[310] razão pela qual permanece o texto emancipador de 1988 velado. Um exemplo disso é o denunciado por Bonavides, o qual afirma que a classificação dos direitos sociais como meras normas programáticas fundou um Estado conservador, de manutenção do *status quo*, dependendo-se da boa vontade do legislador, o qual se encontra tolhido pelas pressões e interesses de forças de oposição às mudanças da ordem estabelecida.[311]

Para que se possa quebrar este *habitus*, é proposto por Streck uma nova teoria da Constituição, que resgata a faticidade no acontecer do Direito, na qual a Constituição efetivamente promova mudanças na realidade, em um movimento de "resistência constitucional",[312] no qual ela não seja vista como um objeto entre Estado e Sociedade, mas *"algo que constitui a sociedade, é dizer, a constituição do país é a sua Constituição"*[313] (grifos do autor).

Evidentemente a teoria constitucional criada por Lenio Streck apresenta vários outros pontos, de grande aprofundamento teórico. Contudo, basta neste momento ressaltar-se a importância da jurisdição – e por isso a importância de se formar uma teoria da decisão – neste processo de quebra com a tradição inautêntica dominante. Como ressalta o autor:

> (...) por último, entra a importância da função judicial enquanto possível interpretação e aplicação progressiva e criadora do ordenamento jurídico na sua totalidade, colocando-se, nesse contexto, necessariamente a Constituição como instância máxima para a aferição do sentido das normas. Há que se superar o formalismo jurídico, a partir de uma magistratura democrática.[314]

3.3.2. Texto e norma: diferença ontológica

A diferença entre texto e norma, conforme expressa Grau, decorre do caráter alográfico do Direito. Sustenta o autor que as expressões artísticas podem ocorrer de duas formas: artes alográficas e autográficas. Embora ambas necessitem de interpretação, nesta, como na pintura ou

---

[310] STRECK, 2002, op. cit., p. 190.

[311] BONAVIDES, Paulo. *Teoria do estado*. 5. ed. São Paulo: Malheiros, 2004, p. 340.

[312] "Proponho, assim, o que Garcia Herrera magnificamente conceitua como 'resistência constitucional', entendida como processo de identificação e detecção do conflito entre princípios constitucionais e a inspiração neoliberal que promove a implantação de novos valores que entram em contradição com aqueles: solidariedade frente ao individualismo, programação frente à competitividade, igualdade substancial frente ao mercado, direção pública frente a procedimentos pluralistas" (STRECK, 2009a, op. cit., p. 296).

[313] Ibidem, p. 295.

[314] Ibidem, p. 88.

no romance, o autor é o único que contribui para a realização da obra e, a partir daí, pode ocorrer a contemplação estética. Naquela, para a completude da expressão artística que leve a contemplação estética é exigida a participação de outro personagem: o intérprete. Exemplifica as artes alográficas por meio da música e do teatro, afirmando que nestes casos a interpretação importa na compreensão + reprodução.[315]

Pode-se comparar, neste particular, o texto da lei ou da Constituição, com uma partitura musical. Os símbolos musicais descritos nesta, em si, nada significam, nenhum deleite causam naquele que aprecia música. Contudo, uma vez compreendida e reproduzida por um intérprete (músico), completa-se como expressão artística, gerando a contemplação estética de outros intérpretes (uma plateia, por exemplo, em um recital).

O Direito rege-se da mesma forma. O texto legal, em si, nada representa. Os vocábulos constantes em um tipo penal, por exemplo, não têm o condão de alterar qualquer estado das coisas, são vãs palavras soltas no ar. Contudo, uma vez trazido o tipo ao mundo da vida, aplicado a uma situação concreta por um intérprete (juiz), passa a efetivamente existir, embora na norma que dele decorra, passando a gerar consequências (em paralelo à contemplação estética na música), como a condenação de um cidadão, em sendo o caso. Por isso, "o texto, preceito, enunciado normativo é *alográfico*. Não se completa no sentido nele impresso pelo legislador. A 'completude' do texto somente é realizada quando o *sentido por ele expressado* é produzido, como *nova forma de expressão*, pelo intérprete"[316] (grifos do autor).

Assim, o texto não possui uma "textitude", uma essência que lhe é própria, inerente. Não há como falar que existe uma verdade transcendental no texto legal esperando para ser "descoberta", mesmo porque, "procurar essências é sempre tentar persuadir".[317] Não aplicado, o texto legal nada significa, pois "as *disposições*, os *enunciados*, os *textos*, nada dizem: somente passam a dizer algo quando efetivamente convertidos em *normas* (isto é, quando – através e mediante a *interpretação* – são transformados em *normas*)".[318]

Entretanto, uma vez aplicado, o texto deixa de ser texto, passa a ser o "sentido do texto" resultante da interpretação realizada e este "'sentido

---

[315] GRAU, Eros Roberto. *Ensaio sobre a interpretação/aplicação do Direito*. 3. ed. São Paulo: Malheiros, 2005, p. 77-78.

[316] Ibidem, p. 78.

[317] WARAT, Luiz Alberto. *Introdução geral ao Direito I*: interpretação da lei, temas para uma reformulação. Porto Alegre: Sergio Antonio Fabris Editor, 1994, p. 48.

[318] GRAU, op. cit., p. 82.

expressado pelo texto' já é algo novo, distinto do *texto*. É a *norma*"[319] (grifos do autor). Portanto, a norma, como resultado da interpretação, já não é mais o texto, mas a atribuição de sentido dada a ele.

Desta forma, fica a seguinte questão: se o texto só passa a existir como texto na medida em que é aplicado e, por outro lado, com a sua aplicação ele deixa de ser texto para ser norma, qual, enfim, é a diferença entre texto e norma?

Assim como a analítica do *Dasein* fez ruir as dicotomias como ser e ente, em tempos de viragem linguística, não se pode continuar a pensar, no âmbito jurídico, em dicotomias metafísicas como texto e norma. É importante ressaltar, desde já, que o texto só ocorre na norma e esta só se dá com um texto que lhe serve de base. Apesar de diferentes, não podem existir separadamente. Trata-se, portanto, de uma diferença ontológica. Por isso, a norma é o sentido do ser do ente texto.[320]

Somente no positivismo pode-se igualar texto e norma ou colocá-los como espécies completamente separadas. Tal situação pode ser vislumbrada no primeiro capítulo deste trabalho, tanto nas concepções objetivistas como nas subjetivistas. Na primeira, o texto existe independentemente de sua aplicação, eis que, mesmo pairando no ar, traz em si um significado universal, à espera de ser apreendido por um intérprete, que o acoplará a uma situação, reproduzindo-o em uma norma. Portanto, nesta concepção, texto e norma equivalem-se, são a mesma coisa. A norma não passa, como bem salienta Streck, de uma capa de sentido já circunspecta ao texto.[321]

Pode-se afirmar que o brocardo *in claris cessat interpretatio* representa bem esta espécie de positivismo.[322] Na claridade da lei, ou seja, quando o sentido *a priori* contido no próprio texto não apresenta dificuldades semânticas (mesmo porque até então não há fatos), desnecessária é a interpretação (como se qualquer ser não estivesse condenado a interpretar). Em outras palavras, se o texto possui uma essência de x, basta o juiz fazer a acoplagem deste significado, sem nada interpretar, restando solucionado o caso, a norma é x e ponto. Há identidade entre texto e norma

---

[319] GRAU, op. cit., p. 78.

[320] STRECK, 2009a, op. cit., p. 226.

[321] Ibidem, p. 226.

[322] Como adverte Castanheira Neves, esta tese afronta o papel sempre presente da interpretação, não sendo, portanto, defensável "porque é impossível mesmo a nível linguístico, porque é errada a nível exegético, sobretudo porque é inaceitável a nível normativo". (CASTANHEIRA NEVES, A, 2003, op. cit., p. 16).

(texto = norma), não passando esta da "capa de sentido" daquela, na expressão cunhada por Lenio Streck.[323]

Isto pode soar estranho, ultrapassado para vários juristas, mesmo para os positivistas que confiam a decisão à consciência do julgador ou para aqueles que acreditam em uma "abertura" principiológica. Contudo, esta visão, esta forma de se fazer Direito, ainda está mais próxima do que se acredita. Basta ver a jurisprudência de vários tribunais e se descobrirá que, na pretensa claridade do texto, "a proibição de se interpretar" (*sic*) ainda ronda à espreita.[324]

Nas posturas subjetivistas, ao contrário, há completa dessemelhança entre texto e norma, uma vez que esta será produzida exclusivamente pelo intérprete. No primeiro capítulo do presente trabalho tratou-se amiúde das diferentes formas de subjetivistos que aparecem na decisão judicial, não se fazendo necessária nova explanação. Deve-se frisar, não sendo demais relembrar, que o Direito, nesta concepção, passa a ser aquilo que os juízes dizem que ele é, independentemente do texto (constitucional). Em outras palavras, a norma será construída, criada pelo julgador, através da sua subjetividade (filosofia da consciência), ignorando-se o texto, sua alteridade. Assim, a norma será a representação que dela faz o intérprete, através de sua pura razão.

Ultrapassados pela viragem linguística, estas concepções não podem prevalecer. Intérprete e texto fundem seus horizontes de possibilidades no movimento circular da compreensão fazendo surgir o sentido do texto (norma). A *applicatio*, com síntese deste processo, é o momento de formação do sentido do texto. Por isso, afirma Gadamer que "o sentido jurídico de uma lei determina-se através da judicação e a universalidade da norma determina-se basicamente através da concreção de um caso".[325]

Portanto, somente através da *applicatio* é que se dará existência ao texto – pela norma dele advinda – e à norma – como sentido do texto –, advindo da fusão de horizontes ocorrida no círculo hermenêutico. O tex-

---

[323] CASTANHEIRA NEVES, A, 2003, op. cit., p. 226.

[324] BRASIL. Superior Tribunal de Justiça. *Agravo Regimental No Agravo N. 7595/SP*; BRASIL. Tribunal de Justiça do Distrito Federal e Territórios. *Apelação Cível em Juizado Especial n. 20070111386287*; BRASIL. Tribunal de Justiça do Distrito Federal e Territórios. *Mandado de Segurança n. 19990020043327*; BRASIL. Tribunal de Justiça do Estado de Minas Gerais. *Processo n. 2.0000.00.421284-4/000(1)*; BRASIL. Tribunal de Justiça do Estado de Minas Gerais. *Processo n. 1.0313.05.182584-9/001(1)*; BRASIL. Tribunal de Justiça do Estado de Minas Gerais. *Processo n. 1.0024.07.665051-4/001(1)*; BRASIL. Tribunal de Justiça do Estado de Minas Gerais. *Processo n. 1.0145.07.401375-9/001(1)*; BRASIL. Tribunal de Justiça do Estado de Minas Gerais. *Processo n. 2.0000.00.444931-6/001(1)*; BRASIL. Tribunal de Justiça do Estado de Minas Gerais. *Processo n.1.0000.00.163430-2/000(1)*; BRASIL. Tribunal de Justiça do Estado de Minas Gerais. *Processo n. 1.0718.07.500020-5/001(1)*; BRASIL. Tribunal de Justiça do Estado de Rio Grande do Sul. *Apelação Cível n. 198066755*.

[325] GADAMER, Hans-Georg. *Verdade e método II*: complementos e índice. 3. ed. Tradução: Enio Paulo Giachini. Petrópolis: Vozes; Bragança Paulista: Editora Universitária São Francisco, 2007, p. 516.

to e norma surgem no mesmo momento, na sua aplicação, "e aqui reside o *plus* que a ontologia fundamental pode trazer a esse debate, *o texto não subsiste separadamente da norma*, d'onde é necessário não confundir a equiparação entre texto e norma, com a necessária *diferença* (que é ontológica) entre ambos"[326] (grifos do autor).

A faticidade e historicidade da *applicatio* faz cair por terra a pretensão positivista (objetivista) de igualar o texto à norma, mas, da mesma maneira, impede que se reconheça uma separação total entre ambos, como permite o positivismo calcado na filosofia da consciência.

Por fim, ressaltando a diferença ontológica entre texto e norma, enfatiza Streck:

> Eu não vislumbro primeiramente o texto para depois "acoplar" a respectiva norma. A "norma" não é uma "capa de sentido", que existiria apartada do texto. Ao contrário disto, *quando me deparo com o texto, ele já ex-surge normado*, a partir de minha condição de ser-no--mundo. Por isso, repito, é impossível negar a tradição, a faticidade e a historicidade, em que a fusão de horizontes é a condição de possibilidade dessa "normação". (...) *Somente sob o sol da diferença ontológica é que é possível ultrapassar as armadilhas que as metodologias metafísicas têm colocado nos caminhos daqueles que buscam novas posturas críticas para o Direito.*[327] (grifos do autor).

3.3.3. A questão da interpretação

O Direito encontra-se preso, ainda, aos paradigmas da metafísica clássica e da filosofia da consciência. Por este motivo, vive-se entre objetivismos e subjetivismos interpretativos. Observa-se que pouco se avançou nos estudos sobre a interpretação. Há muito tempo Maximiliano já afirmava que interpretar era, por um lado, "extrair, de frase, sentenças ou norma, tudo o que na mesma se contém",[328] mas que, por outro, "não dispensa o coeficiente pessoal, o valor subjetivo".[329] Contudo, deve-se entender que a primeira edição de sua obra, *Hermenêutica e Aplicação do Direito*, foi lançada em 1925, ou seja, como filho de seu tempo (lembre-se que o autor nasceu em 1873), o próprio estado da arte, enquanto formador de seu horizonte, talvez não possibilitasse respostas muito diferentes à questão. Inaceitável é, por conseguinte, que, atualmente – mesmo após a viragem linguística –, a maior parte da produção acadêmica permaneça presa àqueles grilhões.

---

[326] STRECK, 2009a, op. cit., p. 225.

[327] Ibidem, p. 226.

[328] MAXIMILIANO, Carlos. *Hermenêutica e aplicação do Direito*. 19. ed. 10ª tiragem. Rio de Janeiro: Forense, 2006, p. 7.

[329] Ibidem, p. 9.

Esta situação pode ser visualizada na obra de Nalini, ao afirmar que interpretar "é mais do que aplicar a norma. É atingir a potencialidade de seu âmago, é saber extrair dela toda a sua abrangência, é completar – de maneira criativa – a originalidade do legislador".[330] Segue expondo que "interpretar, para o juiz, corresponde a uma função política. Na busca do sentido mais adequado para o texto, pode privilegiar certas possibilidades de entendimento em detrimento de outras não menos legítimas".[331] Por isso, "aceitar a plenitude da função interpretativa do juiz implica conceder a ele larga margem de liberdade na indagação do sentido da norma".[332]

Mistura-se, de uma só vez, o objetivismo – como se o âmago, a abrangência da norma revelasse uma essência que lhe é própria – com o subjetivismo, seja no movimento de completar a norma, na possibilidade de escolher um dos seus vários significados ou na liberdade na construção de seu sentido.

Da mesma forma segue Teixeira, afirmando que ou há a "inflexível aplicação de regras predeterminadas"[333] ou a realização do "justo possível [que] prescinde de tecnicismos e soluções predeterminadas".[334]

Por seu turno, seguindo uma linha objetivista, buscando essências etéreas, Diniz sustenta que "interpretar é descobrir o sentido e alcance da norma".[335] Complementando, diz que se trata de "explicar, esclarecer; desvendar o sentido do vocábulo; reproduzir, por outras palavras, um pensamento exteriorizado; mostrar o sentido verdadeiro de uma expressão; extrair, da norma, tudo o que nela se contém".[336]

Pode-se trazer, como outro exemplo, o trabalho de Nojiri, que, analisando dois principais conceitos de interpretação na ciência jurídica, afirma que "a primeira destas concepções, e mais antiga, crê que a interpretação deve restringir-se a buscar, nas palavras da lei, a vontade expressa pelo legislador".[337] Portanto, descreve, em outras palavras, o primeiro sentido empregado por Maximiliano. Já, "a segunda, com cada vez mais adeptos, defende a tese de que é o intérprete quem deve atribuir o sentido à lei, a

---

[330] NALINI, José Renato. *A rebelião da toga*. 2. ed. Campinas: Millennium, 2008, p. 317.

[331] Ibidem, p. 319.

[332] Ibidem, p. 320.

[333] TEIXEIRA, Sálvio de Figueiredo. *A criação e realização do Direito na decisão judicial*. Rio de Janeiro: Forense, 2003, p. 8.

[334] Ibidem, p. 8.

[335] DINIZ, Maria Helena. *As lacunas no Direito*. 8. ed. São Paulo: Saraiva, 2007, p. 277.

[336] Ibidem, p. 277.

[337] NOJIRI, Sergio. *A interpretação judicial do Direito*. São Paulo: RT, 2005, p. 123.

partir de dados retirados do contexto no qual está inserida a norma".[338] Em outras palavras, caberá à consciência-de-si-do-pensamento-pensante a definição do sentido do Direito.

Nisso se vê que, apesar de quase um século entre a obra de um e de outro, a visão sobre a própria interpretação não avançou. Infelizmente, Nojiri está correto em uma coisa: a filosofia da consciência, com seu caráter representacional, está cada vez mais conquistando adeptos, como visto no capítulo primeiro, quando se analisou o estado da arte da jurisdição.

No mais, Nojiri comete vários equívocos. O principal dele, além da clara filiação – e enaltecimento – da filosofia da consciência (no que não há novidade, eis que Maximiliano e Kelsen assim já o faziam), é o sincretismo teórico produzido, misturando a visão de Paulo de Barros Carvalho – para quem o sentido é formado pelo intérprete "a partir das significações que a leitura dos documentos do direito positivo desperta em seu espírito"[339] – com a de Lenio Streck, para ressaltar o caráter sempre criativo da interpretação.[340]

O autor claramente não entendeu a complexidade da interpretação, a complexidade do próprio Direito e, muito menos, a proposta de Lenio Streck, eis que a citação procedida por aquele simplesmente paira no ar, retirando a unidade da teoria hermenêutica desse. Parece que Nojiri fatiou toda uma obra complexa e dela se apropriou, desvirtuando-a, como se, em Lenio Streck, persistisse o sujeito da modernidade, o que é inconcebível.

Ainda é lugar comum, também, nos estudos sobre a interpretação na seara jurídica, principalmente quanto se fala de interpretação da Constituição, a afirmação que esta é um processo metódico, através do qual se verificará o sentido de um texto jurídico. Em outras palavras, ainda se cultua o método como forma de obtenção de verdades. É esta a visão de Castro ao afirmar que a interpretação "é o ato metodológico de fixação do sentido jurídico-normativo de uma fonte de direito, para a obtenção de um critério jurídico (um critério normativo de direito), voltado para uma problemática realização do Direito".[341]

O método, como já visto, é o momento supremo da subjetividade e assim é desde Descartes. Logo, assim como Nojiri, permanece presa Castro à filosofia da consciência, em que se vislumbra "um conjunto de

---

[338] NOJIRI, op. cit., p. 123.

[339] Ibidem, p. 139.

[340] Ibidem, p. 138-140.

[341] STRECK In: DIAS; CANOTILHO; COSTA, op. cit., p. 1.

procedimentos metodológicos que buscam 'garantias de objetividade' no processo interpretativo, no interior do qual a linguagem é relegada a uma mera instrumentalidade".[342]

As posturas objetivistas e subjetivistas, como acima delineadas, são problemas que perduram há tempos. Não se pode trabalhar com conceito sem coisa, como quer a metafísica clássica ou a filosofia da consciência. O sentido não está na coisa em si, nem na consciência de um sujeito assujeitador. Ela reside na intersubjetividade, na interação dialógica entre texto e intérprete, na fusão de seus horizontes ocorrida no interior do círculo hermenêutico, mediada pela tradição.

Portanto, a interpretação depende, sempre, da pré-compreensão, a qual, por sua vez, é moldada pela própria tradição. Isso ocorre não só na interpretação de textos jurídicos (Constituição, leis etc.), mas em todas as situações experimentadas pelo ser, seja no mais cotidiano dos eventos que lhe ocorram. Este é o caráter universal da compreensão, o ser está fadado a interpretar, porque este é seu modo de ser no mundo.

Para melhor exemplificação, supõe-se uma situação:[343] no primeiro dia de aula em uma universidade, um aluno de Direito precisa utilizar o banheiro e, para tanto, segue as placas indicativas até se deparar com uma porta. Nela está estampada a letra "M". O que isso significa? Veja-se: não há maiores problemas semânticos na assertiva, porque, neste âmbito, um "M" é, simplesmente, um "M" – portanto, não se poderia falar nem de caso difícil – pela falta de clareza semântica do texto – ou em um conceito indeterminado.

Os objetivistas diriam que esse "M" traz em si uma "emissidade", uma essência de "M", ou seja, uma substância que lhe seria própria, imutável, universal. Portanto, a questão estaria na apreensão, pelo aluno, desta essência. Uma vez acessada esta substância, o problema estaria resolvido. Os subjetivistas, por seu turno, estariam mais preocupados com a representação de "M" formada na (e pela) consciência do aluno, no exercício de sua razão pura, pois aí estaria o significado verdadeiro de "M". Contudo, nenhuma das respostas explica a compreensão.

Para determinar o significado de "M", o aluno, por certo, deve olhar a porta ao lado e verificar se nela está escrito um "H" ou um "F" e, a partir de então, a dúvida deste aluno (tão crucial neste momento) estará solvida. Com isso, quer-se ressaltar a necessidade e importância da tradição,

---

[342] STRECK In: DIAS; CANOTILHO; COSTA, op. cit., p. 1107.

[343] Esta situação foi, primeiramente, proposta por Jacinto Nelson de Miranda Coutinho, para explicar a interseção entre Direito e Psicanálise. Aqui, apropria-se do exemplo inicial, alterando-se algumas circunstâncias e modificando-se completamente seu conteúdo, com o objetivo de explicar a compreensão, no viés da hermenêutica filosófica.

da historicidade, da pré-compreensão na interpretação. A compreensão só pode ocorrer em um lugar comum, fixado no espaço e tempo (que veio do passado e se estenderá ao futuro). Ela não se faz "do nada", ou seja, não há um grau zero de sentido. Se assim fosse, até agora as letras "M", "H" e "F" não fariam nenhum sentido ao aluno e, igualmente, ao leitor, e isso tudo pareceria uma conversa de loucos.

Mas não é assim que ocorre. Os sentidos antecedem, porque dotado o aluno (e o leitor) de uma pré-compreensão sobre "M". Já existe, na tradição, o pré-dado de que os banheiros públicos são divididos por sexo e marcados, como critério distintivo, com a letra inicial do sexo a que se referem. A incorporação disto na tradição ocorre porque se trata de uma prática social compartilhada por todos há várias gerações.[344] O aluno, como ser-no-mundo, compartilha esta tradição e espera que, ao chegar num banheiro público, haja este tipo de indicação, mesmo porque, "a pre-sença está originalmente familiarizada com o contexto em que, desse modo, ela sempre se compreende".[345]

Esta é "a 'totalidade de envolvimento' pré-compreendida [que] precede a nossa compreensão e interpretação",[346] seu horizonte, que o faz chegar até a porta com expectativas, as quais fazem parte de sua pré--compreensão. Isto forma o "como" hermenêutico, que é antecipador de sentidos, precedendo a explicação lógico-causal da situação. Portanto, "o 'como' não ocorre pela primeira vez na proposição"[347] (mostrando como o elemento hermenêutico precede o epistemológico – apofântico).

Contudo, o "M" também possui seu horizonte, razão pela qual o aluno precisa olhar para a outra porta antes de escolher em qual banheiro entrar – logo, "M" não é mais um simples objeto. E, neste momento em que os horizontes do aluno e do "M" se fundem, é que se pode construir um sentido adequado ao próprio "M". Nem o "M" possui uma "emissidade", nem o aluno pode atribuir qualquer sentido arbitrário a "M".

O aluno e "M" interagem em um jogo intersubjetivo, que acontece em um lugar comum (tradição, na qual há o compartilhamento de práticas sociais que, pensadas entre passado, presente e futuro, pré-dispõe os sujeitos), no qual cada um possui um horizonte que é posto à prova, ou seja, a pré-compreensão inicial do aluno pode ou não ser confirmada.

Para verificar a adequabilidade desta pré-compreensão (se legítima ou ilegítima) é preciso, antes de tudo, entender a pré-compreensão como

---

[344] Como a regra de cortesia de se tirar o chapéu, descrita por Dworkin (DWORKIN, Ronald. *O império do Direito*. 2. ed. Tradução Jefferson Luiz Camargo. São Paulo: Martins Fontes, 2007, p. 56-59).

[345] HEIDEGGER, 2005a, op. cit., p. 131.

[346] BLEICHER, op. cit., p. 143.

[347] HEIDEGGER, 2005a, op. cit., p. 205.

pré-compreensão (algo como algo) e suspendê-la, deixando que "M" fale, o-deixar-vir-à-presença-de-"M". Este é o momento ético do compreender, a disposição, entendida como "deixar e fazer vir ao encontro".[348] No caso, isto ocorre quando o aluno olha ao lado, para verificar as letras contidas nas outras portas, deixando a alteridade de "M" vir à pré-sença.

Este processo possibilitará a formação de uma nova pré-compreensão, que continuará tomando parte em outros eventos, antecipando os sentidos, no ir e vir do círculo hermenêutico. Em eventos futuros, o próprio "M" poderia ser substituído por 🚹 ou 🚺 que, ainda assim, a pré-compreensão entraria em jogo e a compreensão aconteceria – pelo mesmo processo já descrito – e o problema do aluno estaria, de igual forma, resolvido.

O ser, como dito, está condenado a interpretar. Interpretar é sua forma de ser no mundo, é existir. Não só o momento descrito de estar face a face com a porta do banheiro exige a interpretação, como o próprio "ir ao banheiro" já exigiu a compreensão das placas indicativas do caminho. Como o exemplo bem mostra, o indivíduo caminha no mundo porque o compreende (e se compreende).

Transpondo ao mundo jurídico esta assertiva, pode-se dizer que é da mesma forma que um jurista interpreta um texto legal. Gadamer demonstra que a interpretação não pode ocorrer num vácuo e que a tradição é a condição necessária do processo interpretativo, servindo de base ao conteúdo da estrutura prévia da compreensão, bem como do contexto em que ocorre a *applicatio*. Em outras palavras, a faticidade é o local da interpretação e, por isso, pode-se dizer que "a interpretação normativa é o próprio núcleo da concreta manifestação do Direito e o Direito, assim, (...) uma prática interpretativa, uma prática normativamente interpretativo-judicativa".[349]

A Nova Crítica do Direito assume o papel de buscar o retorno da faticidade no Direito, através da utilização de conceitos da ontologia fundamental e da hermenêutica filosófica, com base em Heidegger e Gadamer. Esta reassunção da faticidade é cara à hermenêutica jurídica ora demonstrada, pois, como explica Stein, a principal missão da hermenêutica filosófica é "chamar a atenção para o conceito de faticidade e combinar com ele o conceito de historicidade".[350]

A utilização do círculo hermenêutico, como condição de possibilidade da compreensão, retoma a faticidade, uma vez que demanda a

---

[348] HEIDEGGER, 2005a, op. cit., p. 191.

[349] STRECK In: DIAS; CANOTILHO; COSTA, op. cit., p. *1106*.

[350] STEIN, Ernildo. *Exercícios de fenomenologia*: limites de um paradigma. Ijuí: Unijuí, 2004b, p. 163.

pré-compreensão, irrenunciável a qualquer pessoa enquanto ser-no--mundo, calcada em determinada tradição. Logo, há uma antecipação de sentido na interpretação que remonta à historicidade, ou seja, ocorre um projetar do intérprete com base em sua pré-compreensão. Como diz Gadamer:

> Quem quiser compreender um texto, realiza sempre um projetar. Tão logo apareça um primeiro sentido no texto, o intérprete prelineia um sentido do todo. Naturalmente que o sentido somente se manifesta porque quem lê o texto lê a partir de determinadas expectativas e na perspectiva de um sentido determinado. A compreensão do que está posto no texto consiste precisamente na elaboração desse projeto prévio, que, obviamente, tem que ir sendo constantemente revisado com base no que se dá conforme se avança na penetração do sentido.[351]

Neste processo, qualquer texto só pode ser compreendido na medida da existência da pré-compreensão, mas, por outro lado, todas as informações daquele recebidas redimensionam esta. Assim, o círculo hermenêutico leva à constante superação da pré-compreensão, com um novo reprojetar, possibilitando "que a interpretação comece com conceitos prévios que serão substituídos por outros mais adequados".[352] Logo, faz-se necessário entender a pré-compreensão "como" pré-compreensão, suspendendo-a, e, com isso, permitir que o texto diga algo (alteridade). Afirma Gadamer:

> Por isso, uma consciência formada hermeneuticamente deve, desde o princípio, mostrar--se receptiva à alteridade do texto. Mas essa receptividade não pressupõe em uma "neutralidade" com relação à coisa nem tampouco um anulamento de si mesma; implica antes uma destacada apropriação das opiniões prévias e preconceitos pessoais. O que importa é dar-se conta dos próprios pressupostos, a fim de que o próprio texto possa apresentar-se em sua alteridade, podendo assim confrontar sua verdade com as opiniões prévias pessoais.[353]

Sob tal norte filosófico deve ser entendida a interpretação da Constituição. Deve-se deixar, primeiramente, ela falar, o-deixar-vir-à-presença-do-fenômeno-da-Constituição, como diz Streck.[354] Com isto, retoma-se o Direito como um conhecimento prático[355] (*phronesis*) e, de igual forma,

---

[351] GADAMER, 2008, op. cit., p. 356.

[352] Ibidem, p. 356.

[353] Ibidem, p. 358.

[354] STRECK, 2002, op. cit., p. 210.

[355] É importante ressaltar que o mundo prático reassumido pela hermenêutica é distinto da razão prática *stricto sensu* tratada pelo positivismo. Quando, por exemplo, MacCornick (1983, p. 14-15) celebra a redescoberta da razão prática para a filosofia do Direito, o faz mantendo a mesma cisão já presente em Aristóteles e Kant, principalmente para perpetuar o solipsismo positivista (filosofia da consciência). Conforme ressalta Streck (2011, p. 154-155), somente a partir de Heidegger a questão da razão teórica e da razão prática passa a ser tratada de outra forma, eis que ele "cria um novo conceito que descreve um ambiente no interior do qual conhecimento prático e conhecimento teórico se relacionam a partir de uma circularidade: o *círculo hermenêutico*. (...) Esse (novo) modo de tratar a relação

que é necessário reafirmar seu caráter compromissário e dirigente, no *plus* normativo que significa o Estado Democrático de Direito, conforme designa Streck,[356] entendendo a Constituição não como uma terceira coisa que se interpõe entre o Estado e a Sociedade, mas sim como constituinte deste Estado e Sociedade. Está-se, novamente, não em face de uma cisão, mas de uma diferença ontológica.[357] Estas são as bases, como já se tratou, para a modificação dos pré-conceitos inautênticos que assolam o Direito.

Assim, a (necessária) quebra paradigmática com a metafísica clássica ou a filosofia da consciência, reconhecendo-se a invasão da filosofia pela linguagem e pela superação do dualismo sujeito-objeto, demonstrada pela ontologia fundamental e pela hermenêutica filosófica, são condições de possibilidade para o acontecer constitucional balizado na faticidade, vendo-se o intérprete (constitucional) como um ser-no-mundo, um ser--com-os-outros. Como afirma Streck:

> Para compreender, temos que ter uma pré-compreensão (por exemplo, para uma adequada compreensão da Constituição, necessita(ría)mos de uma prévia teoria da Constituição), constituída de estrutura prévia do sentido – que se funda essencialmente em uma posição prévia (*Vorhabe*), visão prévia (*Vorsich*) e concepção prévia (*Vorgriff*) – que já une todas as partes (textos) do 'sistema'. É a condição-de-ser-no-mundo que vai determinar o sentido do texto (e não o método de interpretação, p. ex.). A pergunta pelo sentido do texto jurídico, a partir da matriz teórico aqui assumida (ontologia fundamental heideggeriana-gadameriana, adaptada para o que denomino de Nova Crítica do Direito) é uma pergunta pelo modo como esse sentido (ser do ente) se dá, qual seja, pelo *Dasein* que compreende esse sentido.[358]

Tal como o aluno interagiu intersubjetivamente com o "M", através da fusão de seus horizontes, o intérprete (juiz) também, através do círculo hermenêutico, procederá à fusão de seus horizontes com o do próprio texto legal, mediado pela tradição em que está inserido, assim do contexto da *applicatio*.

---

entre teoria e prática passa a privilegiar a dimensão de *vivências fáticas*" (grifos do autor). Por isso, na hermenêutica, a relação entre razão teórica-razão prática estará em "um contexto intersubjetivo de fundamentação (a noção de pré-compreensão, contexto antepredicativo de significância, etc.) no interior do qual tanto o conhecimento teórico quanto o conhecimento prático se dão na abertura do pré-compreender estruturante (razão hermenêutica, para usar a expressão cunhada por Schnädelbach)" (STRECK, 2011, p. 155).

[356] "Ou seja, é preciso compreender que o Direito – neste momento histórico – não é mais ordenador, como na fase; tampouco é (apenas) promovedor, como era na fase do *welfare state* (que nem sequer ocorreu no Brasil); na verdade, o Direito, na era do Estado Democrático de Direito, é um *plus* normativo em relação às fases anteriores, porque agora é transformador da realidade. E á por isso que aumenta sensivelmente o pólo de tensão em direção da grande invenção contramajoritária: a jurisdição constitucional, que, o Estado Democrático de Direito, vai se transformar na garantidora dos direitos fundamentais-sociais e da própria democracia". STRECK, 2009b, op. cit., p. 10-11.

[357] STRECK, 2002, op. cit., p. 204.

[358] Idem, p. 169-170.

A *applicatio*, então, é o momento indivisível da realização do próprio Direito, substituindo as antigas *subtilitatea*. Ocorre na faticidade da existência, em meio à tradição, e não em um ponto cego do tempo e do espaço. Assim, pela própria primazia da pergunta, a resposta jurídica sempre dependerá de um caso decidendo (o caso concreto) que a interpele, mesmo porque, não pode haver resposta antes da pergunta. Por isso, frise-se, interpretação ocorre sempre diante de uma situação concreta.

Ainda que esteja incutida no senso comum teórico dos juristas, está equivocada a assertiva de que primeiramente o juiz decide e, após, busca os fundamentos para explanar esta decisão. Como exemplo desta concepção, foi julgado no STF, em exemplo já citado, que "ao examinar a lide, o magistrado deve idealizar a solução mais justa, considerada a respectiva formação humanística. Somente após, cabe recorrer à dogmática para, encontrando o indispensável apoio, formalizá-la".[359] A unidade da *applicatio* vem corrigir esta concepção.

O erro do argumento despendido pelo Ministro Marco Aurélio é destacado por Streck, ressaltando que "a partir de um olhar hermenêutico, é possível afirmar, entre outras coisas, que o *julgador não decide para depois buscar a fundamentação; ao contrário, ele só decide porque já encontrou o 'fundamento'*".[360]

O Ministro, na verdade, está se movendo somente no nível apofântico, esquecendo-se que o nível hermenêutico o antecede. O juiz na sua forma primordial de ser (como ser-aí, ser-no-mundo) antecipa o sentido (pré-compreensão) e, lançando-se à compreensão do texto através da fusão de horizontes ocorrida no círculo hermenêutico, acontece a compreensão, que precede, portanto, sua explicação lógico-causal. Volta-se ao exemplo do banheiro público. O estudante compreende hermeneuticamente a situação que lhe ocorre e, porque compreendeu, escolhe a porta do banheiro masculino, podendo então justificar (explanar logicamente) a escolha. Em outras palavras, primeiro compreende-se o sentido de "M" na situação concreta ("M" como "M" – *etwas als etwas*), interpretando se esse "M" refere-se ao sexo "M"asculino ou à "M"ulher e, depois, explica (a si mesmo, no exemplo) o compreendido, ou seja, explana o porquê daquele "M", no caso, representar "M"asculino ou "M"ulher. Não poderia ocorrer o contrário, ou seja, o aluno entrar inadvertidamente em uma das portas – porque já decidiu, por sua íntima convicção, em qual delas entraria – e, já dentro de um dos banheiros (sabe-se lá qual), passar a buscar fundamentos (*sic*) para isso, ou seja, passar a explanar (justificar) a

---

[359] BRASIL. Supremo Tribunal Federal. *Recurso Extraordinário n. 140265/SP*

[360] STRECK In: DIAS; CANOTILHO; COSTA, op. cit., p. 1110-1111.

decisão tomada. Isto lhe poderia causar, se a sorte não o ajudasse, sérios constrangimentos.

O mesmo ocorre com a decisão judicial, em que "o 'fundamento' é condição de possibilidade da decisão tomada".[361] O Ministro, portanto, a partir da necessária antecipação de sentidos, compreendeu o caso posto e, por isso, o fundamento – como existencial, eis que "produto do modo--de-ser-no-mundo do intérprete"[362] – já apareceu. Após, procederá a explicação do compreendido, "mediante o aprimoramento do sentido que lhe foi antecipado (...), a partir de uma racionalidade discursiva".[363]

Busca a hermenêutica, assim, desvendar o "sentido da estrutura", nas palavras de Stein, sem prescindir, em momento posterior, da "estrutura do sentido".[364] O *logos* hermenêutico, antecipador dos sentidos (e que, assim, manifesta-se *na* linguagem), é "aquele que se dá *praticamente* no compreender enquanto somos um modo de compreender"[365] e, por isso, "propicia uma abertura de sentido dada sempre *a priori* vinculando todo o processo interpretativo, inclusive a análise lógica do ente na estrutura".[366] Já o *logos* apofântico, como o "*logos* da compreensão de uma preposição",[367] ocorrerá *pela* linguagem, como a explicação/explicitação lógica do compreendido pelo *logos* anterior.

Entendendo-se a necessária precedência do *logos* hermenêutico, "compreenderemos que o fundamentar no Direito, ainda que represente procedimentos expostos em forma lógica discursiva, deve ser entendido como um modo de ser".[368] Por isso, é necessário fundamentar (hermeneuticamente) a fundamentação (discursiva).[369]

---

[361] STRECK In: DIAS; CANOTILHO; COSTA, op. cit., p. 1112.

[362] Ibidem.

[363] Ibidem.

[364] STEIN, 2004a, op. cit., p. 31-32.

[365] Ibidem, p. 30.

[366] MARRAFON, 2008, op. cit., p. 187.

[367] STEIN, 2004a, op. cit., p. 29.

[368] STEIN, 2004b, op. cit., p. 170.

[369] Por esta razão, a Nova Crítica do Direito não refuta, ao todo, as teorias procedimentais, ressaltando que não se pode é proceder a eliminação do momento anterior, o *logos* hermenêutico. Afirma Streck que "a hermenêutica não quer corrigir ou substituir qualquer teoria epistemo-procedimental. Igualmente não pretende concorrer com uma teoria do conhecimento que procure justificar os elementos do conhecimento empírico. A hermenêutica não proíbe que se faça essa justificação/explicitação de forma procedural. Só que a hermenêutica concorda com a eliminação do primeiro passo na compreensão, que é exatamente o elemento hermenêutico. Em outras palavras, não ou contra a teoria procedimental; só afirmo que o modo de ser manifestativo da compreensão precede a teoria do conhecimento". STRECK, 2009b, op. cit., p. 13.

Assim, pela pertença mútua entre ser e fundamento[370] – a partir do *logos* hermenêutico, a questão do fundamentar passa a ser existencial. Não há, desta forma, como advogar a existência de um *fundamentum inconcussum* que sirva de base a explicações lógicas da realidade. Torna-se sem sentido, a partir da analítica do *Dasein*, procurar por um critério de verdade absoluto, pois o próprio "ser, enquanto fundamento do ente, é fundamento sem fundo (*grund-los*), abismo (*Ab-grund*)".[371]

A Constituição, enquanto texto, nada diz, como visto. Necessita ela, pelo próprio caráter alográfico do Direito, do intérprete. Desta forma, ela surgirá apenas da *applicatio* de um *Dasein* (intérprete), ou seja, existirá apenas como o sentido de Constituição (Constituição como Constituição – o "como" hermenêutico), pode-se dizer, como faz Streck, que "a noção de Constituição é um paradoxo, ao fundar sem ser 'fundamento *inconcussum*".[372] Ela é um existencial. Por isso, "*a Constituição não é um elemento objetivo, separado do intérprete, fora da circularidade hermenêutica; dela é impossível 'deduzir' 'outro' elemento 'objetivado'*"[373] (grifos do autor).

Isso demonstra o caráter sempre criativo da interpretação, uma vez que o indivíduo – seu pré-conceito – entra sempre no jogo do compreender. A interpretação é sempre crítica, uma vez que possibilita o desvelamento e alargamento das perspectivas finitas dos sujeitos envolvidos.

Logo, como existencial, a Constituição impede a manutenção de subsunções em Direito. Isso porque ela não possui uma essência, uma substância em si, que fica a espera da apreensão do intérprete, mas, ao contrário, seu sentido é formado na *applicatio*. Em outras palavras, a Constituição não pode servir como a capa última de sentido do ordenamento jurídico.

Da mesma forma, não se pode mais falar em subjetivismos. Isso porque, assim como a Constituição não tem uma essência, também não está ela à disposição do intérprete. A virtualidade do círculo hermenêutico, com a autoridade da tradição, impede que o intérprete dê a ela o sentido que quiser, pois as antecipações de sentido não são uma representação da razão pura do intérprete. Desta forma, não há como falar em grau zero de sentido, eis que todo o intérprete está historicamente situado. Isto significa estar inexoravelmente localizado num contexto relacional que traz a marca da tradição. Sobre o assunto discorre Streck:

---

[370] *"Temos assim que o fundamento recebe a sua essência da sua participação no ser e que o ser impera como ser, na medida em que participa da essência do fundamento"* (grifos do autor) STRECK In: DIAS; CANOTILHO; COSTA, op. cit., p. 1118.

[371] STRECK In: DIAS; CANOTILHO; COSTA, op. cit., p. 1114-1118.

[372] Ibidem, p. 1119.

[373] Ibidem.

É neste contexto que ocorre a invasão da filosofia pela linguagem (*linguistic turn*, que, no plano da hermenêutica filosófica, pode ser chamado de *ontologische Wendung* – giro ontológico), a partir de uma pós-metafísica de (re)inclusão da faticidade que, de forma inapelável, mormente a partir da década de 50 do século passado, atravessará o esquema sujeito-objeto (objetivista e subjetivista), estabelecendo uma circularidade virtuosa na compreensão. Destarte, esse *déficit* de realidade produzido pelas posturas epistemo-metodológicas – ainda presas ao esquema sujeito-objeto – será preenchido pelas posturas interpretativas, especialmente as hermenêutico-ontológicas, que deixam de hipostasiar o método e o procedimento, colocando o *locus* da compreensão no modo-de-ser e na faticidade, bem na linha da viragem ocorrida a partir de Wittgenstein e Heidegger.[374]

Passa-se, portanto, do fundamentar apofântico ao compreender hermenêutico,[375] que afasta a aplicação de métodos na interpretação (constitucional). Os métodos, portanto, sempre chegam tarde. Neste particular, impende ressaltar que a maior parte da doutrina ainda está presa ao(s) método(s). Exemplo disso, em nosso Direito Constitucional, é a obra de Barroso,[376] que certamente demanda comentários.

Com o propósito de apresentar uma "nova hermenêutica constitucional", permanece preso ao positivismo, ao afirmar que a observação dos métodos de interpretação conduzirá o intérprete para a resposta ao caso. Sustenta que "nenhum método deve ser *absolutizado*: os diferentes meios empregados ajudam-se uns aos outros, combinando-se e controlando-se reciprocamente".[377] Cataloga, a seguir, os métodos ditos clássicos, quais sejam, a interpretação gramatical, sistemática, teleológica e histórica.

Primeiramente, questiona-se: porque são estes os métodos ditos "clássicos"? Quais seriam os outros (não clássicos, modernos, contemporâneos)? Quem define quais são (ou serão) os métodos de interpretação? O que mostra a primeira característica positivista. Os métodos são construções da razão pura, enunciados criados pela consciência-de-si--do-pensamento-pensante. Por isso, representam o momento supremo da subjetividade. Em outras palavras, com o método chega-se aonde se quer chegar. Mesmo porque, se isto não ocorrer, é só trocar o método. Portanto, com o método o intérprete tudo pode.

Além disso, Barroso depende da subsunção e da discricionariedade judicial positivista. Como diz, "da aplicação dos diferentes métodos a uma dada espécie concreta podem ocorrer duas possibilidades: (a) ou todos eles conduzem a um mesmo resultado; (b) ou apontam eles para

---

[374] STRECK In: NUNES; COUTINHO, op. cit., p. 95-96.

[375] "Assim, salta-se do fundamentar para o compreender, onde o compreender não é mais um agir do sujeito, e, sim, um modo-de-ser que se dá em uma intersubjetividade" (STRECK, 2002, op. cit., p. 210).

[376] BARROSO, Luís Roberto. *Interpretação e aplicação da constituição*. 6. ed. São Paulo: Saraiva, 2004.

[377] Ibidem, p. 125.

resultados divergentes". No primeiro caso, o autor afirma que se estaria diante de um caso fácil; no segundo, de um difícil. Nesta hipótese, como não há uma formulação objetiva no ordenamento, será "necessária a atuação subjetiva do intérprete e a realização de escolhas, com eventual emprego de discricionariedade".[378] Assim, ao depender de métodos, subsunções (nos casos fáceis) e discricionariedades (nos difíceis), Barroso, em uma perspectiva hermenêutica, pode ser classificado como um autor positivista, apesar de afirmar o contrário.

3.3.4. O caráter não relativista da hermenêutica

A questão pouco compreendida na hermenêutica é seu caráter não relativista. Imagina-se, erroneamente, que a ausência de métodos ou que a existência de uma pré-compreensão, que empresta à interpretação um caráter sempre produtivo, poderia levar a interpretação ao relativismo, gerando, desta forma, discricionariedades (arbitrariedades).

Contudo, afirmar que a interpretação é sempre produtiva não acarreta qualquer relativismo. Se o intérprete efetivamente sempre atribui sentidos – e não o reproduz –, não o faz de forma arbitrária. Como visto, se texto e norma não se equivalem, também não estão completamente se equivalem, ou seja, um não é algo absolutamente distinto do outro e, por conseguinte, aquele que interpreta um texto não pode dele retirar a norma que bem entenda. Esta cisão é metafísica, positivista, baseada na filosofia da consciência. Portanto, o relativismo está presente não na hermenêutica, mas nas teorias que relegam ao sujeito da modernidade a aplicação do Direito.

Dworkin assume o caráter criativo da interpretação, comparando a hermenêutica jurídica – como interpretação de uma prática social – à interpretação artística, eis que, em ambas, pretende-se "interpretar algo criado pelas pessoas como uma entidade distinta delas".[379] Entretanto, esta criatividade não significa uma imposição de sentido. Por isso, a interpretação criativa é construtiva e não conversacional. Em outras palavras, não se pretende "perceber as intenções de um amigo ao falar como fala",[380] mas, antes, a "de impor um propósito a um objeto ou prática, a fim de torná-lo o melhor exemplo possível da forma ou do gênero aos quais se imagina que pertençam".[381]

---

[378] BARROSO, op. cit., p. 126.

[379] DWORKIN, 2007, op. cit., p. 61.

[380] Ibidem, p. 62.

[381] Ibidem, p. 63-64.

Teoria da Decisão Judicial
DOS PARADIGMAS DE RICARDO LORENZETTI À RESPOSTA ADEQUADA À CONSTITUIÇÃO DE LENIO STRECK

Contudo, Dworkin nem de longe deixa esta imposição da melhor forma da prática à subjetividade do intérprete, não podendo ele fazer dela qualquer coisa que desejaria que fosse, pois "a história ou a forma de uma prática ou objeto exerce uma coerção sobre as interpretações disponíveis destes últimos [intérpretes]".[382] Isto porque na etapa pré-interpretativa compartilha-se a mesma percepção "dos limites aproximados da prática na qual nossa imaginação deve exercitar-se".[383] Mesmo porque o Direito, enquanto uso da coerção estatal, está comprometido com decisões políticas do passado e, nesta perspectiva, o jurista deve reconstruir esta história, dando continuidade de forma coerente, mantendo a integridade do Direito, tema que será abordado no próximo capítulo.

Neste ponto, o pensamento de Dworkin é compatível com a hermenêutica filosófica. Mesmo sendo impossível a dispensa da historicidade do próprio existir como condição de possibilidade do compreender, não se pode dizer que se estará diante de relativismos, ou seja, que a partir de então, possuindo, cada um, sua própria história, autorizar-se-ia a interpretação de forma subjetiva. Se o ser é ontologicamente colocado na linguagem e na tradição, não se pode recorrer a um ponto privilegiado de observação localizado fora da história.

Este é um ponto custoso à Nova Crítica do Direito, eis que busca justamente a impossibilidade de relativismos interpretativos. Nesta concepção, pois, "interpretação e relativismo são coisas incompatíveis".[384] Trata-se de um compromisso teórico assumido a partir da opção pela hermenêutica filosófica, abrindo-se mão de sincretismos teóricos. Com isto, afasta-se a cisão entre compreender, interpretar e aplicar, rompendo-se com o esquema sujeito-objeto, o que acarreta na superação da epistemologia pela fenomenologia hermenêutica, ou seja, *o problema do sentido do Direito se situa antes do problema do conhecimento*" (grifos do autor).[385]

Mesmo porque, aceitar o relativismo acarretaria a aceitação, pela impossibilidade de discussão de juízos distintos, na completa impossibilidade de análise da interpretação – e, por consequência, da decisão judicial –, eis que o intérprete não poderia ser questionado em suas razões. No relativismo, perde-se o sentido do próprio pensar, pois não se pode falar que qualquer enunciado seja verdadeiro ou falso, o que faz o homem perder sua qualidade de animal racional, vez que "o ser humano

---

[382] DWORKIN, 2007, op. cit., p. 64.

[383] Ibidem, p. 92.

[384] STRECK, Lenio Luiz. Interpretando a constituição: Sísifo e a tarefa do hermeneuta. *Revista do Instituto de Hermenêutica Jurídica*, Porto Alegre, Instituto de Hermenêutica Jurídica, v. 1, n. 5, 2007, p. 108-137.

[385] STRECK, 2010a, op. cit., p. 83.

é racional porque é capaz de dizer frases que podem ter a propriedade de verdade e de falsidade".[386]

Pode-se dizer que a forma de existir e, assim, a de compreender do ser está condicionada pela tradição. Isto é assim porque ela contribui à construção da situação histórica do existir. Por esta razão, o sujeito solipsista, que constrói o mundo subjetivamente pelo pensamento, é incompatível com a tradição e se torna um obstáculo ao repensar da tradição como forma de emancipação. Sobre o afastamento da subjetividade da modernidade na compreensão, assenta Gadamer:

> A compreensão deve ser pensada menos como uma ação da subjetividade e mais como um retroceder que penetra num acontecimento da tradição, onde se intermedeiam constantemente passado e presente. É isso que deve ser aplicado à teoria hermenêutica, que está excessivamente dominada pela ideia dos procedimentos de um método.[387]

Desta forma, a pré-compreensão não dependerá da vontade do intérprete; ao contrário, como já discutido, toda a estrutura prévia de compreensão está condicionada pela autoridade da tradição. Ela está moldada pela coexistência em um mundo comum, na qual "compartilhamos a mesma percepção pré-interpretativa dos limites aproximados da prática na qual nossa imaginação deve exercitar-se".[388]

Portanto, *"o que ocorre é que, desde sempre, o 'sujeito interpretante' está inserido no mundo, em um mundo linguisticamente constituído, de onde é impossível a emergência de um cogito desindexado da tradição"*[389] (grifos do autor).

Ainda que o intérprete não seja refém da tradição, ela "pode constranger o sujeito sem que com ele se confunda"[390] e, com isso, qualquer marca que pudesse, de alguma forma inadvertida, parecer relativismo. Portanto, a "Hermenêutica Filosófica aponta justamente que não se pode tudo, enfim, que todos os estilos pessoais guardam uma referência coletiva e que não se pode fazer um idioleto, ou seja, uma língua individual".[391]

Se o método ruiu, não se pode partir de um grau zero de significado, ou, como diz Streck, não se pode "falar qualquer coisa sobre qualquer coisa", relegando-se exclusivamente ao intérprete a criação da significação do próprio direito. Exige-se, ao contrário, maior rigor no controle da

---

[386] STEIN, 2004a, op. cit., p. 17.

[387] GADAMER, 2008, op. cit., p. 385.

[388] DWORKIN, 2007, op. cit., p. 92.

[389] STRECK, 2009a, op. cit., p. 236.

[390] ROSA, Alexandre Morais da. *Garantismo jurídico e controle de constitucionalidade material*: aportes hermenêuticos. 2. ed. Rio de Janeiro: Lumen Juris, 2011, p. 106.

[391] Ibidem, p. 106.

interpretação – que vai ocasionar a criação de freios epistemológicos à interpretação judicial, conforme se verá no próximo capítulo.

O relativismo, desta forma, só pode ser levantado por aqueles que (ainda) buscam verdades eternas, fundamentos últimos, dogmas, enfim, o tão almejado *fundamentum absolutum inconcussum veritatis*. Contudo, como já se viu, verdades etéreas nada significam, são coisas simplesmente sem sentido. Portanto, a verdade, na perspectiva da hermenêutica, não leva a relativismos subjetivistas. Como afirma Heidegger:

> Toda verdade é relativa ao ser da presença na medida em que seu modo de ser possui essencialmente o caráter de pre-sença. Será que essa relatividade significa que toda verdade é "subjetiva"? Caso se interprete "subjetivo" como o que "está no arbítrio do sujeito", certamente que não. Pois, em seu sentido mais próprio, o descobrimento retira a proposição do arbítrio "subjetivo" e leva a pré-sença descobridora para o próprio ente. E apenas porque "verdade" como descobrimento é um modo de ser da pré-sença é que ela se acha subtraída ao arbítrio da pré-sença.

A má leitura de Gadamer que leva a relativismos: Appio e a manutenção do decisionismo em plena democracia.[392]

A partir da contribuição da Nova Crítica do Direito, o uso da hermenêutica filosófica no discurso jurídico vem ganhando força. Contudo, impende ressaltar que há uma série de estudos equivocados, que não compreenderam de forma correta pontos essenciais da obra de Gadamer.

Na obra de Appio,[393] encontra-se um dos exemplos de má leitura de Gadamer.[394] Uma das maiores preocupações deste é demonstrar que sua hermenêutica filosófica não é relativista. Ao mesmo tempo em que refuta a metafísica clássica, também não aceita os pressupostos da filosofia da consciência, ou seja, não concebe a subjetividade do intérprete como fundamento do conhecimento. Para evitar qualquer forma de relativismo, Gadamer ressalta a importância do círculo hermenêutico, da diferença ontológica e da tradição. Parece que Appio não nota esta circunstância na obra de Gadamer, ao afirmar que:

---

[392] Não se quer, aqui, voltar às críticas de Eduardo Appio, realizadas em *Direitos das minorias*, à obra de Lenio Streck, mesmo porque já respondidas no posfácio da 3ª edição de *Verdade e Consenso* (2009, p. 458). Trata-se de, utilizando obra distinta, observar a má assimilação por Appio do pensamento de Gadamer, perpetuando relativismos subjetivistas no Direito.

[393] APPIO, Eduardo. *Discricionariedade política do poder judiciário*. 1. ed. 3ª Reimpressão. Curitiba: Juruá, 2008, p. 30.

[394] Não só uma má leitura de Gadamer, mas também demonstra outro sério problema da doutrina jurídica hodierna: a mixagem teórica. Para fundamentar a discricionariedade judicial na hermenêutica filosófica, Appio (2008, p. 30-33) explica a obra de Gadamer através de autores de diferentes posicionamentos. Partindo de Günter, notadamente defensor da teoria da argumentação, passa por Streck, propagador da teoria hermenêutica no Direito, e chega a Alexy, como se todas estas concepções albergassem da mesma forma a filosofia de Gadamer.

A condição histórica do intérprete é que irá conferir existência à norma, pois Gadamer não pretende analisar, do ponto de vista filosófico, o que pode ser considerável universalmente correto, mas apenas demonstrar que o ponto de vista do observador, na hermenêutica crítica, é que irá firmar o conteúdo da norma.[395]

Em um só parágrafo, Appio consegue apresentar uma série de equívocos. Isso porque, não é a condição histórica do intérprete vai conferir existência à norma. Antes, funciona a condição histórica em um momento anterior, como própria condição de possibilidade para que o intérprete diga que algo é. Não se pode falar de algo, senão a partir de um ponto. Appio joga a historicidade do hermenêutico ao apofântico. Não se pode confundir os dois níveis.

Outro equívoco apresentado pelo autor, e o mais sério deles, é sustentar, com base em Gadamer, que o intérprete é quem, a partir de seu "ponto de vista", cria ou define o conteúdo da norma. Isto é remontar à filosofia da consciência e, no âmbito jurídico, aos decisionismos judiciais, eis que o magistrado, enquanto intérprete, criará a norma que melhor lhe aprouver, com base em seu ponto de vista. Não! A hermenêutica filosófica tratada por Gadamer não se presta a tal relativismo.

Como já frisado, a autoridade da tradição se faz presente na compreensão. Assim, o juiz – enquanto intérprete – está incluso na tradição e nada pode decidir fora dela. Logo, suas as pré-compreensões não estão à disposição de sua consciência. Como bem afirma Hoy, na aplicação não há arbitrariedade nem relativismo, pois nem os juízes estão simplesmente livres para ler o que desejam tendo por base suas concepções do presente ou do passado; ao contrário, tanto a necessidade atual como a história da interpretação legal condicionam e delimitam suas interpretações, de forma que não sejam arbitrárias. Em suma, para Gadamer, a compreensão sempre pressupõe uma tradição.[396]

Se a pré-compreensão é condição necessária à própria interpretação, não pode ser ela confundida com o subjetivismo do intérprete. Gadamer reconhece que se pode distinguir entre pré-compreensões autênticas e inautênticas e esta diferenciação não se dá na consciência do sujeito, mas no cotejo da própria pré-compreensão com a tradição, no ir e vir do círculo hermenêutico. Assim, a compreensão não pode ser pensada como o resultado da ação da subjetividade do homem, mas como um situar dele com uma tradição, na qual passado, presente e futuro estão sempre em um processo de fusão.

---

[395] APPIO, op. cit., p. 30.

[396] HOY, David Couzens. Interpreting the Law: hermeneutical and poststructuralist perspectives. *Southern California Law Review*, v. 58, 1985, p. 141.

Da mesma forma, não se pode esquecer, tal como fez Appio, a importância do texto. Ao colocar no ponto de vista do intérprete o local de formação do conteúdo da norma, Appio descarta o texto, o que impossibilita que seu posicionamento tenha por base a hermenêutica filosófica. Para Gadamer, a interpretação é um diálogo entre o intérprete (e sua pré-compreensão) e o texto, a fusão de seus horizontes. Há uma séria preocupação com a alteridade do texto que foi simplesmente afastada pelo Appio.

É bem verdade que no transcorrer de sua argumentação, Appio refere-se à fusão de horizontes entre o intérprete e o texto.[397] Entretanto, ainda assim, não abre mão de que a principal característica de uma hermenêutica constitucional crítica resida no fato de o intérprete produzir a norma. Não se nega que a interpretação, em Gadamer, é um processo sempre criativo. E, nesta medida, o intérprete também é responsável pela atribuição de sentido a qualquer texto.[398] Contudo, falar que ele é quem cria a norma, a partir de seu ponto de vista, como se outros fatores não fossem tão ou mais importantes, como o texto, a tradição, o papel da linguagem, o questionamento das próprias pré-compreensões (se autênticas ou inautênticas), o movimentar do círculo hermenêutico etc, é deixar de trabalhar com a inteireza da hermenêutica filosófica, reduzindo-a a fragmentos e citações esparsas, sem uma unidade lógica. A falta de preocupação com tal sorte de coisas é indicação da simplificação do pensamento de Gadamer, o que gera a incompatibilidade entre a hermenêutica defendida por Appio e a hermenêutica filosófica proposta por Gadamer.

Após tentar revestir sua proposta sob o manto da hermenêutica filosófica, Appio quase retoma Kelsen por inteiro, ao afirmar que no texto há uma multiplicidade de significados, dos quais o intérprete escolherá um, tendo por base, nas palavras do próprio autor, seu ponto de vista. Afirma que se opta "por examinar o contexto histórico-político atual no qual o debate se estabelece, com o que todas as interpretações possíveis do texto levadas a efeito no passado se fundem com o horizonte do intérprete no presente".[399] Como em Kelsen, o texto traz em si uma pluralidade de significados, sendo que a função do intérprete é escolher, dentro da moldura, um deles. Em Appio, sequer há a moldura, uma vez que o horizonte do intérprete é fundado em seu "ponto de vista".

Aqui o autor demonstra que a teoria do Direito, ou ao menos seu senso comum, ainda caminha entre objetivismos e subjetivismos, estando ele longe da hermenêutica filosófica. Primeiro, ao indicar que o texto traz

---

[397] APPIO, op. cit., p. 31.

[398] Vale lembrar que texto, aqui, é evento.

[399] Ibidem, p. 31

em si diversos significados, trabalha com uma ideia tipicamente comum à metafísica clássica: o conceito sem coisa, como na abstração do mundo das ideias platônico, na figura do intérprete como buscador de essências (como em Aristóteles), ou, como afirma Streck, num "conceito-em-si-mesmo-de-aplicabilidade-de-normas".[400] Em um segundo momento, converte-se ao mais puro subjetivismo, eis que, ainda que se analise o "contexto histórico político", o horizonte do intérprete se dá em sua consciência, "no seu ponto de vista", e assim, leva, com base na filosofia da consciência – e não da hermenêutica filosófica –, à discricionariedade judicial.

Portanto, Appio enquadra-se dentre aqueles a quem Streck há muito denuncia, que confundem, ao proceder a leitura de Gadamer, "a superação dos métodos com relativismos e/ou irracionalismos".[401]

---

[400] STRECK, 2009a, op. cit., p. 238.

[401] STRECK, 2010a, op. cit., p. 24.

4. Teoria da decisão judicial: dos paradigmas de decisão de Ricardo Lorenzetti à resposta adequada à Constituição de Lenio Streck

4.1. Condições hermenêuticas de controle da interpretação judicial

Em que extensão uma teoria sobre o Direito – no caso, sobre a decisão judicial – pode (ou deveria) influenciar na forma de solução de casos concretos? Para Bix,[402] uma teoria do Direito não tem efeito (ou ao menos não deveria ter) na resolução de casos particulares, afirmando, o autor, que não se pode esperar que qualquer teoria sobre a natureza do Direito possa direcionar o comportamento dos juristas ou dar respostas a complexas questões éticas. Assumidamente positivista, sustenta que a teoria sobre o direito deve se preocupar mais com os aspectos descritivos, sendo indiferente com as consequências de como as disputas particulares são decididas, como os textos são interpretados ou como são as instituições organizadas.[403]

Contudo, esta não é a solução correta ao dilema. Uma teoria do direito deve ser, além de conceitual, normativa, como assevera Dworkin, salientando que, em relação ao juiz, esta normatividade consiste em uma teoria da decisão judicial.[404] Uma teoria meramente descritiva, que não

---

[402] BIX, Brian. Robert Alexy, a formula radbruchiana, e a natureza da teoria do Direito. Tradução Julio Pinheiro Faro Homem de Siqueira. *Panoptica*, ano 2, n. 12, mar./jun. 2008, p. 74. Disponível em: www.panoptica.org. Acesso em: 02 jun. 2011.

[403] BIX, Brian. Legal positivism. In: GOLDING, Martin P. ; EDMUNDSON, William A. The Blackwell Guide to the Philosophy of Law and Legal Theory. Malden: Blackwell Pub., 2005, p. 31-32. "Legal positivism is a theory about the nature of Law, by its self-characterization a descriptive or conceptual theory. By its terms, legal positivism does not have consequences for how particular disputes are decided, how texts are interpreted, or how institutions are organized. (...) One should no more expect theories about the nature of law to guide behavior or answer difficult ethical questions than one should expect day-to-day guidance in life from theories of metaphysics (and, many would add, an inability of general philosophical theories to answer mundane ethical questions is no reason to dismiss such inquiries as worthless)".

[404] DWORKIN, Ronald. *Levando os direitos a sério*. Tradução Nelson Boeira. São Paulo: Martins Fontes, 2002, p. VIII-IX.

se preocupa com a questão de como o Direito é aplicado, constrói, na especulação das ideias, um belo castelo, sem, contudo, serventia alguma. Este, por exemplo, é o ponto central da crítica feita a Kelsen no primeiro capítulo deste estudo: do que adianta a formação de uma teoria sofisticada como a kelseniana se, ao fim e ao cabo, o juiz decide por um ato de vontade, pouco importando a própria teoria formulada.

A falta de preocupação sobre a questão de como o Direito é efetivamente aplicado faz qualquer teoria padecer da cisão entre razão prática e razão teórica, apostando-se nesta e expurgando aquela para fora do Direito. Contudo, como bem lembra Kaufmann, esta razão totalizante *"se revelou incapaz de dar respostas às perguntas verdadeiramente importantes para o homem"*[405] (grifos do autor). Esta cisão, já presente em Aristóteles, agrava-se em Kant[406]e é ultrapassada por Heidegger, através do círculo hermenêutico e da diferença ontológica. Portanto, uma teoria sobre o Direito, especificamente sobre a decisão judicial, deve conciliar a razão teórica e a razão prática.[407]

Qualquer teoria deve se preocupar com o mundo vivido (com o agir humano[408]) e, na seara jurídica, esta é a preocupação da hermenêutica: criar uma forma de constrangimento epistemológico (controle) sobre a interpretação.[409] Aqui não se pode entender controle como um congelamento de sentidos, um regramento (método) para verificação da veracidade de uma proposição ou um aprisionamento do caráter criativo do interpretar. Importa, no controle proposto, a discussão sobre as condições de possibilidade de dizer que algo é. Se o juiz é aquele que decide o caso, dando sentido ao Direito, então quais são as condições de possibilidade do magistrado em assim agir? Aqui está o objetivo da construção de uma teoria da decisão judicial.

4.1.1. Controle e democracia

Controle e democracia geralmente contrapõem-se quando analisadas. Numa relação inversa, pode-se dizer que, quanto mais controle, menos democracia. Todavia, o tema necessita ser rediscutido sob outra perspectiva.

---

[405] KAUFMANN, Arthur. Filosofia do direito, teoria do Direito, dogmática jurídica. In: KAUFMANN, Arthur; HASSEMER, Winfried. *Introdução à filosofia do Direito e à teoria do Direito contemporâneas*. 2. ed. Tradução Marcos Keel; Manuel Seca de Oliveira. Lisboa: Fundação Calouste Gulbekian, 2009, p. 43.

[406] PIRES, 1981, op. cit., p. 57.

[407] STRECK, 2010a, op. cit., p. 59.

[408] OLIVEIRA, R., op. cit., p. 218.

[409] Lembra Streck que *"não há dúvida de que uma teoria jurídica democrática deve se preocupar com a validade normativo-jurídica do concreto juízo decisório"* (grifos do autor) (STRECK, 2009b, op. cit., p. 443).

O juiz, diferentemente dos demais agentes políticos, não detém sua legitimidade do processo eleitoral; antes, a sua é normativa – deriva das regras insculpidas na CF. Logo, se o chefe do Poder Executivo de qualquer ente federado age assim ou assado, ele estará exercendo o autogoverno popular, na medida em que foi eleito para tanto.[410] Os legisladores, idem. E os juízes? A resposta, em uma democracia, é que os julgadores, eis que não eleitos, "não devem engajar-se na produção de um Direito novo; devem aplicar os padrões inerentes ao Direito existente".[411] Deverão agir, desta forma, em conformidade com a Constituição, elemento fundante do próprio Estado Democrático de Direito, e não conforme suas convicções pessoais.

Se democracia é o autogoverno do povo, não é democrática a substituição das normas de convivência estabelecidas no exercício deste autogoverno pela visão de uma só pessoa, quanto mais como no Brasil, em que ela não possui esta legitimação eleitoral. Por isso, encontrar respostas adequadas à Constituição é uma necessidade democrática.

Assim, pela relevante missão de prestar a jurisdição e pelo seu dever de exercê-la em conformidade com a Constituição, uma teoria da decisão judicial deve formar um controle epistemológico de como se deve aplicar[412] o Direito. O controle que se prega não leva à proibição de interpretar por motivos claros. Isso porque a interpretação não é uma técnica, um método a disposição do intérprete que o levará à verdade. Como visto no transcorrer do trabalho, a interpretação faz parte do existencial do estar-aí, ou seja, ela é uma forma de estar no mundo. Assim, não há como evitar ou proibir o processo interpretativo porque o indivíduo, quanto interpelado por algo, já sempre o compreendeu.

Portanto, esta proibição chegaria sempre tarde. Não fosse tal fato, o círculo hermenêutico, ao jogar para dentro da compreensão o próprio sujeito, confere um caráter sempre criativo à interpretação, uma vez que o sentido estará na fusão de horizontes dos envolvidos.

4.1.2. O neoconstitucionalismo

Esta função de controle epistemológico das decisões judiciais vem sendo construída, de diferentes formas, pela própria tentativa de supera-

---

[410] Não se está dizendo que alguém, uma vez eleito, pode fazer o que bem quiser. Há uma série de controles para que não ocorra abuso no exercício do poder (sistema de freios e contrapesos), além de instituições fiscalizadoras (como o Ministério Público e os Tribunais de Contas). O que se quer ressaltar é que investido no cargo para o qual eleito, o indivíduo passa a agir representando o povo.

[411] MORRISON, Wayne. *Filosofia do direito*: dos gregos ao pós-modernismo. Tradução Jefferson Luiz Camargo. São Paulo: Martins Fontes, 2006, p. 507.

[412] Lembrando-se, sempre, que aplicar é interpretar, é compreender.

ção do positivismo.[413] Atualmente, este esforço pós-positivista vem sendo trabalhado pelo neoconstitucionalismo, que busca alicerces para este reconstruir/superar[414] o positivismo por uma nova teoria na interpretação da Constituição.

A ideia de Constituição nasce no triunfar das revoluções americana e francesa. O objetivo primordial de uma carta de direitos, neste período, é o de limitar e controlar os poderes do Estado, que, antes, eram absolutos, tendo por figura o monarca, que estava acima de qualquer regulamentação (*legibus absoluto*).

O constitucionalismo é construído, portanto, como forma de limitação do poder constituído. O monarca absolutista, como encarnação do Estado (*L'État c'est moi*), deixa de existir, passando a ser a Constituição, enquanto expressão da vontade popular (autoconstituição da coletividade), a base da formação político-jurídica estatal. Desta forma, como afirma Moreira, "o Estado passava a ser 'constituído', passava a existir na e pela Constituição, e não como dado político inicial ou autopoiético".[415]

Inverte-se, desta forma, o centro do poder. Primeiramente, estava ele concentrado nas mãos do rei ou imperador e, pelo constitucionalismo, passa para a vontade do povo, instituída pela Constituição. Assim, o Estado antes absolutista deve, a partir de então, ser submisso a um texto constitucional. Deixa ele de ser o poder constituinte, tornando-se um ente constituído. Grande ápice desta subordinação do Estado à lei é o princípio da legalidade, que vincula a atuação estatal às normas constitucionais, criando espaços de não intervenção.

Outro marco é a divisão dos poderes, para fracionamento e facilitação do controle do poder estatal. Legislativo, Executivo e Judiciário passaram a ser exercidos separadamente, vedando um de exercer funções de outro, e controlando-se reciprocamente. A divisão dos Poderes, afirma

---

[413] Sobre as diferentes matrizes nas quais a questão é abordada, Cf.: DUARTE, Écio Oto Ramos; POZZOLO, Susanna. *Neoconstitucionalismo e positivismo jurídico*: as faces da teoria do Direito em tempos de interpretação moral da constituição. 2. ed. São Paulo: Landy, 2010; e, também: DIMOULIS, Dimitri; DUARTE, Écio Oto (Orgs.). *Teoria do Direito Neoconstitucional*. São Paulo: Método, 2008.

[414] Fala-se aqui em reconstrução e superação pelos diferentes enfoques que o neoconstitucionalismo vem tomando, apesar de se acreditar, como ficará claro no transcorrer do desenvolvimento do tema, que se deve buscar a superação do positivismo, o que representa uma quebra paradigmática, sendo que as teorias que buscam sua reformulação ou reconstrução – geralmente admitindo a moral (corretiva) no discurso jurídico – permanecem nele presas, perpetuando suas insuficiências e, ainda, prestando um desserviço, na medida em que velam os problemas positivistas – como a discricionariedade judicial – sob o manto de uma pretensa racionalidade.

[415] MOREIRA, Vital. O futuro da constituição. In: GRAU, Eros Roberto; GUERRA FILHO, Willis Santiago. *Direito Constitucional*: estudos em homenagem a Paulo Bonavides. São Paulo: Malheiros, 2003, p. 314.

Hesse, "aparece como meio de repartição e, com isso, de moderação do poder estatal, que serve à proteção da liberdade do particular".[416]

A conjugação da superação do absolutismo, do princípio da legalidade e da divisão dos poderes fortaleceu o papel dos Parlamentos, que, como representantes do povo, passaram a decidir os rumos das nações.[417] O constitucionalismo surgiu, portanto, com cariz liberal – por meio de revoluções burguesas –, objetivando afastar o Estado das relações privadas (principalmente as comerciais), enaltecendo, assim, a liberdade do cidadão.[418]

Os direitos reconhecidos e protegidos, portanto, foram os de liberdade (direitos de primeira geração/dimensão), que significavam deveres negativos ao Estado, ou seja, abstenções, para que, com isso, cada indivíduo pudesse agir com ampla possibilidade de escolha na busca do ideal da "vida boa".[419]

A liberdade de mercado e a proteção à propriedade são molas chaves deste período do constitucionalismo, baseado no liberalismo econômico, fruto ideológico da burguesia dominante.[420] Portanto, neste período, o Direito tem um caráter normativista-individual. Bem resumindo esta primeira fase do constitucionalismo, afirma Moreira:

---

[416] HESSE, Konrad. *Elementos de Direito Constitucional da República Federal da Alemanha*. Tradução Luís Afonso Heck. Porto Alegre: SAFE, 1998.

[417] HUDSON, Barbara. Direitos humanos e 'novo constitucionalismo': princípios de justiça para sociedades divididas. In: CLÈVE, Clémerson Merlin; SARLET, Ingo Wolfgang; PAGLIARINI, Alexandre Coutinho (Orgs.) *Direitos humanos e democracia*. Rio de Janeiro: Forense, 2007, p. 16

[418] Como afirma Leal: "No bojo destas ideias, próprias da Idade Moderna, a concepção de poder e de governo atrela-se à figura do indivíduo/cidadão e às condições de possibilidades do seu desenvolvimento econômico e social, pois o papel do cidadão é o mais elevado a que um indivíduo pode aspirar. O exercício do poder pelos cidadãos, *nos estritos termos da Lei* e neste período histórico, é a única forma legítima pela qual a liberdade pode ser sustentada e efetivada. Claro que não estamos falando de qualquer Lei, mas exponencialmente daquela que vai ao encontro da fonte material do poder estatal e que representa as demandas sociais, a saber: a norma constitucional (ao menos em primeiro plano), eis que norma fundamental informativa das possibilidades/ necessidades de ordenação do social, demarcando princípios e valores a serem perseguidos pela comunidade e suas representações – oficiais e não oficiais e, portanto, vinculando a todos" (LEAL, Rogério Gesta. *Estado, administração pública e sociedade*: novos paradigmas. Porto Alegre: Livraria do Advogado, 2006, p. 21).

[419] Sobre este dever negativo (de abstenção), ressaltam Streck e Morais: "A nota central deste Estado Liberal de Direito apresenta-se como uma limitação jurídico-legal negativa, ou seja, como garantia dos indivíduos-cidadãos frente à eventual atuação do Estado, impeditiva ou constrangedora de sua atuação cotidiana. Ou seja: a este cabia o estabelecimento de instrumentos jurídicos que assegurassem o livre desenvolvimento das pretensões individuais, ao lado das restrições impostas à sua atuação positiva (STRECK, Lenio Luiz; MORAIS, Jose Luis Bolzan de. *Ciência política & teoria do estado*. 7. ed. Porto Alegre: Livraria do Advogado, 2010, p. 96).

[420] Assevera Moreira que "a Constituição originária é, porém, a Constituição do Estado Liberal burguês, assente na redução do Estado às tarefas de garantia da liberdade e da segurança, na participação política reservada à burguesia, na separação Estado/sociedade, na administração dedicada às tarefas de ordem pública e de polícia, na economia entregue à autorregulação do mercado (MOREIRA In: GRAU; GUERRA FILHO, op. cit., p. 314-315).

Soberania popular, governo representativo, subordinação do poder à lei, divisão dos Poderes, reserva de lei e legalidade da administração, proteção da propriedade e da liberdade dos cidadãos – eis as bases do Constitucionalismo, tal como ele emergiu das revoluções liberais.[421]

Contudo, o constitucionalismo sofreu uma ruptura após o segundo pós-guerra. Assuntos antes sonegados pelo discurso jurídico passaram a pautar as novas Constituições. Como expõe Streck, "não havia espaço para a discussão de conflitos sociais, que eram 'assunto' para o Direito. Com efeito, isso não era pauta para a Constituição e, portanto, não era pauta para o Direito".[422]

As Constituições do segundo pós-guerra passaram a conter textos compromissários e dirigentes, representando a condição de possibilidade à superação do narrado Estado liberal-individualista, formal-burguês. Buscou-se, para tanto, "a adjetivação pelo social [que] pretende a correção do individualismo liberal por intermédio de garantias coletivas".[423] A fórmula para tanto foi a imersão principiológica, que passa a ser tratada como Direito,[424] com o estabelecimento dos direitos fundamentais sociais.

O reconhecimento desses direitos nas cartas constitucionais e em tratados internacionais é fruto das aporias criadas pelo Estado Liberal, que, com o pretexto de conceder liberdade à população para a busca da felicidade do meio que melhor lhe aprouvesse, criou desigualdades ímpares na história da humanidade. As distorções e injustiças criadas pelo sistema capitalista, principalmente no período da Revolução Industrial, que vitimou inúmeras pessoas devido ao trabalho excessivo e exercido em condições adversas, retiraram a chance do sonho liberal de promover a liberdade individual (e, especialmente, a de mercado) para a consecução da vida feliz.

A fórmula liberal *laissez faire, laissez passer, le monde va de lui même* faliu, mostrando-se inadequada à resolução das querelas sociais, as quais dependiam não apenas da abstenção estatal, mas, ao contrário, necessitavam do agir do Estado, promovendo atos que garantissem o desenvolvimento da humanidade.[425] Os direitos de liberdade, entendidos como

---

[421] GRAU; GUERRA FILHO, op. cit., p. 314.

[422] STRECK In: NUNES; COUTINHO, op. cit., p. 94.

[423] STRECK; MORAIS, op. cit., p. 96.

[424] BONAVIDES, Paulo. *Curso de Direito Constitucional*. 17. ed. São Paulo: Malheiros, 2005, p. 264.

[425] Como sustenta Sarlet: "O impacto da industrialização e os graves problemas sociais e econômicos que a acompanharam, as doutrinas socialistas e a constatação de que a consagração formal de liberdade e igualdade não gerava a garantia do seu efetivo gozo acabaram, já no decorrer do século XIX, gerando amplos movimentos reivindicatórios e o reconhecimento progressivo de direitos, atribuindo ao Estado comportamento ativo na realização da justiça social (SARLET, Ingo Wolfgang. *A eficácia dos direitos fundamentais*. 9. ed. Porto Alegre: Livraria do Advogado, 2008, p. 55).

de natureza formal, não resolveram os problemas a que se propunham, fazendo surgir, desta forma, um movimento que levou aos direitos de igualdade (material). São direitos, portanto, de reação a uma ordem político-social de marcante injustiça e exploração, em uma tentativa de construir, mesmo ao lado do mercado, uma forma mais digna de convivência.

As lutas pela melhoria de condições de trabalho, a crítica socialista ao capitalismo e movimentos sociais trouxeram o reconhecimento dos direitos sociais no ordenamento jurídico, tendo como marcas da normatização a Constituição mexicana, de 1917, seguida pela Constituição de Weimar, de 1919 e, inspiradas em tais cartas, a Constituição do Brasil de 1934 foi pioneira na declaração de direitos sociais. Assim procederam as Constituições seguintes, sendo que, a partir da Carta de 1988, houve uma verdadeira revolução no tocante à matéria, eis que nunca antes foi o texto constitucional tão pródigo na fixação de direitos sociais. Assim, estas novas Constituições, surgidas no pós-guerra, apresentam um caráter predominantemente material, na medida em que não se satisfazem em realizar a separação dos poderes e a divisão de competências, mas passam a fixar os parâmetros que moldam a própria sociedade.

A evolução dos direitos, em suas diferentes dimensões, não para por aqui.[426] Contudo, tendo em vista que no Brasil ainda não foram cumpridas as promessas da modernidade, em expressão cunhada por Streck,[427] ou seja, não houve a implementação de um verdadeiro Estado Social (*Welfare State*), fica-se adstrito à análise de tal ponto, para, justamente, verificar as condições de possibilidade do resgate de tais promessas, sonegadas à sociedade brasileira.

Nesta perspectiva, o neoconstitucionalismo aparece como solução para este resgate, ou seja, para conferir eficácia ao texto constitucional, afastando-o do viés liberal. Contudo, o termo "neoconstitucionalismo" surge para exprimir diferentes tendências que buscam, atualmente, a reconstrução ou superação do juspositivismo, adaptando "o futuro do constitucionalismo a uma teoria e a uma filosofia do Direito".[428] Assim, não há como se falar em neoconstitucionalismo no singular, como se abarcasse uma perspectiva única; ao contrário, há uma grande divergência entre as diferentes visões deste fenômeno.

---

[426] Há direitos de terceira geração/dimensão (direitos de fraternidade), sendo que a doutrina discute, ainda, a quarta e quinta dimensões dos direitos fundamentais. Sobre o assunto ver em Sarlet (2008) e Bobbio (1992) tais formulações.

[427] STRECK, 2009a, op. cit., p. 21.

[428] MOREIRA, Eduardo Ribeiro. O momento do positivismo. In: DIMOULIS, Dimitri; DUARTE, Écio Oto (Orgs.). *Teoria do Direito Neoconstitucional*. São Paulo: Método, 2008, p. 240.

Buscando elencar os pontos comuns entre as diversas correntes, Agra afirma que o neoconstitucionalismo tem como suporte o modelo normativo axiológico – e não mais descritivo ou prescritivo – e distingue as normas constitucionais e infraconstitucionais tanto pelo grau, como axiologicamente. Por esta razão, "a Constituição é considerada como valor em si". Deste modo, com a aceitação do papel dirigente da Constituição, o ordenamento passa, além de descritivo, a ser prescritivo e seu caráter ganha nitidez axiológica. Importa ainda dizer que se baseia na "filosofia analítica e na hermenêutica", extraindo, para sua composição, subsídios do "positivismo jurídico, do realismo jurídico e do jusnaturalismo".[429]

Ademais, traduzem-se em características do neoconstitucionalismo, conforme explana Pozzolo, a prescrição da Constituição como norma, a hipótese de composição do Direito também por princípios, a aceitação da técnica interpretativa denominada "ponderação ou balanceamento" e "a consignação de tarefas de integração à jurisprudência e de tarefas pragmáticas à Teoria do Direito".[430]

Tenta reunir Vale estas características comuns, especificando-as como: a importância dos princípios e valores como componentes do ordenamento jurídico, a ponderação como método (sic) da aplicação e resolução de conflito dos valores e bens constitucionais, a Constituição como norma irradiadora de efeitos para todos os poderes constituídos e até mesmo entre particulares, o protagonismo do juiz, e a aceitação de alguma conexão entre o Direito e a moral.[431]

Por seu turno, Streck catalogou 11 características apontadas pela doutrina que estariam abarcadas pelo neoconstitucionalismo: o pragmatismo, o ecletismo (sincretismo) metodológico, principialismo, o estatalismo garantista, o judicialismo ético-jurídico, o interpretativismo moral-constitucional, o pós-positivismo, o juízo de ponderação, a especificidade interpretativa, a ampliação do conteúdo da *Grundnorm* e o conceito não positivista de Direito. Apontando o equívoco e o acerto de cada uma delas, o autor afastou como característica própria do neoconstitucionalismo o ecletismo, o judicialismo ético-jurídico, o imperialismo do interpretativismo moral, a ponderação, a especificidade interpretativa e da *Grundnorm*.[432]

---

[429] AGRA, Walber de Moura. Neoconstitucionalismo e superação do positivismo. In: DIMOULIS, Dimitri; DUARTE, Écio Oto (Orgs.). *Teoria do Direito Neoconstitucional*. São Paulo: Método, 2008, p. 435-440.

[430] DUARTE; POZZOLO, op. cit., p. 79.

[431] VALE, André Rufino do. Aspectos do neoconstitucionalismo. *Revista Brasileira de Direito Constitucional*, n. 9, jan./jun. 2007, p. 67-68.

[432] STRECK In: DUARTE; POZZOLO, op. cit., p. 208-229.

Não se faz necessário, aqui, analisar cada uma delas, eis que não se trata do ponto central do estudo. Basta ressaltar que, efetivamente, o ponto comum das diferentes formas de neoconstitucionalismo, ou, ao menos, no que estas posturas deveriam ter em comum, que se trata, especificamente, da contradição das premissas positivistas. O neoconstitucionalismo representa, assim, um novo paradigma, ainda em construção, que deve ser entendido não como uma continuidade ou reorganização do positivismo (como querem alguns, como os defensores de um positivismo jurídico inclusivo, um *soft positivism* ou mesmo o garantismo de Ferrajoli[433]), mas como sua superação, demandando, portanto, uma quebra na forma de se fazer o Direito.

Por isso mesmo, o neoconstitucionalismo demanda uma própria concepção de Estado de Direito e uma nova forma de se entender o papel da Constituição.[434] Em outras palavras, na necessidade de se efetivar as promessas constitucionais e na garantia aos cidadãos das suas prerrogativas, vislumbram-se os objetivos do neoconstitucionalismo, possibilitando que as "promessas da modernidade" alcancem concretude fática e, para tanto, a Constituição passa a desempenhar função normativa – em razão de concepção de bem comum que agasalha – "com força cogente para todos os poderes estabelecidos".[435] Por isso, destaca Duarte:

> O intento de reconciliar o Estado com a sociedade, até então divorciados pela ciência jurídica positivista, veio associado com o interesse de superação de uma normatividade formal concebida desde a ideia da Constituição como uma mera folha de papel do racionalismo (Lassale) em direção a um modelo de Estado social que absorvesse a programaticidade das normas constitucionais tão inoperantes, senão excluída da tese jurídica, de caráter neutralizante, dos fundamentos políticos sustentada pelo modelo do Estado-legislação.[436]

Desta forma, como núcleo comum do neoconstitucionalismo, a Constituição passa a atuar como norma jurídica autêntica, possuidora de eficácia direta e imediata. Deixa de ter valor programático e, reafirmando seu valor normativo, não mais apenas orienta ou recomenda ao legislador, sendo que sua imperatividade alcança todo o Direito (parametricidade). Nesse sentido:

---

[433] Sustenta Ferrajoli que "el constitucionalismo puede bien ser configurado como un complemento del positivismo jurídico (...) Claramente, en este sentido el constitucionalismo, en vez de constituir el debilitamiento del positivismo jurídico o su contaminación jusnaturalista, representa su reforzamiento: por decirlo de algún modo, representa el positivismo jurídico en su forma más extrema y acabada" (FERRAJOLI, Juspositivismo crítico y democracia constitucional. *Isonomía*, n. 16, abril 2002, p. 7-8).

[434] CADEMARTORI; Luiz Henrique Urquhart; DUARTE, Francisco Carlos. *Hermenêutica e argumentação neoconstitucional*. São Paulo: Atlas, 2009, p. 29.

[435] AGRA In: DIMOULIS; DUARTE, op. cit., p. 439-440.

[436] DUARTE; POZZOLO, op. cit., p. 17.

O neoconstitucionalismo representou o fim dos modelos políticos-institucionais, em que o poder estabelecido não tinha nenhum comprometimento com a concretização dos dispositivos estabelecidos na Constituição, podendo implementar livremente as políticas públicas em nome do princípio da soberania popular. O texto constitucional ganha força normativa e transforma-se em mandamento vinculante para o legislador ordinário, já que se cristaliza a vontade do "*we the people*".[437] (grifos do autor).

Assim, o neoconstitucionalismo preocupa-se com a retomada da Constituição como ponto central do ordenamento jurídico. Portanto, desloca a primazia da lei – componente do Estado Liberal – para a primazia da Constituição. Passa-se, desta feita, à reserva constitucional, em vez da reserva legal, o que acarreta a modificação do controle jurisdicional da legalidade ao controle de constitucionalidade.[438]

Certo é que os direitos fundamentais são os elementos mais importantes na configuração do neoconstitucionalismo. Tornam-se, as sociedades, cada vez mais complexas, razão pela qual eles constituem núcleos comuns de pertinência social. Na realidade são referências, internamente, às normas infraconstitucionais,[439] além de serem aplicados diretamente a cada caso.

Embora o próprio positivismo apresente-se de diversas formas, uma até mesmo contraditória a outras,[440] pode-se dizer que as fontes sociais do Direito,[441] a cisão entre Direito e moral e a discricionariedade judicial são pontos comuns entre elas.[442] Assim, a superação do positivismo passa, necessariamente, pela suplantação de tais elementos, embora posturas ditas neoconstitucionais não a façam. Não há dúvida de que o caráter hermenêutico assumido pelo Direito a partir das Constituições do pós-guerra deslocou o foco de várias questões da legislação para a jurisdição. Por isso, atualmente é essencial a discussão sobre como decidir, ou seja, como

---

[437] AGRA In: DIMOULIS; DUARTE, op. cit., p. 437.

[438] CADEMARTORI; DUARTE, op. cit., p. 31.

[439] AGRA In: DIMOULIS; DUARTE, op. cit., p. 444.

[440] SCHIAVELLO, Aldo. Positivismo jurídico e relevância da metaética. In: DIMOULIS, Dimitri; DUARTE, Écio Oto (Orgs.). *Teoria do Direito Neoconstitucional*. São Paulo: Método, 2008, p. 61-62.

[441] "Conforme se salientou, para Calsamiglia a teoria das fontes sociais do Direito pretende responder à questão dos limites do Direito. Como exemplo disso, o autor menciona o jurista inglês Herbert Hart, o qual afirmava que o Direito poderia ser identificado como um fato social e, portanto, o núcleo do Direito se encontraria nessas fontes sociais que o determinam. Assim, Hart não apenas defendeu a teoria das fontes, vale dizer, que as decisões passadas determinam qual a resposta que deve ser dada em um conflito jurídico presente, mas também sustentou, na sua teoria da decisão jurídica, que podem existir casos difíceis (*hard cases*) e, nesses casos, o julgador pode ser um legislador intersticial" (CADEMARTORI; DUARTE, op. cit., p. 42).

[442] Ver STRECK In: DUARTE; POZZOLO, op. cit., p. 229. Ver também: TAVARES, Rodrigo. Neopositivismos: novas ideias sobre uma antiga tese. In: DIMOULIS, Dimitri; DUARTE, Écio Oto (orgs.). *Teoria do Direito Neoconstitucional*. São Paulo: Método, 2008, p. 61-62.

tornar legítima e democrática a prestação jurisdicional, o que acarreta a necessidade em tratar da questão da discricionariedade.

Portanto, no tocante à teoria da decisão judicial – e este é o ponto que interessa ao estudo – o neoconstitucionalismo deve ter por objetivo justamente a superação da discricionariedade judicial, mesmo porque *"o constitucionalismo coloca freios à discricionariedade judicial"*[443] (grifos do autor). Teorias que não o façam permaneceram presas ao positivismo jurídico, que abarca, como visto, tanto as propostas objetivistas-exegéticas como as subjetivistas, que dependam do sujeito da modernidade.

Por isso, o controle epistemológico sobre a interpretação judicial se faz importante, para que o cidadão possa contar com a aplicação da Constituição na resolução de seu caso. Em outras palavras, este controle é uma questão democrática, que funciona como elemento de superação de decisionismos, ou seja, que as normas de convivência democraticamente estabelecidas não sejam alteradas por juízos pessoais (logo, arbitrários) de uma pessoa (magistrado).

Nesta perspectiva, passa-se a análise de duas teorias distintas, dentro destas diferentes vertentes neoconstitucionais, da teoria da decisão judicial: de um lado Lenio Streck e, de outro, Ricardo Lorenzetti, dois dos principais juristas do cenário latino-americano que tratam da matéria.

4.2. Crítica hermenêutica da teoria de Ricardo Lorenzetti

Buscando problematizar a questão sobre a teoria da decisão judicial, analisar-se-á as propostas de Lenio Streck e Ricardo Lorenzetti, contrapondo-las, como forma de verificação das diferentes saídas apresentadas para a superação do positivismo. Salienta, desde já, que antes de querer criticar esta ou aquela teoria, o objetivo da investigação é a discussão acadêmica sobre como formar uma teoria da decisão judicial compatível com o Estado Democrático de Direito. Portanto, as críticas formuladas nem de perto caracterizam desdém ou menosprezo intelectual de qualquer autor citado. Trata-se de um debate (necessário) que será sempre envolto por um *fair play* acadêmico – como diria Streck –, sem a menor pretensão de se estabelecer verdades etéreas – que seria mesmo incompatível com uma visão hermenêutica.

Lenio Streck apresenta a tese da resposta hermeneuticamente adequada à Constituição que propõe, com base em Heidegger, Gadamer e, de certo modo, Dworkin, a possibilidade de se encontrar respostas cor-

---

[443] STRECK, 2009b, op. cit., p. 226.

retas em Direito.[444] Por sua vez, Ricardo Lorenzetti traz à discussão outra teoria, na qual a decisão judicial é conformada por paradigmas de decisão, além do método dedutivo ou da ponderação, para a resolução dos casos.[445] Assim, proceder-se-á, primeiramente, uma crítica hermenêutica a Lorenzetti, com as ressalvas já apontadas, para, assim, chegar à resposta adequada à Constituição de Lenio Streck.

4.2.1. Os paradigmas de decisão e a pré-compreensão

Para explicar sua teoria da decisão judicial, Lorenzetti parte da ideia de paradigmas de decisão, ou seja, um conjunto de perspectivas comuns que podem ser aferidas na forma de agir de um magistrado. Em outras palavras, a sua inclinação pessoal para decidir desta ou daquela forma, baseando-se na preferência subjetiva do julgador em proteger determinados bens ou valores sociais, em desprestígio de outros. Por isso, define paradigma, para sua investigação:

> O vocábulo "paradigma" tem muitos sentidos diferentes. No nosso caso, fazemos referência aos modelos decisórios que têm um *status* anterior à regra e condicionam as decisões. Quem se baseia apenas em paradigmas dá prevalência ao contexto em detrimento da norma, mediante um procedimento que consiste em subsumir um termo legal em um contexto que lhe empresta sentido, e que não é o ordenamento, mas o modelo de decisão adotado de antemão pelo intérprete.[446]

Elenca o autor a existência de seis paradigmas que norteiam os juízes: o protetor (proteger os débeis), o do acesso aos bens jurídicos primários (defender os excluídos), o coletivo (destaque nas relações grupais e aos bens coletivos), o consequencialista (avaliação das consequências da decisão), o do Estado de Direito (preferência dos procedimentos aos fins) e o ambiental (reconhece a natureza como sujeito de direito), asseverando que são meramente exemplificativos, podendo existir vários outros.

Por serem encontrados no âmago do julgador, estes paradigmas condicionam a decisão mesmo antes da incidência de regras jurídicas.[447] Isso porque estes paradigmas formam uma "pré-compreensão de quem toma a decisão que leva a uma diferente interpretação das normas".[448]

---

[444] Apesar de as bases hermenêuticas da teoria da decisão judicial estarem disseminadas por toda a extensa produção acadêmica de Lenio Streck, utilizar-se-á para a realização da análise a teoria exposta em *Verdade e consenso*.

[445] Para tanto, analisar-se-á a teoria proposta em *Teoria da decisão judicial*.

[446] LORENZETTI, Ricardo Luis. *Teoria da decisão judicial*: fundamentos de Direito. Tradução Bruno Miragem. São Paulo: RT, 2009, p. 36.

[447] Denominaremos paradigmas os modelos decisórios que têm *status* anterior à regra e condicionam as decisões (Ibidem, p. 183).

[448] Ibidem, p. 227.

Esta pré-compreensão, para Lorenzetti, estará estampada na ideologia de quem decide.[449]

Contudo, ela não pode ser confundida com aquela defendida por Streck – e aqui começam as divergências. Para este, a pré-compreensão – que define os horizontes – estará sempre moldada por uma tradição e o intérprete, desta forma, não estará autorizado a reduzir o Direito na representação que faz em sua consciência. Portanto, "o que ocorre é que, desde sempre, o 'sujeito interpretante' está inserido no mundo, em um mundo linguisticamente constituído, de onde é impossível a emergência de um cogito desindexado da tradição".[450]

Desta forma, este é um ponto que precisa, desde logo, ficar claro. Quando Lorenzetti fala em pré-compreensão, ele quer – conscientemente ou não – retomar o sujeito solipsista da modernidade e, por isso, ela estará fincada na ideologia do juiz, possibilitando que cada um encontre respostas diferentes ante o mesmo caso, ou seja, esta pré-compreensão torna incontrolável a atividade do julgador. Ao contrário, Streck, ao resgatar a estrutura prévia da compreensão, quer justamente afastar qualquer relativismo ou subjetivismo na interpretação, para a obtenção de respostas corretas em Direito. Baseia-se, para tanto, em Gadamer, para quem "a antecipação de sentido, que guia a nossa compreensão de um texto, não é um ato da subjetividade, já que se determina a partir da comunhão que nos une com a tradição".[451]

A função da pré-compreensão, como antecipação de sentido (condição de possibilidade), é justamente assegurar que o intérprete não saia de um "grau zero" e, a partir de então, passe a "dizer qualquer coisa sobre qualquer coisa", nas expressões de Streck. Em outras palavras, a pré-compreensão, calcada na tradição, evita que a partir de um texto o intérprete forme a norma que bem quiser, com base em sua ideologia ou valores pessoais. Por isso, afirma Streck que "minha aposta na pré-compreensão dá-se em face desta ser condição de possibilidade (é nela que reside o giro-linguístico-ontológico)".[452]

Observa-se que Lorenzetti não dá conta da razão prática, expurgando-a de sua teoria, relegando-a para uma incontrolável pré-compreensão, tratando-a como "um modelo de decisão adotado de antemão pelo intér-

---

[449] LORENZETTI, op. cit., p. 165. "Este objetivo pode ser obscurecido com a utilização dos paradigmas, porque a interpretação das mesmas regras e princípios pode levar a conclusões diferentes pela 'ideologia' de quem toma a decisão".

[450] STRECK, 2009a, op. cit., p. 236.

[451] GADAMER, 2008, op. cit., p. 388.

[452] STRECK, 2009b, op. cit., p. 448.

prete".[453] Por isso, no uso dos diferentes paradigmas de decisão, juízes poderão dar respostas diversas ao mesmo caso. A solução será diferente, para Lorenzetti, se o juiz for formalista, intervencionista, realista, feminista, racista, conservador ou progressista.[454]

A tentativa de Kelsen de criar uma "teoria pura" fez com que retirasse dela a razão prática, afirmando que o problema da aplicação judicial não estava no âmbito da ciência do Direito, mas da política jurídica.[455] A cisão entre razão teórica e razão prática, em Kelsen, acarretou a irracionalidade na interpretação judicial (autêntica).[456] Pode-se dizer que na teoria de Lorenzetti ocorre o mesmo. O que era "ato de vontade" em Kelsen, transforma-se em "paradigmas", "pré-compreensão", "modelos de decisão" na teoria de Lorenzetti.

Os paradigmas, desta forma, equivalem ao ato de vontade do juiz. Seja utilizando critérios apontados em cada paradigma de decisão, em todos eles, em nenhum, ou em outro qualquer, o que importa é que a decisão – como o resultado da interpretação – torna-se incontrolável, eis que, como um dogma, o paradigma não pode ser contestado, pois, de forma relativista, cada um possui o seu.

Por isso, Lorenzetti inicia uma teoria já fadada ao insucesso, por também permanecer preso à cisão positivista entre razão prática e razão teórica. Por mais que busque meios ditos científicos – dedução – para a aplicação do Direito, ou, para casos difíceis – a ponderação –, tudo isso ruirá face ao uso dos paradigmas de decisão, pois sempre em relação à mesma regra existiriam decisões muito diferentes.[457] Assim, a proposta apresentada por Lorenzetti é irracionalista na medida em que a decisão dependerá sempre de uma forma prévia de pensar do juiz, de sua consciência, de seu incontrolável subjetivismo, "já que sempre haverá uma inevitável valoração casuística".[458]

4.2.2. Ainda o método: a dedução para casos fáceis

Lorenzetti assume que a decisão com base nos paradigmas que apresenta acarretam problemas, como a falta de controle por parte do cidadão

---

[453] LORENZETTI, op. cit., p. 36.

[454] Ibidem, p. 36-37.

[455] KELSEN, op. cit., p. XVIII.

[456] ROCHA, L., op. cit., p. 109.

[457] LORENZETTI, op. cit., p. 36-37. "Em alguns casos, esses paradigmas surgem da formação prévia de quem toma a decisão. Nos casos apresentados nesta Introdução, vimos que a solução pode ser diferente se quem toma é formalista, intervencionista, realista, feminista, racista, conservador ou progressista. Ou seja, em relação às mesmas regras existem decisões muito diferentes".

[458] Ibidem, p. 164.

(uma vez que os paradigmas permanecem ocultos), a falta de articulação entre as diferentes visões e a expansão de um paradigma concebido a uma situação para outra.[459] Contudo, o autor acredita que poderá controlar esta interpretação subjetiva através do método (*sic*) que propõe, afirmando que "nossa tese não parte da execução dos métodos, senão da complementação, porque entendemos que a complexidade é tal que se deve recorrer a todos eles".[460]

Reconhece o autor que "o problema é que a atividade interpretativa se sustenta tão somente na subjetividade do intérprete, e as referências ao texto são meramente instrumentais, para fundamentar uma decisão que já foi tomada antes mesmo da leitura".[461] Este lugar comum no Direito, de que primeiro o juiz decide e depois encontra os fundamentos para albergar seu posicionamento, já foi analisado e refutado no curso do presente estudo, valendo para a posição de Lorenzetti.

O autor pretende controlar o resultado da interpretação pelo uso de uma metodologia que segue os seguintes passos: primeiro, utiliza-se a dedução da regras válidas, controlando-se o seu resultado (com os critérios de consistência, coerência e consequencialista); após, se não encontrada a solução, deve-se aplicar a ponderação; por fim, proceder-se-á à explicação e harmonização dos paradigmas presentes.[462]

O primeiro passo descrito – a dedução – é o método de aplicação geral, embora não exclusivo, uma vez que os casos fáceis são a regra, e os difíceis, exceção. Desta forma, a resolução dos casos fáceis dá-se pela mera dedução das regras aplicáveis. A dedução, assim, possui uma "prioridade argumentativa", prescindindo, portanto, da própria argumentação, que será utilizada somente na impossibilidade de sua utilização.[463]

Repristina, desta maneira, o brocardo *in claris cessat interpretatio*, pois desonera o juiz de argumentar sobre a decisão tomada. Não fosse o desprezo pelo "como" hermenêutico, esta posição quase quer dispensar o "como" apofântico. Não se pode esquecer que a Nova Crítica do Direito, ao aclarar a existência do nível hermenêutico, não permanece contrária à necessidade argumentativa do plano apofântico. Um nível não afasta o outro; ao contrário, comungam forças, cada um ao seu modo, para conferir racionalidade à decisão judicial. Contudo, ao defender que frente à

---

[459] LORENZETTI, op. cit., p. 37.

[460] Ibidem, p. 157.

[461] Ibidem, p. 68.

[462] Ibidem, p. 157.

[463] Ibidem, p. 158-159.

dedução são "prescindíveis outras considerações",[464] Lorenzetti mantém--se preso ao positivismo, acreditando que texto e norma equivalem-se e que, portanto, a função do intérprete é utilizar a norma como uma capa de sentido contida no texto e subsumi-la ao fatos. Volta-se à metafísica clássica, como se a lei em si possuísse uma essência.

Contudo, após a viragem linguística, perde o sentido falar em subsunções ou métodos no Direito. O conhecimento não deriva de uma relação entre sujeito e objeto, que necessitaria de um método próprio para ser descrito. A compreensão, como descrito no capítulo anterior, é uma forma de existir. Não há premissas maiores (essências pré-dadas), que serão acopladas a premissas menores (fatos), como se ainda o indivíduo fosse capaz de conhecer por etapas. O texto não existe se não aplicado e o seu sentido ocorre em um momento uno, a *applicatio*. Por isso, como ressalta Adeodato:

> Assim, a concretização não significa silogismo, subsunção, efetivação, aplicação ou individualização do Direito na moldura da norma geral. Esses critérios, puramente cognitivos e lógicos, sem exigência de responsabilidade e fundamentação, constituem herança tradicionalista do positivismo exegético e dedutivista.[465]

Subsunções, deduções, enfim, métodos, não irão conduzir a respostas corretas, como já mostrou bem a teoria kelseniana. Logo, o controle hermenêutico calcado nestes critérios está fadado ao insucesso, mesmo porque Gadamer já revelou que "a certeza proporcionada pelo uso dos métodos científicos não é suficiente para garantir a verdade".[466] No mesmo sentido segue Dworkin, na metáfora do juiz Hércules, articulando que mesmo este julgador sobre-humano não conseguiria "fornecer um conjunto de premissas das quais conclusões podem ser extraídas por meio de dedução, pela razão de que ele não pensa que o Direito seja assim".[467]

Se a fixação de paradigmas leva ao subjetivismo, a defesa da dedução leva ao objetivismo. Comprova-se, com isso, que, assim como a jurisdição brasileira (como tratada no capítulo primeiro), a teoria de Lorenzetti está presa entre subjetivismos e objetivismos, como se um fosse um corretivo válido ao outro.

Quer de uma forma, quer de outra, está-se diante da perpetuação do sistema de relação entre sujeito e objeto. Nesta perspectiva, a pretensão objetivista da dedução poderia controlar a subjetividade dos paradigmas.

---

[464] LORENZETTI, op. cit., p. 159.

[465] ADEODATO, João Maurício. *A retórica constitucional*: sobre tolerância, direitos humanos e outros fundamentos éticos do Direito positivo. São Paulo: Saraiva, 2009, p. 147.

[466] GADAMER, 2008, op. cit., p. 631.

[467] GUEST, Stephen. *Ronald Dworkin*. Tradução Luís Carlos Borges. Rio de Janeiro: Elsevier, 2010, p. 51.

Assim, Lorenzetti vê o juiz como sujeito e a lei (texto legal) como um objeto, necessitando o primeiro de um método que seja próprio à extração exata da essência do segundo. Para tanto, utiliza-se da dedução, como se fosse possível falar em premissas (capas de sentido), em cisão entre matéria de direito e matéria de fato. Entretanto, já ficou demonstrado que o texto não possui qualquer substância universal e que só possui sentido quando aplicado (pois só aí é que ele se formará, ou seja, condição de possibilidade do próprio sentido). A pré-compreensão, o círculo hermenêutico e a diferença ontológica afastam, portanto, qualquer possibilidade de subsunções em Direito. Como enfatiza Streck:

> Definitivamente, é preciso ter claro que a dedução sempre chega tarde. Subsunções e deduções dependem de um sujeito e de um objeto, contexto no qual a linguagem é apenas um instrumento, e o método (cânone jurídico) passa a ser o supremo momento da subjetividade. O problema é que, tanto a construção da categoria (enunciado) apta para a dedução, como o estabelecimento de qualquer procedimento para controlar o processo interpretativo, sempre tem como pressuposto um fundamento último.[468]

Contudo, insiste Lorenzetti na metodologia dedutiva para o controle da interpretação, afirmando que o próprio resultado da dedução deve ser validado por um segundo passo proposto. Isto, por si só, apresenta uma incongruência interna no argumento do autor: se a dedução prescinde de argumentação, valendo por si, como uma verdade autoevidente, porque seu resultado deve ser revalidado por outros métodos? Ora, ou se acredita que a dedução resolva os casos fáceis ou ela de pouco vale. Entretanto, seguindo a argumentação do autor, afirma que, nesse segundo passo, o intérprete terá de fazer um exercício de olhar para trás, para cima e para frente.

Na primeira olhada (para trás), intenta-se encontrar elementos de consistência, ou seja, precedentes judiciais que estabeleceram decisões a fatos similares, como consecução da igualdade. O olhar para cima significa a busca por coerência, a harmonização da solução com o restante do sistema jurídico. Por fim, o olhar para frente mostra o elemento consequencialista, que foca a análise das consequências gerais, jurídicas ou socioeconômicas que a decisão pode produzir no futuro.[469]

Algumas considerações sobre estes elementos são necessárias. É certo que, ao compreender, o indivíduo sempre olha para trás. Em outras palavras, a historicidade da compreensão implica sempre na fusão do passado com o presente. Neste sentido, o passado sempre é olhado, está sempre presente no jogo da compreensão. Contudo, traduz-se em um processo de validação de qualquer decisão tomada; antes, funciona como

---

[468] STRECK, 2009b, op. cit., p. 398-399.

[469] LORENZETTI, op. cit., p. 160-163.

condição de possibilidade. Não se decide e depois se busca a validação na historicidade; ao contrário, só se decide porque se está na história. Assim, não há sentido em controlar uma dedução por este elemento.

Em relação à coerência, obviamente, a decisão deve estar em concordância com as disposições legais e constitucionais. Mas, pela unidade da *applicatio*, isto não ocorrerá em etapas, voltando-se às *subitilitatea* já descartadas por Gadamer.

O elemento consequencialista, por ser o centro da tese de Lorenzetti, defendido não apenas como forma de validação da decisão dedutiva, mas também como o principal paradigma de julgamento, será analisado de forma mais detida.

Permanecem, entretanto, perguntas não respondidas pelo autor: caso o resultado da dedução não seja validado por alguma (ou todas) essas olhadas indicada(s), qual resposta deve prevalecer? Qual a base? Como se obter respostas corretas através de todos esses elementos? Se cada um indicar uma resposta distinta, qual deles deve prevalecer? Assim, não fosse a insuficiência da malfadada dedução, os métodos corretivos dela se encontram, também, desprovidos de finalidade.

Apesar de afirmar que a clareza da linguagem e a neutralidade moral mostraram alguns problemas, Lorenzetti aponta que estes são os pressupostos para a aplicação do método dedutivo (*sic*). A clareza tornaria simples a interpretação, diminuindo-se os custos de transação e aumentando-se a previsibilidade. A neutralidade moral representaria o desatrelamento do Direito às questões morais.[470]

Ainda sobre a dedução, o autor identifica dois problemas: a lei ambígua e a cláusula geral. No primeiro caso, afirma existir zonas de penumbra, fazendo com que o intérprete escolha entre diversas alternativas de interpretação, ou seja, opte por uma das várias respostas possíveis. No segundo, não havendo um suporte fático especial, torna-se inviável a dedução, permitindo, de igual modo, que o juiz recepcione diferentes interpretações. Parte-se, em ambos os casos, para uma questão de valoração do julgador, que o fará com base nos paradigmas, em sua subjetividade ou em noções de outras ciências. Tratam-se, para o autor, de casos difíceis.[471]

Não recepcionando a invasão da filosofia pela linguagem, Lorenzetti continua acreditando em fórmulas ou métodos para o controle da interpretação judicial. Contudo, como se vê, o método invariavelmente acaba em discricionariedade, decisionismos. Trata-se da reprodução do esque-

---

[470] LORENZETTI, op. cit., p. 171.

[471] Ibidem, p. 172-173.

ma sujeito-objeto. Portanto, deve-se dar razão a Streck quando substitui este esquema pelo da intersubjetividade. Assim, não se fala mais em subsunções ou deduções, substitui-se o vetor de racionalidade pelo hermenêutico. Logo, descarta-se o método, abrigando-se a compreensão, que, na formação da decisão judicial, ocorrerá na *applicatio*. Por isso:

> A interpretação jamais se dará em abstrato, como se a lei (o texto) fosse um objeto cultural. Há, sempre, um processo de concreção, que é a *applicatio*, momento do acontecer do sentido, que ocorre na diferença ontológica. Não há textos sem norma; não há normas sem fatos. Não há interpretação sem relação social. É no caso concreto que se dará o sentido, que é único, irrepetível.[472]

4.2.3. Os casos difíceis

Lorenzetti distingue regras e princípios por um critério semântico. As regras "tem determinação precisa do suporte fático".[473] O princípio, por outro lado, "não tem suporte fático específico".[474] Por isso, o importante na distinção "é estabelecer se o conceito é determinado ou aberto".[475]

Logo, a indeterminabilidade semântica do Direito, que impossibilitará a dedução, é o marco distintivo entre regras e princípios. Segue, assim, afirmando o autor, que na colisão entre regras, uma exclui a outra, resolvendo-se a questão no plano da validade formal (com a aplicação do critério tradicional de resolução de antinomias), não havendo uma terceira alternativa. Já em relação aos princípios, sustenta que não há uma antinomia, mas um campo de tensão, que será resolvido pela ponderação.[476]

Esta parece ser a distinção feita pela maior parte da doutrina brasileira. Para Barroso, as regras são "relatos objetivos, descritivos de determinadas condutas e aplicáveis a um conjunto delimitado de situações",[477] enquanto os princípios contam com "maior grau de abstração, não especificam a conduta a ser seguida e se aplicam a um conjunto amplo, por vezes indeterminado, de situações".[478]

Da mesma forma, Guerra Filho adverte que a característica que melhor distingue regras e princípios é a maior generalidade deste, "na me-

---

[472] STRECK, 2009b, op. cit., p. 237.

[473] LORENZETTI, op. cit., p. 36.

[474] Ibidem, p. 37.

[475] Ibidem, p. 37.

[476] Ibidem, p. 209-210.

[477] BARROSO, op. cit., p. 351.

[478] Ibidem, p. 352.

dida em que não se reportam, ainda que hipoteticamente, a nenhuma espécie de situação fática, que dê suporte à incidência de norma jurídica".[479] Apresentam-se, assim, as regras com um maior grau de concreção e, ao crescer da abstração, vai-se chegando aos princípios.

Por seu turno, Castro defende um "método principiológico" (*sic*), no qual os princípios representam os valores da ordem jurídica e possuem um caráter de generalidade, para que possam ser aplicados a diversas situações fáticas.[480] Da mesma forma afirma Henriques Filho que os princípios contêm em seu enunciado uma carga valorativa, tratando-se de normas com alto grau de abstração.[481]

Este posicionamento também norteia a doutrina estrangeira. Por exemplo, Pozzolo, apesar de destacar a dificuldade da construção de um conceito de princípio, afirma que se tratam de normas de linguagem genérica, "em 'tom' absoluto",[482] utilizando-se da ponderação para sua aplicação.

Além dela, Canotilho diferencia regras e princípios em razão de características próprias: 1 – grau de abstração; 2 – grau de determinabilidade; 3 – caráter de fundamentalidade; 4 – "proximidade" da ideia de justiça; 5 – natureza normogenética. Portanto, para o mestre português, os princípios são normas que contam com um grau de abstração relativamente elevado, enquanto as regras possuem uma abstração reduzida, demandando, por isso, uma atividade concretizadora do intérprete. Os princípios são normas estruturantes do sistema jurídico, possuindo, portanto, posição hierárquica superior, radicados nas exigências da justiça, servindo de fundamento das regras do ordenamento.[483]

Todas as visões, inclusive – e principalmente – a de Lorenzetti, abarcam, em alguma medida, a teoria de Alexy, que define a distinção entre regras e princípios em mandamentos definitivos e de otimização. Dizer isto significa que os princípios ordenam algo que pode ser cumprido na maior medida possível, portanto satisfeito em grau variado, face às possibilidades fáticas e jurídicas existentes. Por sua vez, as regras são sempre satisfeitas ou não. Desta forma, incluem determinações, pois, "se uma re-

---

[479] GUERRA FILHO, Willis Santiago. *Processo constitucional e direitos fundamentais*. 5. ed. São Paulo: RCS Editora, 2007, p. 64.

[480] CASTRO, op. cit., p. 82-87.

[481] HENRIQUES FILHO, Ruy Alves. *Direitos fundamentais e processo*. Rio de Janeiro: Renovar, 2008, p. 207.

[482] DUARTE; POZZOLO, op. cit., p. 107.

[483] CANOTILHO, J. J. Gomes. *Direito constitucional e teoria da constituição*. 7. ed. Coimbra: Almedina, 2003, p. 1160-1161.

gra vale, então, deve se fazer exatamente aquilo que ela exime; nem mais, nem menos".[484] Como sustenta Alexy:

> Regras são normas que, em caso de realização do ato, prescrevem uma consequência jurídica definitiva, ou seja, em caso de satisfação de determinados pressupostos, ordenam, proíbem ou permitem algo de forma definitiva, ou ainda autorizam a fazer algo de forma definitiva. Por isso, podem ser designadas de forma simplificada como "*mandamentos definitivos*". Sua forma característica de aplicação é a subsunção. Por outro lado, os princípios são *mandamentos de otimização*. Como tais, são normas que ordenam que algo seja realizado em máxima medida relativamente às possibilidades reais e jurídicas. Isso significa que elas podem ser realizadas em diversos graus e que a medida exigida de sua realização depende não somente das possibilidades reais, mas também das possibilidades jurídicas. As possibilidades jurídicas da realização de um princípio são determinadas não só por regra, como também, essencialmente, por princípios opostos. Isso implica que os princípios sejam suscetíveis e carentes de ponderação. A ponderação é a forma característica da aplicação dos princípios.[485]

Apesar de Alexy desejar, com esta divisão, a superação da distinção efetuada com base na generalidade do princípio ante a regra, como visto, parte deste pressuposto para, então, realizar a análise de outros elementos. Em outras palavras, o mandado de otimização só é um mandado de otimização somente porque a generalidade semântica não possibilita a apreensão, pelo intérprete, de um mandamento definitivo. Mesmo querendo promover uma distinção qualitativa entre regras e princípios, Alexy não supera a tese da generalidade, sendo melhor definir a sua visão como "gradualista-qualitativo", como afirma Bonavides.[486]

Seguindo, à sua maneira, a distinção de Alexy, Lorenzetti, afirmando que "o princípio é um enunciado normativo amplo",[487] continua preso a um conceito semântico-sintático[488], esquecendo-se do elemento pragmático-semântico.[489] Para um aclaramento da noção de princípio em um or-

---

[484] ALEXY, Robert. *Teoria dos direitos fundamentais*. Tradução: Virgílio Afonso da Silva. São Paulo: Malheiros, 2008, p. 90-91.

[485] ALEXY, Robert. *Conceito e validade do Direito*. Tradução: Gercélia Batista de Oliveira Mendes. São Paulo: Martins Fontes, 2009, p. 85.

[486] BONAVIDES, 2005, op. cit., p. 278.

[487] LORENZETTI, op. cit., p. 124.

[488] Como afirma Marcelo Neves, o termo sintático-semântico refere-se "a uma concepção que enfatiza as conexões sintáticas entre termos, expressões ou enunciados normativos-jurídicos, pressupondo a univocidade (semântica dos mesmos". Já no modelo semântico-pragmático, como o de Gadamer, "o elemento semântico está presente, aqui, na consideração da variação do sentido dos textos em face do seu campo de denotação concreta (o caso dado). O aspecto pragmático apresenta-se na noção de pré-compreensão ou pré-conceito do intérprete a respeito da lei e do caso" (NEVES, Marcelo. A interpretação jurídica no Estado Democrático de Direito. In: GRAU, Eros Roberto; GUERRA FILHO, Willis Santiago (Orgs.). *Direito Constitucional*: estudos em homenagem a Paulo Bonavides. 1. ed. 2ª Tiragem. São Paulo: Malheiros, 2003, p. 357-359).

[489] Como adverte Oliveira, "no interior de uma teoria *pós-positivista* preocupada em enfrentar verdadeiramente o problema da indeterminação do Direito, o conceito de norma não poderá ser um conceito semântico-sintático, mas sim pragmático-semântico" (OLIVEIRA, R., op. cit., p. 237).

denamento jurídico, é importante retomar o caráter pragmático que ele possui na *common law*. Neste particular, Dworkin assevera que princípio, antes de mais nada, "é um padrão que deve ser observado (...) porque é uma exigência de justiça ou equidade ou alguma dimensão da moralidade".[490] Por isso, quando se faz de algo uma "questão de princípio", como salienta Guest, "queremos dizer que nós deveríamos agir quaisquer que sejam as consequências, porque imparcialidade, ou justiça, ou alguma outra forma de moralidade está envolvida".[491] Daí por que os princípios são pragmáticos, eis que assim é o próprio Direito, na medida em que representa uma prática interpretativa.

Esta questão é mais bem visualizada no modelo da *common law*, porque se trata de um sistema aberto, em que o julgador não formula questões abstratas sobre as fontes do Direito, diferentemente do germânico-romano. Neste, os princípios acabam possuindo características axiomático-dedutivistas (como em Alexy). Já, naquele, os princípios assumem um maior modo de ser retórico.[492]

Desta feita, a distinção estrutural, de caráter eminentemente semântico, existente entre regras e princípios, não pode prevalecer, mesmo porque, "o conceito de princípio não se determina pelo grau de abstração ou generalidade".[493] Verificada a insuficiência desta classificação, Lenio Streck lança a tese de que os princípios representam a inserção do mundo prático – sonegado pelo positivismo – no Direito.

Assim é que o princípio está baseado em uma prática social arraigada na tradição, compartilhada pela comunidade. Logo, aplicar um princípio significa trazer à baila a história institucional ínsita do Direito, sendo a função primordial do julgador continuá-la com integridade e coerência. Por esta razão, os princípios não possibilitam encontrar várias respostas; ao contrário, "os princípios 'fecham' a interpretação".[494] Se em um sistema composto exclusivamente de regras, estas deixavam espaços (*gaps*) para decisionismos, franqueando várias respostas ao intérprete, seja pela dúvida semântica do enunciado ou pela existência de lacunas no ordenamento, os princípios, ao trazerem o mundo prático ao Direito (na medida em que reconstroem a tradição jurídica), exigem este "fechamento hermenêutico". Daí por que Dworkin utiliza os princípios para a obtenção da

---

[490] DWORKIN, 2002, op. cit., p. 36.

[491] GUEST, op. cit., p. 65.

[492] OLIVEIRA, R., op. cit., p. 62.

[493] Ibidem, p. 222.

[494] STRECK, 2009b, op. cit., p. 166.

única resposta correta aos casos difíceis. Nisto, difere em grande escala de Alexy.[495]

Portanto, sendo parte constituinte das práticas sociais, os princípios arrastam "para o seu âmbito a força dos efeitos da história",[496] não se podendo dar razão a quem os vê como enunciados assertóricos. Não que os princípios não possam estar previstos em algum texto legal. Como explica Streck, "de fato, há uma grafia dos princípios. Eles aparecem, eventualmente, numa escrita na Constituição e na própria legislação, mas não é esta escrituração que garante aos princípios a condição de princípio".[497] Contudo, antes disso, representam a retomada pelo discurso jurídico dos problemas relacionados à condição humana, o *ethos* – conforme expõe Oliveira –, emergindo da própria moralidade que existe em meio a comunidade, não podendo ser reduzidos a uma entidade objetiva.[498] Aplicar um princípio, portanto, é trazer à decisão a história institucional do próprio Direito, expondo os compromissos comunitários enraizados na prática social.

A própria utilização do vetor de racionalidade da diferença ontológica, por necessitar de uma estrutura prévia de sentido, "atira o mundo prático para dentro da filosofia" e também do Direito – como demonstrado pela Nova Crítica do Direito –, eis que possui "como condição de possibilidade o próprio compreender-se do ser-aí em seu ser".[499]

Por estar engendrado no vetor da diferença ontológica, não se pode falar em regra sem princípio ou, ao contrário, em princípio sem regra. Isso porque, como salienta Streck, "a regra não está despojada do princípio. *Ela encobre o princípio pela propositura de uma explicação dedutiva*"[500] (grifo do autor). Por sua vez, "o princípio é, pois, o elemento compreensivo que vai além da regra, ou seja, transcende à onticidade da regra".[501]

A partir desta perspectiva, é necessária a revisão da afirmação de Alexy, de que "toda norma é ou uma regra ou um princípio".[502] Enquanto enunciados assertóricos, pode até ser que assim ocorra. Contudo, nem princípio ou norma podem ser entendidos desta maneira. Não se pode esquecer nem que norma é o sentido de um texto e de que texto é evento.

---

[495] Sobre a distinção do conceito de princípio em Dworkin e Alexy Cf.: OLIVEIRA, R., op. cit., p. 198-217.

[496] STRECK, 2009b, op. cit., p. 539.

[497] Ibidem, p. 537.

[498] OLIVEIRA, R., op. cit., p. 221- 232.

[499] Ibidem, p. 219.

[500] STRECK, 2009b, op. cit., p. 523.

[501] Ibidem, p. 524.

[502] ALEXY, 2008, op. cit., p. 91.

Portanto, a norma será necessariamente baseada em regras e em princípios. Por isso mesmo, como ressalta Dworkin, há o dever dos juízes em fundamentar suas decisões em princípios, o que possibilita encontrar a resposta correta para cada caso.[503]

Por tudo isso, torna-se indevido falar em cisão entre casos fáceis e difíceis, pois em todos os casos – independentemente da classificação dada – atuarão regras e princípios. Sobre o assunto, discorre Streck:

> Com efeito, na hermenêutica, essa distinção entre *hard cases* e *easy cases* desaparece em face do círculo hermenêutico e da diferença ontológica. Essa distinção (que, na verdade, acaba sendo uma cisão) não leva em conta a existência de um acontecer no pré-compreender, no qual o caso simples e o caso difícil se enraízam. Existe, assim, uma unidade que os institui, detectável na "dobra da linguagem". Veja-se, nesse sentido, como essa dualização (contraposição) entre casos difíceis e casos fáceis acarreta problemas que as diversas teorias analítico-discursivas não conseguem responder satisfatoriamente: casos fáceis (que vale também para as demais versões da teoria da argumentação jurídica) seriam aqueles que demandam respostas corretas *que não são discutidas*; já os casos difíceis seriam aqueles nos quais é *possível propor mais de uma resposta correta* "que se situe dentro das margens permitidas pelo direito positivo". Mas, pergunto: como definir "as margens permitidas pelo direito positivo"? Como isso é feito? A resposta que a teoria da argumentação jurídica parece dar é: a partir de raciocínios em abstrato, *a priori*, como se fosse primeiro interpretar e depois aplicar [...][504] (grifos do autor).

Esta cisão não leva em conta a diferença ontológica e perpetua a discricionariedade. Isso porque é o próprio intérprete quem vai dizer, sem qualquer metamétodo controlador, quando se está diante de um e quando do se está diante de outro. Logo, o problema da discricionariedade (judicial) não é, nem de longe, ultrapassada; ou pior, ao se criar dispositivos racionais que velam tal discrição no discurso jurídico, mais difícil ainda se torna seu combate.

O problema da discricionariedade do intérprete em escolher se o caso apresentado é fácil ou difícil é visualizado mesmo entre aqueles que defendem a cisão entre regra e princípio. Por exemplo, mesmo optando por uma dita distinção forte entre princípio e regra, na qual o primeiro qualifica-se por comportar uma aplicação gradual e necessita da ponderação para a solução de seus conflitos, Pereira frisa que a qualificação de

---

[503] Lembra Oliveira que "para Dworkin, o poder discricionário tanto é o maior problema do positivismo que ele desenvolveu seu conceito de princípio de modo a chegar até a tese da *única resposta correta* justamente para combatê-lo" (OLIVEIRA, R., op. cit., p. 233).

[504] STRECK, Lenio Luiz. A hermenêutica jurídica nos vinte anos da Constituição do Brasil. In: MOURA, Lenice S. Moreira de. *O novo constitucionalismo na era pós-positivista*: homenagem a Paulo Bonavides. São Paulo: Saraiva, 2009, p. 74.

uma norma como regra ou princípio acomoda a discricionariedade interpretativa.[505]

4.2.4. A ponderação

A ponderação, em Lorenzetti, apresenta alguns aspectos próprios – e problemáticos – que demandam análise. Ponderar, para o autor, significa "estabelecer comparações, estabelecer o peso de cada um e aplicar o maior ao caso concreto".[506]

Afirma o autor que os casos difíceis devem ser resolvidos por ponderação, no que chama de "modelo dos argumentos contrapostos", uma vez que o princípio possuiria um caráter *prima facie*, apresentando razões que somente poderiam ser desclassificadas por uma maior capacidade argumentativa de outro princípio. Contudo, Lorenzetti não acredita na possibilidade de hierarquia entre princípios, indicando que esta definição a priori prejudica a necessária flexibilidade do sistema, necessária para a incorporação de "novos direitos", como o ambiental, além de agregar outros conflitos relativos aos fundamentos desta hierarquia.[507]

Lorenzetti pretende fixar os passos para a realização da ponderação, apresentando-os como: 1 – identificar um campo de tensão; 2 – alternativa mais econômica; 3 – inaplicabilidade do juízo de ponderação; 4 – aplicação da ponderação.

Pelo primeiro passo, deve-se verificar a situação de conflito, para analisar se há princípios contrapostos em jogo, ou seja, se a satisfação de um princípio produzirá lesão em outro. No passo seguinte, deve-se buscar alternativas mais econômicas, ressalvando o autor que esta expressão deve ser entendida em seu sentido argumentativo, ou seja, evitando-se o conflito, permitindo o cumprimento de um princípio sem a lesão de outro. Cita, como exemplo, o caso de um pintor que, invocando o direito à liberdade de expressão, quer realizar a pintura em um cruzamento, o que afetaria a liberdade de circulação das demais pessoas. Neste caso, a escolha mais econômica, segundo Lorenzetti, seria autorizar a realização da pintura em outro local, evitando-se o conflito.

No terceiro passo, faz-se necessário observar se não se está diante da "proibição da ponderação", pois, afirma Lorenzetti, "há casos em que não

---

[505] PEREIRA, Jane Reis Gonçalves. *Interpretação constitucional e direitos fundamentais*: uma contribuição ao estudo das restrições aos direitos fundamentais na perspectiva da teoria dos princípios. Rio de Janeiro: Renovar, 2006, p. 110-111.

[506] LORENZETTI, op. cit., p. 126.

[507] Ibidem, p. 215.

há colisão de princípios, mas a proibição de um deles". Para tanto, compara o texto constitucional argentino com tratados internacionais e com a legislação, chegando a conclusão da compatibilidade dos artigos cotejados, afirmando, ao final, que "a norma fundamental, ao ser regulamentada na legislação, não sofreu mutilações e permanece como um princípio absoluto". Aqui o autor parece confundir a ponderação (ou mesmo a colisão entre princípios) com o controle de constitucionalidade. Analisar a congruência de tratados internacionais ou das leis ordinárias com a Constituição não representa, de forma alguma, efetuar ponderações, como se a lei ou o tratado contivesse um princípio e a Constituição outro e, então, buscar-se-ia uma "ponderação" entre tais princípios.

Além disso, há uma incongruência interna na argumentação do autor, pois, ou não há princípios absolutos, tanto que a ponderação serviria justamente para amoldar cada um deles, restringindo um ou ambos tanto quanto for necessário, ou ela de nada serve, pois princípios absolutos afastariam outros, como se regras fossem, sem menção, ainda, sobre a questão da problemática colisão de dois princípios absolutos.

Mesmo Alexy, para citar um autor próximo à linha de Lorenzetti, assume a inexistência de princípios absolutos, inclusive a dignidade humana, afirmando que o próprio conceito de princípios, como mandados de otimização, teria de ser modificado se reconhecido algum princípio absoluto, pois não haveria limitação jurídica para sua realização, eis que em colisão, qualquer outro cederia. Logo, ressalta o jurista, o teorema da colisão seria inaplicável.[508]

Assim, defender a ponderação e, ao mesmo tempo, a existência de possibilidades de sua proibição, face a princípios absolutos, é algo sem sentido e que retira o caráter lógico da proposição feita por Lorenzetti.

Por fim, no último passo, o intérprete deve buscar o melhor ponto de eficiência, utilizando-se do critério de equilíbrio ótimo, uma vez que "a ponderação estabelece uma relação, que pode ser expressa em curvas de indiferença que representem a relação de substituição dos bens".[509] Assim, "no ponto em que a alteração é indiferente produz-se o equilíbrio".[510] Busca-se, portanto, uma lógica matemática para identificar a relação entre o grau de satisfação de um princípio e o grau de restrição do outro.

Contudo, ainda que apresente algumas peculiaridades problemáticas, a maior delas permanece sendo a discricionariedade judicial. Ponderar, quer em Alexy, quer em Lorenzetti, significa escolher entre valores

---

[508] ALEXY, 2008, op. cit., p. 111-114.

[509] LORENZETTI, op. cit., p. 220.

[510] Ibidem, p. 220.

– uma vez que, para ambos, os princípios são enunciados que expressam valores – e esta escolha, ao fim e ao cabo, é deixada a cargo do sujeito solipsista.

Esta discricionariedade, admitida por Alexy,[511] é compartilhada por Lorenzetti quando diz que "o valor expressa um juízo comparativo (compara um valor com outro) (...). Essa valoração comparativa surge quando é dito sobre dois objetos que um tem maior valor que o outro, expressando juízos de preferência ou equivalência".[512]

E aqui está o ovo da serpente – utilizando-se da expressão de Streck – pois estes "juízos de preferências" traduzem-se no subjetivismo do intérprete. Por isso, Lorenzetti assume que, diante de casos difíceis, "surgem várias alternativas, que obrigam o juiz a exercer a sua discrição baseada nos critérios de validade material".[513]

E quais seriam estes critérios de validade material? Os valores, sustentará Lorenzetti, pois "no campo da validade material, há um limite axiológico que pode ser encontrado mediante a invocação dos valores".[514] Mas, poder-se-ia continuar perguntando: quais valores? Aqui, a pretensa racionalidade da teoria de Lorenzetti ruirá e ele consentirá que estes valores serão encontrados no subjetivismo do intérprete, pois para a valoração "são utilizados critérios de todo tipo: paradigmas, subjetividade, noções que se aprendem em outras ciências".[515] Inescapável, portanto, a visão subjetiva do intérprete, identificada pelos paradigmas de decisão que norteiam o julgador, eis que, conforme sustenta, "não há dúvida que isso existe e faz parte do modo como são tomadas as decisões".[516]

4.3. A questão da autonomia do direito

O Direito, atualmente, goza de autonomia frente a outros conhecimentos. Esta autonomia é fruto de uma conquista histórica, que foi apartando o Direito da política.[517] Se a lei antes era o *locus* em que se imiscuíam direito e política, inclusive para a proteção de interesses de maiorias eventuais, resumindo-se o papel da Constituição num pacto político, com caráter meramente programático, atualmente a situação é diversa. Hoje

---

[511] ALEXY, 2008, op. cit., p. 611.

[512] LORENZETTI, op. cit., p. 131.

[513] Ibidem, p. 209.

[514] Ibidem, p. 130.

[515] Ibidem, p. 73.

[516] Ibidem, p. 183.

[517] Sobre esta evolução histórica, Cf.: STRECK, 2009b, op. cit., p. 470-474.

a Constituição possui força normativa, capaz de transformações sociais, funcionando como freio destas maiorias e limitadora da política.

Contudo, há predadores externos, como a moral e a economia, além de internos, como a própria discricionariedade judicial. A Nova Crítica do Direito defende e promove esta autonomia, reconhecendo-a como a própria condição de possibilidade do Estado Democrático de Direito, "unindo, conteudisticamente, a visão interna e a visão externa do Direito".[518] Por outro lado, a teoria de Lorenzetti apresenta pontos que minam esta autonomia:

> O diálogo e o intercâmbio entre as ciências é fecundo. É pena que o direito pretenda a auto-referência ante um mundo tão complexo. Muitos autores advertem para a intenção de ignorar leis de outras ciências, como se o direito pudesse funcionar de modo autônomo. Trata-se de uma pretensão vã: escapa do nosso poder ordenar que a maré do mar se detenha; tampouco podemos derrogar as leis científicas.[519]

Importante ressaltar, desde já, que não se nega o intercâmbio entre as diversas áreas do conhecimento. O que não ocorre é a dominação, domesticação de uma para a outra. Assim como a moral não é corretiva do Direito, a economia também não o é. As diferentes áreas ora se cruzam, ora se distanciam, apresentando, principalmente, uma relação de complementaridade e não de subordinação.

4.3.1. O paradigma consequencialista e o discurso Law and Economics

O controle consequencialista baseia-se na análise das consequências da decisão no futuro, que sejam gerais, jurídicas ou econômico-sociais. Conforme afirma Lorenzetti, "temos dito que funciona como um alarme da solução: se a consequência conduz a um estado de gravidade institucional, a Corte defende que deve prevalecer esta última".[520] Esta forma de análise parte, essencialmente, das ciências econômicas, "porque é a que mais rigorosamente estudou a conduta humana e extraiu regras que a faziam verificável, outorgando-lhe um *status* científico nada depreciável".[521] Aproveita-se, assim, da economia, a análise das escolhas.

Ressalta o autor que a análise econômica do Direito por ele proposta não se identifica com a escola ortodoxa que iguala esta análise a movimentos liberais de desregulação, que retira a importância do Direito.

---

[518] STRECK, Lenio Luiz. Apresentação: A análise econômica do direito e seu caráter "predatório" no estado democrático de Direito. In: ROSA, Alexandre Morais da; LINHARES, José Manuel Aroso. *Diálogo com a law & economics*. Rio de Janeiro: Limen Juris, 2009, p. IX.

[519] Ibidem, p. 205.

[520] LORENZETTI, op. cit., p. 165.

[521] Ibidem, p. 186.

Aduz que o próprio liberalismo pode requerer intervenções, como no caso argentino, que sustentou uma rígida regulação do mercado cambiário para manter a paridade entre o peso e o dólar americano. Expõe que este aspecto externo é importante, mas que também deve ser avaliado o interno, representado pela discussão *justiça vs. Eficiência*.[522]

Após discorrer sobre as três principais correntes da análise econômica do Direito – a positiva (Posner), a normativa (Calabresi) e a do construtivismo jurídico (Ackerman) – explana Lorenzetti sobre os pressupostos comuns que aceita nesta análise. Afirma que o individualismo metodológico,[523] consubstanciado na ideia dos indivíduos em racionalmente maximizarem o seu bem-estar, além da utilização de modelos analíticos, com o mercado como método de determinação de recursos.[524]

É bem verdade que Lorenzetti aponta algumas limitações da análise econômica do Direito, como a necessidade de suplementação da teoria da escolha racional para que se inclua, também, outros enfoques para predizer qual das possibilidades será escolhida, além da despreocupação com a ação coletiva. Contudo, o autor adere ao teorema de Coase como forma de uma boa análise econômica do Direito. Diz o teorema que "em um mercado em equilíbrio, onde existem condições de concorrência perfeita, e na ausência de custos de transação, as partes chegarão a uma solução eficiente".[525] Com base no dito teorema, sustenta o autor que o Direito deve estar focado em garantir que o modelo de concorrência perfeita funcione. Logo, a função do Direito é a de reduzir as falhas do mercado, como as externalidades, monopólios, garantindo condições de liberdade e segurança.[526]

Defende, desta forma, um necessário ordenamento institucional mínimo, não para regular as relações internas à distribuição que opera o mercado, mas de regulação externa, formal, que impeça excessos.[527]

---

[522] LORENZETTI, op. cit., p. 186-188.

[523] Explana Forgioni que o individualismo metodológico "pressupõe ser o comportamento econômico global a agregação das decisões individuais; o comportamento individual é o ponto de partida da análise e encerra *racionalidade procedimental*, no sentido de adequação de meios a fins e de ordenar os objetivos dos agentes econômicos de acordo com suas preferências. Assim, o agente sempre decidirá por um resultado 'mais preferido', em relação a um 'menos preferido', buscando maximizar seus interesses individuais" (FORGIONI, Paula A. Análise econômica do Direito: paranóia ou mistificação? In: COUTINHO, Jacinto Nelson de Miranda; LIMA, Martonio Mont'Alverne Barreto. *Diálogos constitucionais*: direito, neoliberalismo e desenvolvimento em países periféricos. Rio de Janeiro: Renovar, 2006, p. 424-425)

[524] LORENZETTI, op. cit., p. 191-194.

[525] Ibidem, p. 197.

[526] Ibidem, p. 204-208

[527] Ibidem, p. 315.

Desta forma, Lorenzetti retira a autonomia do Direito, que fica relegado à função de proteger a economia neoliberal. Em outras palavras, o Direito torna-se um mínimo regulatório (principalmente no controle social, que se baseia na criminalização de condutas) necessário ao bom fluir do mercado. Ainda que negue sua vinculação a uma postura ortodoxa, não desejando que o Direito simplesmente homologue as leis econômicas,[528] compartilha sua premissa básica, ou seja, a lógica neoliberal do custo e benefício, da eficiência, da maximização de riqueza,[529] tratando como econômicos problemas que são eminentemente jurídicos.

Clève, apesar de tratar o *economicismo* no Direito a partir da vertente marxista, faz uma afirmação que se revela válida para a versão liberal. Válida porquanto marxistas e liberais concordam em um ponto, justamente o explorado pelo autor, de que a economia governa a sociedade. Por isso, a análise econômica do Direito – assim como no marxismo – "promove uma teorização supervalorizadora do econômico como fonte de explicação dos fenômenos sociais. O Direito aparecerá como simples epifenômeno, verdadeiro reflexo da infraestrutura".[530] Por isso, nesta visão, o Direito perde sua autonomia, reduzindo sua função de proteger as condições ideais de mercado.

Esta perspectiva é compartilhada com Rosa, que ressalta a "proeminência economicista em face do discurso jurídico".[531] Logo, ao referir que a função do Direito é reduzir falhas no mercado, como as externalidades, Lorenzetti celebra o novo princípio jurídico "do melhor interesse do mercado", conforme expressão de Rosa, no qual o Direito não passa de um meio para o atendimento do fim maior que é o "crescimento econômico".[532]

Contudo, a lógica de mercado difere, em muito, da lógica do Direito. Por exemplo, enquanto no Direito os contratos devem ser cumpridos, por uma questão de princípio, na economia discute-se o "não cumprimento eficiente" (*efficient breach*) dos pactos,[533] levando-se em conta o custo de oportunidade, como defendido por Lorenzetti:

---

[528] LORENZETTI, op. cit., p. 206.

[529] Lembra Rosa que "a lógica que subjaz ao modelo [neoliberal] acaba sendo o custo/benefício (eficiência – maximização da riqueza)" (ROSA, Alexandre Morais da; LINHARES, José Manuel Aroso. *Diálogo com a law & economics*. Rio de Janeiro: Limen Juris, 2009, p. 51).

[530] CLÈVE, Clémerson Merlin. *O Direito e os direitos*: elementos para uma crítica do direito contemporâneo. 2. Ed. São Paulo: Max Limonad, 2001, p. 143.

[531] ROSA, op. cit., p. 48.

[532] ROSA; LINHARES, op. cit., p. 51.

[533] "A base da análise econômica da decisão sobre o cumprimento é a chamada doutrina do 'não cumprimento eficiente' (*efficient breach*). Segundo esta, se uma parte não cumpre, mas ainda ficar em melhor situação depois de pagar uma indemnização que compense integralmente a contraparte (de

No plano jurídico tem grande relevância cumprir um contrato ou não cumpri-lo, pagando uma indenização – é uma decisão que envolve os custos de oportunidade. A função é importante toda vez que introduza uma espécie de valoração do "custo-benefício" de cada ação, sempre que se trate de elementos quantificáveis.[534]

A teoria do "não cumprimento eficiente" que, na economia, representa uma lei de importante observação, na obtenção da maximização da riqueza, no Direito não deve ser aceita. É um dos casos em que a descrição econômica não encaixa na prescrição jurídica. Por isso, ressalta Pinto, que há várias razões para se optar pelo cumprimento do contrato, como o próprio tráfico comercial, os custos de transação na repactuação e a necessidade de moralização de atuação no mercado, ressaltando que "a indemnização do interesse positivo pode levar *os promitentes a tomar precauções* não eficientes (excessivas) ao decidir se devem ou não contratar".[535]

Neste contexto, o teorema de Coase, tão festejado por Lorenzetti, não se caracteriza como uma boa mostra da análise econômica do Direito. Isso porque, para Coase, as transações do mercado sempre possibilitariam a redefinição da delimitação jurídica inicial de direitos. Logo, "a ineficiente afectação de recursos pela ordem jurídica seria, pois, irrelevante num mundo 'coasiano'",[536] o que permite afirmar que, seguindo o teorema, o Direito perderia totalmente sua autonomia, ficando caudatário da economia, remodelando-se a cada necessidade do mercado.

Portanto, a absolutização do teorema de Coase acarreta a "abdicação da responsabilidade prática do jurista, nem instrumentalismo que o torna cego para os padrões de referência especificamente jurídicos – não é,

---

forma a que deixe esta numa situação de indiferença entre receber o cumprimento ou a indemnização), o resultado seria superior em termos de eficiência: consideradas como uma unidade, as partes estarão em melhor situação por causa do não cumprimento e este não deixará ninguém em pior situação (ou, de outra forma, comparando a situação original em termos paretianos, ninguém estará, segundo a sua própria avaliação, em melhor situação, e uma pessoa estará, segundo a sua própria avaliação, em melhor situação). O 'não cumprimento eficiente' potenciaria, pois, um *acréscimo agregado*, de bem-estar social e/ou das partes, levando a evitar o cumprimento indevidamente custoso e permitindo um aproveitamento alternativo (como a venda a terceiro que avaliasse a coisa num montante mais elevado, ou uma utilização mais valiosa pelo próprio devedor). (...) A conclusão seria, pois, a de que, para aumentar a eficiência, a parte que benefica com o não cumprimento deveria nessa situação *deixar de cumprir*: o devedor deveria ser encorajado a cumprir quando o não cumprimento não fosse eficiente, e encorajado a não cumprir quando o não cumprimento fosse eficiente" (PINTO, Paulo Mota. Sobre a alegada "superação" do direito pela análise econômica. In: AVELÃS NUNES, António José; COUTINHO, Jacinto Nelson de Miranda. *O Direito e o futuro, o futuro do Direito.* Coimbra: Almedina, 2008, p. 178-179)

[534] LORENZETTI, op. cit., p. 198.

[535] PINTO. In: AVELÃS NUNES; COUTINHO, op. cit., p. 205.

[536] Ibidem, p. 170.

pois, Direito, mas uma *alternativa ao Direito*[537] (grifos do autor). Por isso, a aplicação do referido teorema ao Direito somente serve para afastar sua autonomia.

O Poder Judiciário, para a manutenção desta autonomia, tem uma missão ímpar de fazer valer a Constituição, implementando os direitos fundamentais pela jurisdição constitucional, mesmo que contra uma eventual maioria ou contra consensos temporários.[538] Esta visão, contudo, choca-se com a do movimento *Law and Economics* – e, por consequência, com a de Lorenzetti –, que reduz a jurisdição a uma agência de mercado, deixando a decisão judicial de ser estritamente jurídica para se tornar uma decisão estratégica ao desenvolvimento econômico.[539]

O critério da eficiência, na acepção de Lorenzetti de *justiça vs. eficiência*, vigora nos atuais planos do Judiciário, ressaltando-se a reforma da EC n. 45/2004 ou as regulações do CNJ[540], transformando-se a Justiça em números, na lógica matemática da economia, "transformando os Tribunais em objeto de 'ISOs', '5ss' e outros mecanismos articulados para dar rapidez às demandas".[541] Trocam-se, por isso, critérios qualitativos por quantitativos, que fazem ruir, cada vez mais, a autonomia conquistada pelo Direito, eis que a própria eficiência é aferida pelo custo/benefício das opções. Contudo, esta troca de critério faz desaparecer da preocupação do jurista a questão social, como enfatiza Rosa:

> O deslocamento da avaliação exclusivamente pelos números, no paraíso da estatística, deixa de lado toda a questão social, para se estabelecer num mundo matemático, sem rostos, nem vítimas, mas meras "externalidades". A pobreza passa a ser uma mera externalidade, um custo do sistema...[542]

---

[537] PINTO. In: AVELÃS NUNES; COUTINHO, op. cit., p. 173.

[538] Como afirma Oliveira Neto, "não vejo como anti-democrática a postura de resistência do Poder Judiciário quando, diante das transformações propostas utiliza os mecanismos existentes (por exemplo: o controle difuso de constitucionalidade), para fazer valer os princípios constitucionais materializados em 1988, já que a democracia se difere da simples vontade da maioria na medida em que fixa um estatuto mínimo, intransponível até mesmo à maioria" (OLIVEIRA NETO, Francisco José Rodrigues de. O poder judiciário e a influência neoliberal: resistência e transformação. In: COUTINHO, Jacinto Nelson de Miranda; LIMA, Martonio Mont'Alverne Barreto. *Diálogos constitucionais*: Direito, neoliberalismo e desenvolvimento em países periféricos. Rio de Janeiro: Renovar, 2006, p. 198).

[539] ROSA; LINHARES, op. cit., p. 72-73.

[540] Como exemplo, cita-se a Resolução n. 70/2009, do CNJ, que estipulou o planejamento e gestão estratégica para o Judiciário ou a pauta de preocupação com o dado quantitativo, como a produtividade dos juízes, esquecendo-se do elemento qualitativo: como estão julgando os juízes?

[541] ROSA, Alexandre Morais da. O giro econômico do Direito ou o novo e sofisticado caminho da servidão: para uma nova gramática do direito democrático no século XXI. In: AVELÃS NUNES, António José; COUTINHO, Jacinto Nelson de Miranda. *O Direito e o futuro, o futuro do Direito*. Coimbra: Almedina, 2008, p. 226.

[542] ROSA, op. cit., p. 52.

Lorenzetti pode ser encaixado, assim, como participante de um "neo-constitucionalismo econômico",[543] de viés neoliberal,[544] preocupado com a liberdade econômica, que, em uma análise micro, conforme sustenta Rosa, a decisão judicial também é afetada, uma vez que ela não pode ser contrária, nesta visão, às próprias decisões que o mercado produziria sem a intervenção judicial, o que deixa o Judiciário, nas palavras do autor, entre garante do mercado ou dos direitos fundamentais.[545]

A troca de racionalidade, da jurídica à econômica, deixa de lado aspectos decisivos do Direito, eis que, em nome da eficiência e da maximização da riqueza (na lógica do custo/benefício), relega o cumprimento dos direitos fundamentais a um segundo plano. A Constituição apresenta constrangimentos materiais à atuação pública ou privada. Daí seu caráter contramajoritário, evitando-se que maiorias eventuais desmantelem o programa democraticamente definido para o futuro da nação. Neste particular, a Constituição também representa um freio à ordem econômica predatória neoliberal, não se podendo substituir os mandamentos constitucionais – principalmente pela centralidade dos direitos fundamentais – pelo programa econômico.

Certo é que os direitos fundamentais são os elementos mais importantes na configuração do Estado contemporâneo, em época de neoconstitucionalismo. Esta importância, "unânime em todos os ordenamentos constitucionais", é característica principal das Constituições atuais. Assim é que eles são "elementos essenciais para que o processo de globalização seja deslocado de um enfoque mercantilista, em que prepondera a

---

[543] Sobre um "neoconstitucionalismo econômico", ressalta Souza Neto que "também existem correntes econômico-liberais que propugnam por teorias constitucionais abrangentes. Refiro-me, por exemplo, à atribuição de um conteúdo neoliberal ao estado de direito. É o que ocorre, especialmente, quando se vincula o estado de direito à liberdade econômica. (...) Esse é o constitucionalismo acuado pelo 'terror econômico', pelo 'estado de exceção econômica', que caracteriza nosso contexto" (SOUZA NETO, Cláudio Pereira. O dilema constitucional contemporâneo entre o neoconstitucionalismo econômico e o constitucionalismo democrático. In: COUTINHO, Jacinto Nelson de Miranda; LIMA, Martonio Mont'Alverne Barreto. *Diálogos constitucionais*: Direito, neoliberalismo e desenvolvimento em países periféricos. Rio de Janeiro: Renovar, 2006, p. 121-122).

[544] Por neoliberalismo entende-se "uma corrente ideológica conservadora, reativa, ou melhor dizendo, reacionária perante os paradigmas das ideologias iluministas do liberalismo, do socialismo, e, inclusive, do conservadorismo esclarecido, emanados do século XVIII. Daí a forte vinculação entre os paradigmas epistemológicos do neoliberalismo e dos assim chamados pós-modernos, pois ambos procuram romper com a racionalidade ética e com a dimensão histórica de seus postulado teóricos, assentando-se sobre uma antropologia de interesses e de uma visão fragmentária da sociedade" (ALBUQUERQUE, Newton de Menezes. Neoliberalismo e desconstrução da razão democrática no estado periférico brasileiro. In: COUTINHO, Jacinto Nelson de Miranda; LIMA, Martonio Mont'Alverne Barreto. *Diálogos constitucionais*: Direito, neoliberalismo e desenvolvimento em países periféricos. Rio de Janeiro: Renovar, 2006, p. 388).

[545] ROSA; LINHARES, op. cit., p. 102.

lex mercatoris, para um enfoque social, em que prepondera o homem e os seus interesses".[546]

Por isso, entre garante do mercado ou dos direitos fundamentais, não se tem dúvida do privilégio deste último. Na medida em que a Constituição é trocada por fórmulas estritamente pragmáticas de proteção econômica (de quem?), faz retirar do Direito a sua autonomia, colocando-se o discurso *Law and Economics*, como presente na obra de Lorenzetti, em um "constante 'estado de exceção hermenêutico', fragilizando a tradição jurídica de proteção e transformação do Direito forjado no Estado democrático de Direito".[547] Como bem salienta Avelã Nunes, trata-se do "reinado do *deus-mercado*, enquanto ordem natural, espontânea, que tudo resolve, acima dos interesses, acima das classes, para lá do justo e do injusto, como defendem os monetaristas mais radicais (ou mais coerentes) e todos os defensores da libertação da sociedade civil".[548]

Portanto, deve-se prestigiar o próprio Direito, renovando sempre sua autonomia, o que afasta o discurso econômico (*Law & Economics*) como forma de atuação da jurisdição, que, antes, deve estar preocupada em defender o caráter normativo da Constituição.[549]

4.3.2. Direito e moral: a lei injusta

4.3.2.1. A moral como correção ao Direito em Lorenzetti

A relação entre Direito e moral na obra de Lorenzetti denuncia, igualmente, a despreocupação do autor com a autonomia do Direito. Embora afirme que se trata de medida anormal, Lorenzetti assente com o caráter corretivo da moral. Trata-se do problema da lei injusta. Sustenta que nestes casos, quando a lei é formalmente válida, mas materialmente injusta, o intérprete deve analisar o grau de insuportabilidade desta injustiça, eis que, em regra, a segurança jurídica recebe primazia ainda quando o conteúdo da lei seja injusto ou antifuncional. Assim, só em casos de uma medida insuportável de injustiça a lei deveria ceder lugar ao

---

[546] AGRA In: DIMOULIS; DUARTE, op. cit., p. 443.

[547] STRECK In: ROSA; LINHARES, op. cit., p. XII.

[548] AVELÃS NUNES, António José. A constituição européia. A constitucionalização do neoliberalismo. In: COUTINHO, Jacinto Nelson de Miranda; LIMA, Martonio Mont'Alverne Barreto. *Diálogos constitucionais*: Direito, neoliberalismo e desenvolvimento em países periféricos. Rio de Janeiro: Renovar, 2006, p. 114.

[549] Contudo, para a celebração do debate, uma defesa do movimento da análise econômica do direito no Brasil pode ser encontrado em: FORGIONI In: COUTINHO; LIMA, op. cit.

justo, salientando o autor que prefere a qualquer outra a fundada em uma regra de reconhecimento.[550]

Disciplina o autor os critérios que entende pertinentes para a averiguação dessa injustiça. O primeiro deles é o controle baseado nos direitos humanos positivados, que serviriam como uma norma de reconhecimento. Isso não se sustenta. Se há uma norma positivada de direitos humanos que restrinja a aplicação de uma lei injusta, basta, se a norma de direitos humanos for constitucional, efetuar a devida filtragem hermenêutico-constitucional (controle de constitucionalidade) ou, em caso negativo, dirimir o conflito pelos métodos de resolução de antinomias; a moral corretiva, nesta hipótese, não tem qualquer utilidade.

Além disso, não é viável continuar estruturando o pensamento jurídico, no pós-positivismo, em uma norma de reconhecimento. Lorenzetti busca um fundamento último para o Direito, asseverando que "o Direito tem uma regra fundamental da qual derivam as demais".[551] Apropria-se, então, da norma de reconhecimento de Hart, que a previa como a norma que "estabelece os critérios para avaliar a validade de outras normas do sistema",[552] seria portanto a norma última, o *fundamentum absolutum inconcussum veritatis* da teoria hartiana, tal qual a norma hipotética fundamental de Kelsen. Contudo, como visto no capítulo anterior, após Heidegger não se pode procurar por este fundamento. Antes, o ser é existencial e assim é a Constituição, base do ordenamento. Portanto, retroceder à norma de reconhecimento é caminhar de volta ao positivismo.

O segundo, o controle moral, depende do caráter axiológico dos princípios, que acarretam uma "abertura" para considerações morais no Direito. Com base em Alexy, Lorenzetti afirma que as proposições normativas exprimem uma pretensão corretiva que deve se amoldar à visão ética do Direito.

A terceira forma de controle, direito natural, encontrará base na fórmula Radbruch, ou seja, a lei insuportavelmente injusta não é Direito. Portanto, na visão de Lorenzetti, a lei deve ser desqualificada quando extremamente injusta, devendo ser interpretada "conforme o *standard* do ser humano maduro dotado de raciocínio prático".[553]

Por fim, o controle do direito das gentes, baseado num corpo de normas fundadas em decisões de tribunais nacionais, tratados, costumes, opiniões de juristas, apresenta um sério problema, reconhecido pelo pró-

---

[550] LORENZETTI, op. cit., p. 174-175.

[551] Ibidem, p. 71.

[552] HART, H. L. A. *O conceito de Direito*. 1. ed. Tradução Antônio de Oliveira Sette-Câmara. São Paulo: Martins Fontes, 2009, p. 136.

[553] LORENZETTI, op. cit., p. 175.

prio Lorenzetti, que afirma que "seu conteúdo é todavia impreciso nas atuais condições do processo jurídico".[554]

Ademais, demonstra Lorenzetti que Direito e moral devem, em regra, andar separados, como duas coisas distintas (cisão) e que, em casos excepcionais, a moral teria um caráter corretivo do Direito, situação na qual o juiz poderia se afastar da aplicação da lei.

A Nova Crítica do Direito demonstra, contudo, que esta cisão é indevida. Apoiada, neste particular, no pensamento de Habermas, ressalta que Direito e moral são co-originários e esta co-originalidade acarreta uma complementaridade. Assim, a moral é normativa, deixando de ser "autônoma-corretiva, para se tornar co-originária ao (e com o) Direito".[555] Portanto, necessária é a análise da relação entre Direito e moral em Habermas, para se dirimir, posteriormente, a questão da lei injusta na perspectiva hermenêutica.

4.3.2.2. Direito e moral em Habermas

Inicia Habermas sua digressão sobre Direito e moral criticando a falsidade da proposta da filosofia da consciência, demonstrando seu intento em superar o solipsismo, apoiando-se, de igual forma, na indevida distinção entre Direito positivo e natural. Conforme ressalta Habermas:

> Ele apega-se a uma reduplicação do conceito de Direito que não é plausível, do ponto de vista sociológico e precária, do ponto de vista normativo. Eu penso que no nível de fundamentação pós-metafísico, tanto as regras morais como as jurídicas diferenciam-se da eticidade tradicional, colocando-se como dois tipos diferentes de normas de ação, que surgem *lado a lado*, completando-se. Em conformidade com isso, o conceito de autonomia precisa ser delineado abstratamente para que possa assumir, não somente a figura do princípio moral, mas também a do princípio da democracia[556] (grifos do autor).

Desde o princípio, conforme se observa, Habermas lança sua tese da complementaridade entre Direito e moral, como coisas que andam lado a lado. Para tanto, reconfigura o conceito de autonomia, para se evitar seu estreitamento teórico-moral, fazendo-se desaparecer a função mediadora do princípio do direito kantiano. O Direito é visto, por Kant, como mecanismo social garantidor do livre arbítrio humano – como a liberdade, com determinação dada por uma lei universal –, situação que modelava o caráter ético da correção no Direito, harmonizando as liberdades in-

---

[554] LORENZETTI, op. cit., p. 175.

[555] STRECK, 2009b, op. cit., p. 501.

[556] HABERMAS, Jürgen. *Direito e democracia*: entre a faticidade e validade – volume I. Tradução Flávio Beno Siebeneichler. Rio de Janeiro: Tempo Brasileiro, 1997, p. 139.

dividuais, e possibilitava a vida na sociedade civil. A sua falta, todavia, retirava a liberdade do homem.[557]

Portanto, o conceito de autonomia pode ressaltar aspectos que demonstrem a distinção entre as regras do Direito e as regras morais. Com isso, "os direitos humanos, inscritos na prática da autodeterminação democrática dos cidadãos, têm de ser interpretados *a limine* como direitos jurídicos, não obstante o seu conteúdo moral"[558] (grifos do autor).

Diverso é o procedimento de Kant em sua "Introdução à metafísica dos costumes", conforme ressalta Habermas. Em uma redução, são extraídas as leis jurídicas do conceito fundamental da lei da liberdade moral, a qual "fornece os conceitos superiores: vontade e arbítrio, ação e mola impulsionadora, dever e inclinação, lei e legislação" determinantes do "agir e do julgar moral".[559] Pode-se dizer que, em Kant, o princípio da moral é limitado pelo princípio do Direito sob três pontos de vista, quais sejam: 1 – o conceito do Direito refere-se primeiramente ao arbítrio, e não ao livre arbítrio; 2 – abrange uma relação externa, entre duas pessoas; 3 – recebe a autorização para uso da força (coerção).[560]

Mesmo deixando-se de lado a "metafísica kantiana", afirma Habermas que a cisão entre Direito positivo e Direito natural possui uma herança platônica, da visualização da comunidade como um conjunto de indivíduos moralmente imputáveis, que, localizada no espaço e no tempo, formará uma comunidade de direito. Afirma que isto não é de todo falso, uma vez a legitimidade de uma ordem jurídica deriva do respeito a princípios morais.[561] Destaca Habermas:

> Através dos componentes de legitimidade da validade jurídica, o Direito adquire uma relação com a moral. Entretanto, essa relação não deve levar-nos a subordinar o Direito à moral, no sentido de hierarquia de normas. A ideia de que existe uma hierarquia de leis faz parte do mundo pré-moderno. A moral autônoma e o Direito positivo, que depende de fundamentação, encontram-se numa *relação de complementação* recíproca (grifo do autor).[562]

Assinala Habermas que a moral e o Direito apresentam alguns pontos comuns, como o fato de, sociologicamente, a diferenciação de ambos do *"ethos* da sociedade global", já que neste "o Direito tradicional e a ética da lei" encontravam-se entrelaçados. Contudo, mesmo possuindo pontos

---

[557] CRUZ, Álvaro Ricardo de Souza. *Habermas e o Direito brasileiro.* 2. ed. Rio de Janeiro: Lumen Juris, 2008, p. 33.

[558] HABERMAS, op. cit., p. 140.

[559] Ibidem, p. 140.

[560] Ibidem, p. 140.

[561] Ibidem, p. 140-141.

[562] Ibidem, p. 141.

em comum, houve também um processo de distinção entre eles. Tratam do mesmo problema (conduta humana) sob ângulos diferentes, distinguindo-se, pois "a moral pós-tradicional representa apenas uma forma do saber cultural", sendo que o Direito deixa de ser um sistema de símbolos e passa a ser um sistema de ação, adquirindo "obrigatoriedade também no nível institucional".[563]

Diga-se que não ocorre a distinção entre Direito e moral somente pela forma de obrigação, presente apenas no primeiro. Dá-se, também, "pela dualidade interioridade/exterioridade" e somente "a relação jurídica impõe a prática/omissão causadora de efeitos na realidade ôntica para se materializar".[564] A liberdade, por sua vez, alicerça tanto leis internas – criadoras de deveres internos, expressados por imperativos categóricos – como leis exteriores, as quais possibilitam o arbítrio, ou seja, o convívio das liberdades individuais, demonstrando que o Direito, deste modo, traduz-se na liberdade exteriorizada.

Por outro lado, expõe Habermas que a representação platonizante remete à cópia entre o Direito e a moral, como se fossem figuras justapostas, que perde força quando se trata de uma moral autônoma, completada co-originariamente por ordens jurídicas. Normativamente, Habermas afirma que a autonomia moral e política são co-originárias, razão pela qual os direitos fundamentais não podem ser encarados como meras cópias de direitos morais preexistentes.[565]

De outro norte, o relacionamento sociológico complementar da moral e do Direito e a necessidade de se constituir a forma jurídica, com o objetivo de reparar *déficits* originários da eticidade tradicional, são fatores que esclarecem a legalidade, sem que esta seja vista como fator limitador da moral. Quando se trata de moral autônoma, há somente a responsabilização por juízos corretos e equitativos, já que baseada somente em argumentos racionais. Quando se passa ao campo da fundamentação pós-convencional, "a consciência moral se desliga da prática tradicional, enquanto o *ethos* da sociedade global se torna simples convenção, costume, direito consuetudinário".[566] No que diz com a moral, expõe-se os argumentos apresentados por Habermas:

> Uma moral racional se posiciona criticamente em relação a todas as orientações da ação, sejam elas naturais, auto-evidentes, institucionalizadas ou ancoradas em motivos através de padrões de socialização. No momento em que uma alternativa de ação e seu pano de fundo normativo são expostos ao olhar crítico dessa moral, entra em cena a problematiza-

---

[563] HABERMAS, op. cit., p. 141.

[564] CRUZ, op. cit., p. 32-33.

[565] HABERMAS, op. cit., p. 141-142.

[566] Ibidem, p. 148-149.

ção. A moral da razão é especializada em questões de justiça e aborda em princípio *tudo* à luz forte e restrita da universalizabilidade. O seu *telos* consiste na avaliação imparcial de conflitos de ação, relevantes do ponto de vista moral, visando, pois, a um saber capaz de orientar o agir, mesmo que não seja capaz de *dispor* para o agir correto. A moral da razão, sublimada na forma de um saber, passa a ser representada no plano cultural como qualquer outra forma de saber; inicialmente, ela existe apenas como um conteúdo significativo de símbolos culturais, que podem ser entendidos e interpretados, transmitidos e desenvolvidos criticamente. Naturalmente a moral culturalmente oscilante também se refere a *possíveis* ações; no entanto, de si mesma, ela não mantém mais vínculo com os motivos que impulsionam os juízos morais para a prática e com as instituições que fazem com que as expectativas morais justificadas sejam realmente preenchidas. A moral que se retraiu para o interior do sistema cultural passa a ter uma relação apenas virtual com a ação, cuja atualização depende dos *próprios* atores motivados. Estes precisam estar dispostos a agir conscientemente. Uma moral da razão depende, pois, de processos de socialização que produzem as instâncias correspondentes da consciência, a saber, as formações do superego. A sua eficácia para a ação depende mais do acoplamento internalizador de princípios morais no sistema da personalidade, do que a fraca força motivacional contida em bons argumentos[567] (grifos do autor).

Contudo, ressalta Habermas que a moral acaba fragilizada se mantida em uma abstração de uma autorregulamentação, eis que não se garante a transferência do saber para o agir, o que dependeria de um processo de socialização. Assim, afirma que uma moral dependente da subjetividade ficaria limitada em sua eficiência, razão pela qual indica o caminho da internalização, institucionalização de um sistema jurídico que complementará a moral, dando-lhe esta eficácia. Neste passo, o Direito – sistema de saber e de ação – é traduzido como um complexo regulativo da ação, ou seja, uma instituição. Nele, um sistema de ação entrelaça os motivos e orientações axiológicas, situação que confere aplicação imediata às proposições jurídicas no que diz com a ação. Tal hipótese não é vislumbrada nos juízos morais, enquanto tais. Estabelece-se o Direito, de uma forma simultânea, tanto na cultura como na sociedade, podendo, desta forma, compensar "as fraquezas de uma moral racional que se atualiza primariamente na forma de um saber".[568]

Pode-se dizer que o Direito deve operar na resposta da regulamentação e organização de sociedades que se tornam cada vez mais complexas, sendo que suas realizações não podem ser explicadas partindo-se apenas da necessidade de compensação da moral, cujas proporções verdadeiras são alcançadas quando a moral é considerada pelo ângulo do sistema jurídico. Estaria reduzido o seu campo de ação se a sua eficácia adviesse somente por processos de socialização e consciência dos indivíduos.

---

[567] HABERMAS, op. cit., p. 149.

[568] Ibidem, p. 149-150.

Portanto, como adverte Cattoni de Oliveira e Andrade, o Direito é complementar à moral, sendo responsável – enquanto sistema de saber e ação – por conectar as decisões com sua própria institucionalização, tornando-as eficazes à ação. Logo, o Direito é um complemento funcional desta moral, que recorrerá ao Direito para a promoção da integração social. Sozinha, a moral pós-convencional é incapaz de suportar os problemas complexos "relativos à integração social e, assim, transpor suas normas de argumentação para a ação, porque possui deficiências (a) cognitivas, (b) motivacionais e (c) operacionais".[569]

Com isso, por intermédio de um sistema de direitos – mantenedor de vínculo interno com a moral – possibilita a irradiação desta para todos os campos de ação. Dizendo de outro modo, o Direito oferece o manejo operativo necessário à moral, pois, "o direito positivo, enquanto sistema de ação, constitui uma reserva que pode entrar no lugar de outras instituições".[570]

Percebe-se que Habermas objetiva, ao mesmo tempo, estabelecer uma diferenciação entre o Direito e a moral e construir uma relação de complemento e co-originalidade entre ambos. Clara é, portanto, a relação de complementaridade entre eles, assim como a inexistência de subordinação. Referida relação, porém, é válida inclusive em uma visão extensional. Sobre o assunto:

> As matérias jurídicas são, ao mesmo tempo, mais restritas do que as questões moralmente relevantes, pois somente o comportamento exterior é acessível ao Direito, e mais amplas, já que o Direito, como meio de organização, não se refere apenas à regulamentação de conflitos interpessoais, mas também ao cumprimento de programas políticos e a demarcações políticas de objetivos. Assim, as questões jurídicas tangenciam não apenas questões morais, mas também éticas e pragmáticas, bem como o acordo de interesses conflitantes.[571]

Deste modo, a pretensão de legitimidade das normas jurídicas não é dependente apenas de discursos morais. Também se baseia em diversas razões, tendo suporte em uma ramificação de negociações e discursos, razão pela qual, "para Habermas, a ideia de Direito natural com padrões distintos de dignidade é desencaminhante".[572]

---

[569] OLIVEIRA, Marcelo Andrade Cattoni de; ANDRADE, Camila Cardoso de. A relação entre Direito e moral na teoria discursiva de Habermas: porque a legitimidade do Direito não pode ser reduzia à moralidade. In: CONGRESSO NACIONAL DO CONPEDI, 15. *Anais...* [s.l.]. Disponível em: http://www.conpedi.org.br. Acesso em: 02.06.2011.

[570] HABERMAS, op. cit., p. 153.

[571] Coesão interna entre Estado de Direito e democracia na teoria discursiva do direito de Jürgen Habermas (OLIVEIRA, Marcelo Andrade Cattoni de (org.). *Jurisdição e hermenêutica constitucional no Estado Democrático de Direito*. Belo Horizonte: Mandamentos, 2004, p. 177).

[572] OLIVEIRA, M. A. C., op. cit., p. 177.

Tem validade, no Direito Moderno, o princípio de que aquilo que não é proibido torna-se permitido. Com isso, os direitos subjetivos que alicerçam as ordens jurídicas modernas desobrigam os sujeitos de direito no que diz com os mandamentos morais, sendo, ao mesmo tempo, garantidores "de espaço para o agir de acordo com as preferências dos agentes".[573]

Simétrica é a relação de direitos e deveres na moral; no Direito, por sua vez, "as obrigações resultam somente da restrição de liberdades subjetivas".[574] Desta forma, sustentam Cattoni de Oliveira e Andrade, há privilégio dos direitos em relação aos deveres, pois estes derivam daqueles. Deste modo, os direitos subjetivos fundamentam a construção das ordens jurídicas modernas e garantem, aos indivíduos, oportunidades de se comportarem conforme suas preferências, apartados de mandamentos morais. Ambas as ordens – jurídica e moral, possibilitam aos indivíduos autonomia na liberdade de ação. Contudo, na moral a autonomia é um conceito unitário, sem limitações espaço-temporais, pretendendo a proteção da liberdade e integridade de todos, enquanto a autonomia jurídica divide-se na pública (liberdades comunicativas) e privada (liberdades individuais), dos integrantes de uma mesma comunidade jurídica, como sujeito de direitos.[575]

A moral pós-tradicional possui grandes exigências motivacionais, cognitivas e organizacionais em relação aos agentes morais. Entretanto, tal ônus é retirado pelo Direito positivamente válido, não desobrigando, porém, tanto o legislador como a jurisdição, a manutenção de consonância entre o Direito e a moral.[576]

Salienta Cruz que na etapa pré-convencional não há valores próprios na sociedade, que advirão das tradições e costumes ainda não consolidados. Na fase convencional já ocorre a consolidação de tais dados, compartilhando a comunidade de valores éticos, religiosos, sociais, políticos e econômicos, firmando um *status quo* social. No período pós-convencional, os cidadãos conseguem identificar esses valores e, a partir disso, passam a emitir juízos críticos sobre eles, por meio do reconhecimento dos direitos individuais e de princípios universais. Conclui o autor dizendo que "numa metáfora, poder-se-ia dizer que na moralidade pré-convencional o indivíduo está aprendendo as regras do jogo. Na convencional, ele está

---

[573] OLIVEIRA, M. A. C, 2004, p. 176.

[574] Ibidem, p. 176.

[575] OLIVEIRA; ANDRADE, op. cit.

[576] OLIVEIRA, M. A. C, 2004, p. 177.

apto a jogá-lo. Finalmente, na fase pós-convencional ele se torna capaz de criticar tais regras".[577]

A comprovação da legitimidade do Direito dar-se-á, por conseguinte, pela defesa da autonomia de todos que estão envolvidos, mas não com suporte em um Direito moral superior. A concretude das normas jurídicas não permite que sua legitimação ocorra somente porque não contrariam princípios morais. No entanto, a autonomia é decomposta pelo Direito positivado, situação não vislumbrada quanto à moral, na qual, por sua vez, é unitária. Aqui, dois momentos são estabelecidos, sendo necessária uma mediação para que uma autonomia não danifique a outra.[578]

Como visto, necessária é a justificação das normas jurídicas nas democracias modernas, objetivando conferir-lhes legitimidade. O Direito, por sua vez, não substitui coercitivamente a capacidade moral dos indivíduos, mas complementa funcionalmente a moral, suprindo défices que tornariam as razões morais eficazes para a ação e, por sua vez, a moral abre, ao mesmo tempo, razões universalizáveis para o Direito. Portanto, está é a relação de co-originalidade e complementaridade entre Direito e moral em Habermas.

4.3.2.3. De volta à lei injusta: a perspectiva hermenêutica

A partir da concepção habermasiana de co-originalidade entre Direito, deve-se refutar a posição de Lorenzetti, procedendo-se uma crítica hermenêutica a seus fundamentos, iniciando-se pela assunção da fórmula Radbruch.

Para muitos, Radbruch manteve-se fiel ao positivismo jurídico até a Segunda Guerra Mundial, sendo que, após verificar as atrocidades ocorridas no regime nazista, modificou drasticamente sua posição, defendendo o Direito natural, justamente com a afirmação de que o Direito extremamente injusto não é Direito. Já outros, como Kaufmann, aduzem que, em 1914, Radbruch já demonstrava não aceitar um Direito injusto e que sua teoria da "injustiça legal" é, na verdade, consequência de suas primeiras concepções.[579]

Não sendo o ponto central do presente estudo – discussão posta em momento oportuno –, basta dizer, por ora, que em sua obra *Filosofia do Direito*, Radbruch assentou que "só a moral pode fundamentar a força obri-

---

[577] CRUZ, op. cit., p. 145-146.

[578] OLIVEIRA, M.A.C., op. cit., p. 178.

[579] KAUFMANN In: KAUFMANN; HASSEMER, op. cit., p. 136-138.

gatória do Direito".[580] Acrescentando, refere o autor que "pode-se falar somente de normas jurídicas, de dever ser jurídico, de validade jurídica e de deveres jurídicos quando o imperativo jurídico for abastecido pela própria consciência com a força de obrigação moral".[581] Assim, verifica-se que, em princípio, parece ter razão Kaufmann. Entretanto, tendo em vista que a tradução brasileira da obra se baseou em uma publicação alemã de 1993 (referente à terceira edição), não há como aferir, ao certo, se este texto já estava contido na primeira edição de 1914 ou na segunda de 1922. Contudo, o que importa para a finalidade da pesquisa é a assimilação da fórmula Radbruch no Direito a partir de decisões do Tribunal Federal Alemão e, no âmbito acadêmico, por Alexy.

Alexy devota parte de sua obra ao estudo da fórmula, quando se manifesta sobre o "argumento da injustiça", analisando a proposição de Radbruch em vários aspectos e concluindo que o enunciado "Direito extremamente injusto não é Direito" possui validade para as regras individuais, constatando que as razões em seu favor superam as objeções.[582] Por isso, Alexy adere à formula, afirmando que "as normas individuais perdem seu caráter jurídico e, com isso, sua validade jurídica quando são extremamente injustas".[583]

Assim, para Alexy, a moral terá um efeito corretivo do Direito, representado pela fórmula Radbruch, bem como pelo caráter axiológico dos princípios jurídicos, eis que "os princípios do Direito positivo têm um conteúdo que, moralmente, é exigido ou, ao menos, admitido".[584] Logo, ao efetuar a ponderação, o juiz contará com argumentos morais em sua decisão, podendo utilizá-los para corrigir a imperfeição jurídica de uma norma que não chegue a ser extremamente injusta. Desta forma, a correção jurídica pretendida passará, obrigatoriamente, por uma pretensão à correção moral. Desta forma, sustenta Alexy, "a conexão necessária entre o Direito e a moral correta é estabelecida pelo fato de a pretensão à correção incluir uma pretensão à correção moral que se estende aos princípios que são tomados como base".[585] Por este mesmo fundamento, os princípios "abriram" as possibilidades interpretativas do juiz, possibilitando que se proceda a correção necessária ao caso, mesmo porque Alexy concorda com Hart sobre a textura aberta do Direito.

---

[580] RADBRUCH, Gustav. *Filosofia do Direito*. Tradução Marlene Holzhausen. São Paulo: Martins Fontes, 2004, p. 66.

[581] Ibidem, p. 66.

[582] ALEXY, 2009, op. cit., p. 48-76.

[583] Ibidem, p. 110.

[584] Ibidem, p. 93.

[585] Ibidem, p. 95.

Contudo, não é esta a resposta correta. Como já visto, princípio não pode ser entendido como um enunciado assertórico, que funcione como uma supernorma; ao contrário, com apoio em Dworkin, princípio deve ser entendido como a unidade de uma prática social, compartilhada pela comunidade política. Dizendo de outro modo, não é o sujeito que formará um princípio que, a partir de então, será aplicado às mais diversas situações e passará a influir na prática social. Ocorre, na verdade, o inverso: os princípios – já enraizados na comum-unidade, na tradição – é que moldarão as práticas do sujeito. Como salienta Streck:

> Portanto – e isso deve ser bem destacado – não há primeiro uma formação subjetiva de princípios e, depois, sua aplicação compartilhada no mundo da convivência, mas essa formação principiológica é *formada pelo mundo* e, ao mesmo tempo, *forma mundo*, na medida em que pode articular um significado novo que exsurge da interpretação do próprio mundo.[586]

Por isso, decidir com base em argumentos de princípios não é lançar mão de algo previamente preparado, "à disposição da 'comunidade jurídica' como enunciados assertóricos ou categorias (significantes primordiais fundantes)".[587] Ao contrário, significa retomar a faticidade no Direito (sua tradição, sua história institucional) e estabelecer limites à aplicação judicial, moldando a decisão, pois os princípios nela se revelarão de modo subterrâneo, ou seja, em seus argumentos.[588]

Logo, se as regras – pela indefinição semântica ou lacunas – davam ao julgador várias opções de interpretação, os princípios, como resgate do mundo prático que aponta em que direção seguir conforme as práticas sociais, "fechará" estas possibilidades. Por isso mesmo não será um princípio específico que irá reger o caso, senão o conjunto deles, enraizados na história da comunidade, cuja explicação deve ocorrer na decisão judicial e, conforme ressalta Streck, "é por isso que, neste sentido, não se pode falar em 'abertura' interpretativa no que tange aos princípios jurídicos", pois, "eles condicionam o intérprete no sentido de obrigá-lo a decidir de modo a não comprometer o todo conjuntural da *comum-unidade* dos princípios constitucionais".[589]

No mais, como se verá adiante, a fórmula Radbruch, de igual forma, não pode prevalecer em pleno Estado Democrático de Direito, que incluiu de forma co-originária o Direito e a moral. Com efeito, na perspectiva hermenêutica, não há sentido em se falar de lei formalmente válida e materialmente injusta, eis que houve a institucionalização da moral

---

[586] STRECK, 2009b, op. cit., p. 499.

[587] Ibidem, p. 446.

[588] Ibidem, p. 501.

[589] Ibidem, p. 501.

na própria ordem constitucional. Como já destacado, Direito e moral são "classes distintas – mas não cindidas – de normas que se complementam mutuamente, dirá Habermas. Há uma co-originaldade que se transforma em complementaridade".[590]

Portanto, não há lei formalmente válida e materialmente injusta. Isto é resquício da metafísica, que cinde validade e vigência, texto e norma, Direito e moral, o que não resiste à invasão da filosofia pela linguagem, como visto ao longo do presente trabalho. Trata-se, conforme ressalta Streck, "de uma incindibilidade, que, no plano da hermenêutica filosófica, ocorre como uma diferença ontológica (*ontologische Differenz*)".[591] Continua o autor explanando que "assim como não se cinde a interpretação da aplicação (lembremos sempre a crítica de Gadamer às três *subtilitatae*), também não há cisão (estrutural) entre moral e direito (nem na origem, nem na aplicação)".[592]

Por isso, o problema de uma lei injusta resolver-se-á pela própria filtragem hermenêutico-constitucional, uma vez que a moral é normativa e está introjetada no próprio Direito. A Constituição, neste norte, representa o ideal de "vida boa", de "felicidade", finalidade da atuação moral. Assim, reserva-se à jurisdição constitucional esta tarefa de controle. Portanto, não há um efeito corretivo da moral, pois o conteúdo deste controle (de constitucionalidade) será jurídico. Observada a discordância à Constituição, a lei não será aplicada (controle difuso) ou será declarada sua inconstitucionalidade (controle concentrado). Se passar pelo filtro, a lei deverá ser cumprida. Lembre-se que o cumprimento de leis constitucionais é um avanço democrático e nada há nisso de positivista.[593]

Por esta razão, Streck salienta que a lei (ou qualquer ato normativo) somente poderá deixar de ser aplicada pelo Poder Judiciário em casos excepcionais, quando barrada por uma filtragem hermenêutico-constitucional (jurisdição constitucional). Assim, elenca as seis hipóteses em que isso ocorre: 1 – quando a lei é inconstitucional; 2 – quando se estiver diante de um caso que exija a resolução de antinomias; 3 – quando for aplicada a interpretação conforme a Constituição; 4 – quando se aplicar a nulidade parcial sem redução de texto; 5 – na declaração de inconstitucionalidade

---

[590] STRECK, 2009b, op. cit., p. 173-174.

[591] Ibidem, p. 174.

[592] Ibidem, p. 174.

[593] Como salienta Streck, "[...] no Estado Democrático de Direito a lei passa a ser, privilegiadamente, um instrumento de ação concreta do Estado, tendo como método assecuratório de sua efetividade a promoção de determinadas ações pretendidas pela ordem jurídica" (STRECK, 2002, op. cit., p. 85).

com redução de texto; 6 – por fim, quando se deixar de aplicar uma regra em face de um princípio, o que se fará por uma detalhada justificação.[594]

Portanto, devem ser refutados os argumentos de Lorenzetti que, ao cindir Direito e moral, ressaltando o caráter corretivo desta, retira do Direito a sua autonomia. Como visto, a tese da co-originalidade, por outro lado, preserva esta força motriz e condição de possibilidade do próprio Direito, estabelecendo raízes fortes (na e pela jurisdição constitucional) para a busca de respostas corretas.

4.3.3. A discricionariedade judicial como predador interno do Direito

A discricionariedade judicial, como verificado no transcorrer de todo o presente estudo, é um ponto chave à superação do positivismo. Aparece sob diversas formas na prática jurídica, como observado no capítulo primeiro, e sua perpetuação retira do Direito a sua autonomia. Se a moral e a economia representam riscos externos, discursos de correção do Direito que possuem por base questões não jurídicas, a discricionariedade representa o vilão interno do Direito, pois faz com que a ordem jurídica democrática seja substituída – não mais por elementos morais ou econômicos – pela convicção subjetiva de uma pessoa.

Ainda que tente superar uma "interpretação jurídica hermética",[595] buscando uma dimensão de concordância contra o "intuicionismo" dos juízes, a teoria de Lorenzetti depende da discricionariedade judicial do início ao fim. Iniciando-se pelos ditos paradigmas de decisão, que condicionam todo o processo de aplicação à subjetividade do julgador. Logo, "as mesmas regras e princípios serão aplicados de maneiras distintas por pessoas que aderiram a modelos díspares".[596]

Além disso, diante dos casos fáceis, Lorenzetti propõe a aplicação da dedução, o que traz de volta ao Direito o método, que, como ressaltou Streck, é o momento máximo de subjetividade. Isso porque, o(s) método(s) [metafísico(s)] permite(m) que o intérprete chegue onde pretende, utilizando, a seu arbítrio, aquele que atenda suas expectativas, como em um jogo de cartas marcadas. Não há uma metarregra, um metamétodo, capaz de resolver tal problema.

---

[594] STRECK, Lenio Luiz. Aplicar a "letra da lei" é uma atividade positivista? *Revista Novos Estudos Jurídicos*, v. 15, n. 1, jan.-abr., 2010, p. 171-172. Disponível em: www.univali.br/periodicos. Acesso em: 26 jun. 2011.

[595] Para Lorenzetti, a interpretação jurídica hermética é aquela "atividade interpretativa [que] se sustenta somente na subjetividade do intérprete (LORENZETTI, op. cit., p. 68).

[596] Ibidem, p. 163.

Nesta perspectiva, Lorenzetti possui uma posição por vezes cambaleante em relação ao método. Ao mesmo tempo em que acredita confinar o processo hermenêutico ao método (dedução e ponderação), dá conta de sua insuficiência. Portanto, tenta construir procedimentos metódicos para racionalizar a atividade interpretativa e, ao mesmo passo, desacredita desta estrutura criada, afirmando que "é evidente que podem surgir conflitos entre os diversos passos, e devemos prestar atenção nesse problema, sem chegar ao extremo de brindar uma determinada 'receita', já que sempre haverá uma inevitável valoração casuística".[597]

Além disso, quando a dedução não dá conta da resposta, Lorenzetti, novamente, depende da discricionariedade judicial, como no caso da lei ambígua ou das cláusulas gerais. Nesta, afirma o autor, permite-se que, em um caso concreto, o juiz recepcione diferentes interpretações da regra de conduta, utilizando-se de todo tipo de critério para escolher uma dentre as possíveis. Naquela, sustenta que a linguagem normativa ambígua mostra zonas de penumbra na interpretação, sendo que o julgador deve optar por uma entre as diversas alternativas de interpretação.[598]

Contudo, esta "delegação em favor do juiz do 'preenchimento' da 'zona de incerteza' é a institucionalização do positivismo, que funciona como poder arbitrário no interior de uma pretensa discricionariedade".[599] Sobre a mesma temática, aponta Dworkin o caráter antidemocrático desta delegação em favor do julgador, eis que questões fundamentais passam a ser decididas por pessoas que não podem ser destituídas de seus cargos pela vontade popular.[600]

De igual forma, volta-se à discricionariedade para a solução dos casos difíceis. Apesar de Lorenzetti afirmar que *"nos casos difíceis há uma forma correta de decidir"*[601] (grifos do autor), referindo-se à ponderação – que, como visto, não é uma forma tão correta assim –, não abre mão de que *"nos casos difíceis há uma discricionariedade"*[602] (grifos do autor).

A ponderação sugerida por Lorenzetti, como analisado, reveste-se de discricionariedade, eis que no enfrentamento valorativo – segundo o autor, na colisão de princípios a argumentação do valor moral de cada

---

[597] LORENZETTI, op. cit., p. 164.

[598] Ibidem, p. 172-173.

[599] STRECK, 2009b, op. cit., p. 541.

[600] "It seems undemocratic that such fundamental issues should be decided by a small group of appointed officials who cannot be turned out of office by popular will". DWORKIN, Ronald. The judge's new role: should personal convictions count? *Journal of International Criminal Justice*, Londres: Oxford University Press, v. 1, n. 1, 2003, p. 8.

[601] LORENZETTI, op. cit., p. 163.

[602] Ibidem, p. 163.

um resolverá o problema – estarão em jogo convicções pessoais, o que afeta sobremaneira a autonomia do Direito. Por isso, vale aqui a advertência feita por Streck: "O recurso ao relativismo ponderativo obscurece o valor da tradição como guia da interpretação, isto é, a ponderação acaba sendo uma porta aberta à discricionariedade".[603]

Ao deixar a interpretação baseada no subjetivismo do juiz para a resolução dos ditos casos difíceis, abrem-se espaços à arbitrariedade. Observa-se que, apesar de boas intenções, o texto (constitucional) é violentado, numa sobreinterpretação que ultrapassa os limites semânticos do texto. Sobre a violência cometida ao texto nestes casos, Grondin ressalta que: "Indeed, interpretations that are too subjectively biased or modernizing are easily recognized as such and, whatever their intrinsic creative merits, are mostly viewed as doing violence to the work they are 'over-interpreting'".[604]

Vê-se isso, por exemplo, no caso da mutação constitucional proposta pelos Ministros Gilmar Mendes e Eros Grau, do STF, na Reclamação n. 4335-5, em que, na verdade, não há mutação, mas sim mutilação do texto constitucional. Trata-se de uma verdadeira sobreinterpretação, pois a pretensão dos Ministros de igualar os efeitos das decisões obtidas em controle concentrado e difuso de constitucionalidade, dando efeito *erga omnes* e força vinculante a todas, faz cair por terra o inciso X do art. 52 da CF.[605]

A modificação do texto proposta pelo Ministro Eros Grau deixa o dispositivo constitucional sem sentido dentro do sistema jurídico brasileiro. Esta é uma típica situação que se encaixa na imposição da vontade do intérprete descrita por Streck, através da qual se coloca "em segundo plano (até mesmo) os limites semânticos do texto, fazendo soçobrar (até mesmo) a Constituição".[606] Por isso, reafirma-se, se vencedora a visão dos Ministros no julgamento, não se tratará de uma mutação, mas de uma mutilação constitucional.[607]

Como verificado, seguindo a teoria de Lorenzetti, não há caso que não passe pela discricionariedade do julgador. Esta, possivelmente, deve

---

[603] STRECK, 2009b, op. cit., p. 555.

[604] GRONDIN. In: DOSTAL, op. cit., p. 43.

[605] STRECK, Lenio Luiz; OLIVEIRA, Marcelo Andrade Cattoni de; LIMA, Martonio Mont'Alverne Barreto. *A nova perspectiva do Supremo Tribunal Federal sobre o controle difuso: mutação constitucional e limites da legitimidade da jurisdição constitucional*. Disponível em: http://leniostreck.com.br/index.php?option=com_docman&Itemid=40. Acesso em: 08 dez. 2009.

[606] STRECK, 2009b, op. cit., p. 425.

[607] A ultrapassagem dos limites semânticos do texto demonstra, conforme especifica Streck, de como Kelsen e Hart foram traídos, eis que em ambos há um limite textual (moldura) a ser obedecido (STRECK, 2009b, op. cit., p. 394-396).

ser a razão de o autor vê-la com bons olhos, pois afirma que "a discricionariedade do juiz é uma zona de possibilidade entre alternativas legítimas e que deve ser exercida razoavelmente".[608] Entretanto, conforme já delineado, a discricionariedade é antidemocrática, fazendo o Direito – e o cidadão – depender de bons ou maus juízes para a resolução dos casos.

Assim, depender da discricionariedade é desacreditar no próprio Direito, em sua autonomia, e na Constituição, na sua força normativa, jogando-se fora importantes conquistas da humanidade. Portanto, é uma postura de desesperança e desilusão, de quem entregou os pontos e assenta que não há mais nada a fazer.

Contudo, esta não é a postura da Nova Crítica do Direito, que acredita em verdades conteudísticas com base na Constituição (a Constituição ainda constitui, constitui-a-ação) e, assim, afastando a discricionariedade judicial, busca respostas hermeneuticamente adequadas a esta ordem.

4.4. O direito fundamental à resposta adequada à Constituição

4.4.1. A integridade do Direito: um necessário aporte em Dworkin

A busca por respostas corretas passam pela necessária integridade e coerência do Direito. Dworkin abordou a matéria como poucos, definindo em sua teoria o Direito como integridade (*law as integrity*). A integridade possui dois níveis: funciona como um princípio legislativo e um princípio adjudicativo. Importa, para este estudo, a análise da segunda faceta da integridade, eis que é a partir dela que o juiz encontrará a resposta correta, prestando de forma legítima a jurisdição.

Para tanto, Dworkin compara o Direito e a literatura. Exemplifica que se cada autor de um romance for responsável por redigir um capítulo, o seguinte deverá retomar a história do ponto em que parou o anterior e desenvolvê-la de forma que, ao final, tenha-se um todo harmônico, íntegro, coerente, "como se fosse obra de um único autor, e não, como na verdade é o caso, como produto de muitas mãos diferentes".[609] Por isso, cada autor deverá interpretar tudo aquilo que o precede e, a partir de então, contribuir (ampliando, refinando, aparando ou rejeitando o projeto literário) para impelir o romance para esta ou aquela direção.[610] Nesta inter-

---

[608] LORENZETTI, op. cit., p. 157.

[609] DWORKIN, 2007, op. cit., p. 276.

[610] Como bem aponta Guest: "Está claro que haverá certas limitações de 'ajuste' ao autor do segundo capítulo, e que essas limitações tenderão a aumentar para os autores subseqüentes, embora mudanças (convincentes) de direção possam facilitar um pouco as coisas. Essas limitações serão coisas como

pretação, contudo, não há espaços para que a história fique subordinada à intenção de cada autor "porque, pelo menos para todos os romancistas após o segundo, não há um único autor cujas intenções qualquer intérprete possa, pelas regras do projeto, considerar como decisivas".[611]

Assim, a decisão judicial deve ser vista como um romance escrito a várias mãos, no qual cada julgador representa um romancista na corrente. Logo, o juiz deve ler tudo o que foi julgado até então, para entender a história institucional do Direito, ou seja, o que seus antecessores construíram coletivamente, levando adiante esta empresa. Portanto, "ele *deve* interpretar o que aconteceu antes porque tem a responsabilidade de levar adiante a incumbência que tem em mãos e não partir em alguma nova direção".[612]

Importante ressalvar que a função do juiz, nesta interpretação de tudo que passou, não é só um exercício de *distinguishing* para a observação do ajuste (*fit*) de um determinado precedente ao caso ou a análise da posição individual de cada magistrado anterior. Trata-se de recompor o Direito, enquanto uma prática social, como um todo,[613] pois não é ele um conjunto fragmentado de casos. Por isso, a decisão judicial deve demonstrar – pela fundamentação em princípios – o seu ajuste a esta prática.

Além do ajuste à prática, deve a decisão demonstrar sua finalidade ou valor. Partindo da concepção de que o Direito é um empreendimento político, que visa extinguir as disputas pessoais ou sociais, coordenando a sociedade para assegurar a distribuição da Justiça, Dworkin afirma que a interpretação "deve demonstrar seu valor, em termos políticos, demonstrando o melhor princípio ou política a que serve".[614] Esta é a importante questão da teoria política: possibilitar que as decisões não sejam fruto da intenção de uma pessoa – do juiz – mas que tenha por base as práticas compartilhadas pela comunidade, pois a "interpretação no Direito não é uma licença para que cada juiz descubra na história doutrinal suja o

---

os nomes dos personagens ('Christine', no primeiro capítulo, não pode, sem que nenhuma razão seja oferecida, ter o nome de 'Thung' no segundo capítulo, por exemplo), a linguagem (seria loucura se o primeiro capítulo fosse em inglês e o segundo em sânscrito), e enredo (imagine se não houvesse explicações lógicas para alterações de lugar, tempo e comportamento de qualquer um dos personagens)" (GUEST, op. cit., p. 52).

[611] DWORKIN, Ronald. *Uma questão de princípio*. 2. ed. Tradução Luís Carlos Borges. São Paulo: Martins Fontes, 2005, p. 237.

[612] Ibidem, p. 238.

[613] "Cabe, pois, ao juiz, interpretar o que fora escrito no passado por meio das decisões dos juízes e não descobrir o que eles disseram ou o seu estado de espírito para, assim, chegar a uma opinião acerca do que fora feito, coletivamente" (CHUEIRI, Vera Karam. Dworkin, Ronald. In: BARRETTO, Vicente de Paulo (Org.). *Dicionário de filosofia do Direito*. São Leopoldo: UNISINOS, 2009, p. 262).

[614] DWORKIN, 2005, op. cit., p. 239.

que for que pensa que deveria estar lá".[615] Por isso, continua Dworkin, "o dever do juiz é interpretar a história jurídica que encontra, não inventar uma história melhor".[616]

Essas, portanto, são as duas dimensões no desenvolvimento do argumento jurídico: a aceitação de um direito "estabelecido" – encontrado na história institucional do próprio Direito – e a questão substantiva da moralidade pública,[617] que transcende a visão pessoal do julgador.[618] Desta forma, verifica-se que a interpretação reconstrói o Direito como uma unidade coerente, integrada, utilizando-se de critérios socialmente partilhados, que permite analisar o argumento contraposto de cada parte, o que limita a concepção pessoal do juiz, possibilitando encontrar uma resposta correta ao caso. Como explica Dworkin:

> O senso de qualquer juiz acerca da finalidade ou função do Direito, do qual dependerá cada aspecto de sua abordagem da interpretação, incluirá ou implicará alguma concepção da integridade e coerência do Direito como instituição, e essa concepção irá tutelar e limitar sua teoria operacional de ajuste – isto é, suas convicções sobre em que medida uma interpretação deve ajustar-se ao Direito anterior, sobre qual delas, e de que maneira. (O paralelo com a interpretação literária também é válido aqui).

Porque composto – o ordenamento jurídico – tanto de regras jurídicas como de princípios e, por isso, mais complexo, o juiz, para Dworkin, não é possuidor de discricionariedade judicial. Assim, forma um modelo ideal de juiz – Hércules[619] – que, por sua sabedoria infinita, dá conta de resolver com coerência e integridade todos os casos sob sua responsabilidade, traduzindo-se num juiz que possui conhecimento de toda a história das decisões judiciais, além dos valores políticos da comunidade, ou seja, uma espécie de "super-homem, que teria conhecimento de todo o ordenamento jurídico e que poderia sempre achar a única solução correta para todos os casos".[620] E, com isso, desconsidera-se a possibilidade de pluralidade de interpretações de uma norma jurídica.

Obviamente que Dworkin, com o juiz Hércules, não quer dizer que todos os juízes assim se portaram e, a partir de então, todos os casos terão

---

[615] DWORKIN, 2005, op. cit., p. 239-240.

[616] Ibidem, p. 240.

[617] GUEST, op. cit., p. 52.

[618] Da mesma forma, afirma Morrison que "essa doutrina requer que o juiz (i) tome decisões que apliquem o direito já existente, porém (ii) o faça de modo que represente o Direito como expressão de uma teoria política dotada de coerência interna" (MORRISON, op. cit., p. 509).

[619] "Devo tentar expor essa complexa estrutura da interpretação jurídica, e para tanto utilizarei um juiz imaginário, de capacidade e paciência sobre-humanas, que aceita o Direito como integridade. Vamos chamá-lo de Hércules" (DWORKIN, 2007, op. cit., p. 287).

[620] OMMATI, José Emílio Medauar. A teoria jurídica de Ronald Dworkin: o direito como integridade. In: OLIVEIRA, Marcelo Andrade Cattoni de (Org). *Jurisdição e hermenêutica constitucional no Estado Democrático de Direito*. Belo Horizonte: Mandamentos, 2004, p. 154.

uma única resposta correta. Hércules representa um modelo, "os juízes reais cometem erros, e Dworkin afirma categoricamente que Hércules é realista no sentido de que constitui a melhor interpretação do verdadeiro raciocínio jurídico".[621] Assim, como afirma Streck, Hércules deve ser entendido como uma metáfora, que visa à superação do sujeito solipsista da modernidade,[622] com o fim de interpretativismos subjetivistas.

A integridade, como princípio judiciário, demanda a identificação pelos juízes de "direitos e deveres legais, até onde for possível, a partir do pressuposto de que foram todos criados por um único autor – a comunidade personificada –, expressando uma concepção coerente de justiça e equidade".[623] Portanto, a busca pela integridade exige que Hércules encontre o princípio que rege determinado caso, aplicando-o de forma a manter a coerência do sistema.

O reconhecimento de princípios, ao lado das regras, como fonte do Direito, afasta a subsunção (dedução) do âmbito jurídico, significando o abandono de uma operação mecânica, para se passar a "uma atitude interpretativa do Direito que busca integrar cada decisão em um sistema coerente que atente para a legislação e para os precedentes jurisprudenciais sobre o tema, procurando discernir um princípio que os haja norteado".[624] Ressalta-se, assim, o lugar privilegiado dos princípios na ordem jurídica, porque "a integridade diz respeito a princípios".[625] Todas as respostas, a partir de então, passarão por uma fundamentação por princípios, pois eles sintetizam as práticas sociais compartilhadas. São, portanto, os elementos que compõe a comum-unidade, que é o corpo social.

Explana Dworkin que o "Direito como integridade" exige que os julgadores admitam que o Direito esteja estruturado no conjunto destas práticas sociais, que seja um todo coerente de princípios sobre a justiça, equidade, devido processo, solicitando que estes princípios sejam aplicados nas situações futuras, assegurando o tratamento igualitário entre os cidadãos. Esta forma de deliberação, acrescenta o autor, "respeita a ambição que a integridade assume, a ambição de ser uma comunidade de princípios".[626] Por isso, "o Direito deve ser tratado como uma rede inconsútil – os princípios dão à rede uma estrutura que tem a proteção aos direitos como sua racionalidade moral fundamental".[627]

---

[621] MORRISON, op. cit., p. 512.

[622] STRECK, 2009b, op. cit., p. 573.

[623] DWORKIN, 2007, op. cit., p. 276.

[624] OMMATI, 2004, op. cit., p. 156.

[625] DWORKIN, 2007, op. cit., p. 266.

[626] Ibidem, p. 291.

[627] MORRISON, op. cit., p. 510.

Desta forma, por se viver em uma comunidade de princípios, a jurisdição tem a importante missão de dar-lhes efetividade, que, na ordem jurídica, aparecem juridicizados através dos direitos fundamentais, "para que tenha livre curso a ideia de que homens livres e iguais se dão normas para regerem suas vidas em sociedade".[628]

Por tudo analisado, verifica-se que a teoria do Direito como integridade tem o objetivo de afastar a discricionariedade judicial do campo jurídico, surgindo a tradição jurídica como forma de constranger o subjetivismo. Portanto, julgar por princípios significa dar continuidade a esta história institucional enraizada na nação, retomando a razão prática ínsita ao Direito. Assenta Dworkin que:

> Os juízes que aceitam o ideal interpretativo da integridade decidem casos difíceis tentando encontrar, em algum conjunto coerente de princípios sobre os direitos e deveres das pessoas, a melhor interpretação da estrutura política e da doutrina jurídica de sua comunidade. [...]. Mas quem quer que aceite o direito como integridade deve admitir que a verdadeira história política de sua comunidade irá às vezes restringir suas convicções políticas em seu juízo interpretativo geral. Se não o fizer – se seu limiar de adequação derivar totalmente de suas concepções de justiça e a elas for ajustável, de tal modo que essas concepções ofereçam automaticamente uma interpretação aceitável –, não poderá dizer de boa-fé que está interpretando a prática jurídica. Como o romancista em cadeia, cujos juízos sobre a adequação se ajustavam automaticamente a suas opiniões literárias mais profundas, estará agindo de má-fé ou enganando a si próprio.[629]

Este é o principal ponto de contato entre a teoria de Dworkin e a hermenêutica filosófica de Gadamer. Ambas são antirrelativistas e antidiscricionárias, não admitindo que a interpretação seja orientada pela convicção pessoal do intérprete. Por isso, Leyh afirma que a forma de argumentação jurídica proposta pela teoria integrativa de Dworkin é um caso paradigmático de uso da hermenêutica filosófica na prática. Segundo o autor, a preocupação hermenêutica de Dworkin com as condições pré-interpretativas e de como o passado condiciona o presente demonstram esta ligação.[630]

Por estes elementos em comum, a teoria integrativa de Dworkin será retomada por Lenio Streck, na busca por respostas adequadas à Constituição, ao afirmar que *os juízes também devem aceitar uma restrição independente e superior, que decorre da integridade, nas decisões que proferirem*"[631] (grifos do autor).

---

[628] OMMATI, 2004, op. cit., p. 160.

[629] DWORKIN, 2007, op. cit., p. 305-306.

[630] LEYH, Gregory. Dworkin's hermeneutics. *Mercer Law Review*, v. 39, 1988, p. 852-861.

[631] STRECK, 2009b, op. cit., p. 570.

4.4.2. A resposta adequada à Constituição de Lenio Streck

Os avanços conquistados pela ontologia fundamental e pela hermenêutica filosófica, combinados com a teoria integrativa de Dworkin, possibilitaram a formação da teoria da resposta adequada à Constituição de Lenio Streck.

O ser-aí, enquanto ser da compreensão, tem a capacidade de conhecer a si mesmo e seus próprios limites (horizontes) de compreensão,[632] inclusive de refletir criticamente sobre sua pré-compreensão, separando, com auxílio da distância temporal, pré-juízos autênticos e inautênticos. Assim o intérprete deve estar atento acerca de sua pré-compreensão, contestando-a a cada momento, buscando no círculo hermenêutico um processo constante que se baseia justamente na revisão destas antecipações de sentido para, assim, atingir um conhecimento do todo (Direito), deixando que a alteridade do texto (constitucional) guie tal processo. Por isso, a tese formulada por Streck, na Nova Crítica do Direito, busca fundamento em uma resposta adequada à Constituição, "isto é, uma resposta que deve ser confirmada na própria Constituição, na Constituição mesma".[633]

Desta forma, a resposta adequada à Constituição será possível na virtuosidade do círculo hermenêutico (ir e vir ininterrupto da parte para o todo e do todo para a parte), por meio da fusão de horizontes entre o juiz (intérprete) e a Constituição (texto) na faticidade da existência, sendo certo que "se essa fusão de horizontes mostrar-se mal sucedida, ocorrerá a demanda pela superação das insuficiências do que onticamente objetivamos".[634] Dito de outra forma, significa que o intérprete não está preso à sua pré-compreensão; ao contrário, deve estar sempre em busca de pré-compreensões autênticas.

Essa crítica à antecipação de sentido é a condição de possibilidade à sua suspensão (para que deixe que o texto fale), ou seja, deve-se entender a pré-compreensão como pré-compreensão (algo como algo) e, uma vez apreendido isto, é que surge a abertura para o novo, para o ser dos outros entes intramundanos. Por sua vez, a virtuosidade do círculo hermenêutico, possibilitando um novo ponto de partida (uma nova pré-compreensão), possibilita a assimilação, pelo intérprete, de uma tradição autêntica do Direito. Uma vez envolto nesta tradição, "em que os juristas introduzem o mundo prático sequestrado pela regra [...] a resposta correta advirá dessa nova fusão de horizontes".[635]

---

[632] GRONDIN. In: DOSTAL, op. cit., p. 38.

[633] STRECK. In: MOURA, op. cit., p. 73.

[634] Ibidem, p. 75.

[635] STRECK. In: MOURA, op. cit., p. 75.

Sobre este processo, afirma Hesse:

Por causa dessa capacidade de (pré)-juízo de todo entendimento é importante não simplesmente efetuar as antecipações da (pré)-compreensão, senão torná-las conscientes e fundamentá-las mesmo para, assim, corresponder ao mandamento fundamental de toda interpretação: proteger-se contra o arbítrio de ideias e a estreiteza de hábitos de pensar imperceptíveis e dirigir o olhar "para as coisas mesmas".[636]

Neste contexto, fica afastado o relativismo, uma vez que a pré-compreensão não está apartada de uma tradição que lhe dá forma. Igualmente, não se dá margem a arbitrariedades interpretativas (discricionariedade) baseadas na subjetividade do julgador. Sobre o assunto, Dworkin frisa que a moralidade pessoal (solipsismo) do juiz deve ser substituída pela moralidade da comunidade como um todo ou em princípios enraizados na história da nação, sendo que a responsabilidade de justificar suas decisões possibilita o controle de tais requisitos. Assim, assentado em tais premissas, prefere um governo judiciário ao pluralismo ético e cultural (subjetivismo).[637]

Com isto, ressalta a centralidade dos princípios, que irão devolver a faticidade expurgada do Direito pelo positivismo, comungado com o dever de fundamentar as decisões judiciais (art. 93, IX, da CF). Logo, a resposta adequada à Constituição, certamente, não exclui o dever do juiz em justificar suas decisões em princípios, os quais, como forma de manter a coerência e integridade do Direito, podem ser utilizados para justificar decisões em casos que estejam no mesmo contexto.

Streck ressalta que os princípios devem estabelecer padrões hermenêuticos para: a) preservar a autonomia do Direito, salvaguardando a força normativa da Constituição e sua máxima efetividade; b) estabelecer condições hermenêuticas para a realização de um controle da interpretação constitucional, afastando da discricionariedade judicial – polo de tensão entre legislação e jurisdição; c) garantir o respeito à integridade e à coerência do Direito, contra a fragmentação das teorias pragmatistas em geral; d) estabelecer que a fundamentação das decisões é um dever fundamental dos juízes e tribunais, eis que a fundamentação é fonte da legitimidade e forma de controle (*accountability*), possibilitando que o juiz explique as condições pela qual compreendeu; e) garantir que cada cidadão tenha sua causa julgada a partir da Constituição e que haja condições para aferir se essa resposta está ou não constitucionalmente adequada, buscando a substituição de qualquer solipsismo pelas condições histórico-concretas (do caso).[638]

---

[636] HESSE, op. cit., p. 62.

[637] DWORKIN, 2003, op. cit., p. 7-11.

[638] STRECK, 2009b, op. cit., p. 541-543.

Verifica-se, portanto, a importância que os princípios assumem nesta quadra da história institucional do Direito. De meras pautas axiológicas, passam a deter caráter deontológico, estabelecendo direitos e impondo obrigações, inclusive ao juiz, que – seguindo o método do juiz Hércules – deverá fundamentar suas decisões em questões de princípio.

A resposta adequada à Constituição, enquanto *applicatio*, terá por base o círculo hermenêutico, colocando em prova, em um exercício autocrítico, as antecipações de sentido do juiz, que, respeitadas as premissas acima dispostas, terá como prestar a jurisdição de uma forma legítima. Desta forma, não haverá nem uma única reposta correta, nem várias, mas sim a resposta constitucionalmente adequada ao caso que está sendo decidido. Sintetiza Streck:

> A decisão (resposta) estará adequada na medida em que for respeitada, em maior grau, a autonomia do direito (que se pressupõe produzido democraticamente), evitada a discricionariedade (além da abolição de qualquer atitude arbitrária) e respeitada a coerência e a integridade do direito, a partir de uma detalhada fundamentação. Argumentos para a obtenção de uma resposta adequada à Constituição (resposta correta) devem ser *de princípio*, e não *de política*. Dito de outro modo, não se pode 'criar um grau zero de sentido' a partir de argumentos de política (*policy*), que justificariam atitudes/decisões meramente baseadas em estratégias econômicas, sociais ou morais[639] (grifos do autor).

Desta forma, mostra-se o dinamismo do processo de compreensão (círculo hermenêutico), eis que tanto o horizonte do intérprete modifica-se constantemente, como a tradição (no caso do Direito, a cultura jurídica) também o faz, além do horizonte do próprio texto também se alterar em cada nova aplicação, mostrando novas possibilidades à compreensão. A verdade, assim, não é estanque, congelada no tempo e no espaço; ao contrário, ela só pode ser encontrada na faticidade e historicidade. Qualquer tentativa de se encontrar verdades eternas – *fundamentum inconcussum* – acarreta o sequestro da temporalidade e faticidade, remontando à metafísica (clássica ou moderna). Por isso, a temporalidade será o lugar da decisão adequada à Constituição e, diante disso, a decisão correta não será nem uma entre várias, nem a única possível, senão simplesmente a resposta adequada à Constituição. Assevera Streck:

> O direito fundamental a uma resposta correta (constitucionalmente adequada a Constituição) não implica a elaboração sistêmica de respostas definitivas. Como já referido à saciedade, a hermenêutica filosófica não admite respostas definitivas, porque isso provocaria um congelamento de sentidos. Respostas definitivas pressupõem o seqüestro da temporalidade. E a hermenêutica é fundamentalmente dependente da temporalidade. O tempo é o nome do ser. Ou seja, a pretensão a respostas definitivas (ou verdade apodídicas) sequer teria condições de ser garantida.[640]

---

[639] STRECK, 2009b, op. cit., p. 546-547.

[640] Ibidem, p. 572.

Por esta razão, a hermenêutica deixa de ser um mecanismo e passa a ser filosofia. A faticidade é o lugar do ser-aí e condição de possibilidade para decidir. Desta forma, retomá-la é resgatar a capacidade de se encontrar respostas adequadas à Constituição, deixando de fora a discricionariedade judicial, a qual acaba se tornando lugar de decisionismos antidemocráticos.

Com isso não se quer dizer que qualquer juiz ou tribunal aplique os princípios de decisões passadas que se encontrarem errados, ou seja, que não estiverem de acordo com aqueles princípios embutidos na estrutura e na história da Constituição. O que não pode acontecer é este juiz ou aquele tribunal afirmarem que tudo do passado foi um erro e a partir daí passar a decidir a partir de um grau zero de sentido.[641]

A superação dos objetivismos e subjetivismos apresentados no primeiro capítulo e verificados na teoria de Lorenzetti somente poderão ser ultrapassados por uma quebra paradigmática. Neste particular, este intento é conquistado pela Nova Crítica do Direito, representada pela resposta adequada à Constituição de Lenio Streck. Portanto, a jurisdição reencontrará um rumo democrático na medida em que retomar o processo de compreensão, tal como descrito pela ontologia fundamental heideggeriana (baseado no círculo hermenêutico e na diferença ontológica), com a suspensão dos pré-conceitos concebida por Gadamer, para, assim, dar continuidade à historia institucional do próprio Direito, por meio de sua integridade e coerência, como aponta Dworkin, o que demanda uma profunda fundamentação, dever elementar de cada juiz.

Trata-se, portanto, de fundamentar a fundamentação – na expressão criada por Streck –, que significa "uma radical aplicação do art. 93, IX, da Constituição Federal. Por isso é que uma decisão mal fundamentada não é sanável por embargos (*sic*); antes disso, há uma inconstitucionalidade *ab ovo*, que a torna nula, írrita, nenhuma!".[642]

Assim, possibilidades são criadas para que haja um efetivo controle sobre a interpretação judicial, fazendo que a autonomia do Direito seja

---

[641] "Sem dúvida, a integridade não exige que os juízes respeitem os princípios embutidos em decisões passadas que eles próprios e outros vee m como erros. A integridade permite que o Supremo Tribunal declare, como já fez diversas vezes no passado, que uma determinada decisão ou série de decisões foi um erro, pois os princípios que a ela subjazem são incompatíveis com princípios mais fundamentais embutidos na estrutura e na história da Constituição. O tribunal não pode declarar que tudo no passado foi um erro; isso destruiria a integridade sob o pretexto de servi-la. Deve exercer com modéstia seu poder de desconsiderar as decisões passadas, e exercê-lo de boa-fé. Não pode ignorar os princípios que subjazem às decisões passadas que pretende aprovar, decisões que ratificaria se lhe pedissem para fazê-lo, decisões que quase ninguém – nem mesmo entre os críticos mais rigorosos do desempenho passado do tribunal – atualmente desaprova ou considera equivocadas." (DWORKIN, Ronald. *Domínio da vida*: aborto, eutanásia e liberdades individuais. 2. ed. Tradução: Jefferson Luiz Camargo. São Paulo: Martins Fontes, 2009, p. 222).

[642] DWORKIN, 2009, op. cit., p. 571.

restabelecida, afastando-se interpretativismos solipsistas. A partir desta fundamentação, pode-se dizer se uma decisão está ou não hermeneuticamente correta; em suma, possibilita que sejam encontradas respostas corretas em Direito. Isto acarretará um Direito fundamental à resposta adequada, na medida em que haverá a possibilidade de um enfrentamento hermenêutico de cada decisão prolatada, verificando-se a sua adequação à Constituição.

5. Conclusão

Ainda se encontra presa, a jurisdição, aos paradigmas da metafísica clássica e da filosofia da consciência, baseadas no esquema sujeito-objeto. Portanto, não houve a recepção do giro linguístico, mantendo-se a cisão entre compreender, interpretar e aplicar (*subtilitas intelligendi, subtilitas explicandi* e *subtilitas applicandi*).

De uma forma geral, o juiz é o sujeito solipsista da modernidade, assujeitador dos objetos, que confere à lei o sentido que bem quiser, gerando um "estado de natureza hermenêutico". Verifica-se este fato pela discricionariedade judicial, expressão que vela a real arbitrariedade, na medida em que as opções sociais democraticamente institucionalizadas, pela Constituição e leis, são substituídas pela concepção de uma só pessoa. Isto acarreta um *deficit* democrático, uma vez que a sociedade, no exercício do autogoverno caracterizador da democracia, possui não só o direito de estabelecer as normas de convivência que entender pertinentes – desde que, obviamente, não afrontem a Constituição – mas, principalmente, o direito de vê-las aplicadas.

O subjetivismo que marca este sujeito da modernidade (filosofia da consciência) no âmbito jurídico, aparece de diversas formas. Analisou-se, para tanto, a interpretação em Kelsen, demonstrando-se que a decisão como ato de vontade leva a um irracionalismo interpretativo, eis que a própria moldura, ao fim e ao cabo, não constrange o intérprete a seguir sequer o limite semântico do texto, pois é este quem define as bordas daquela.

Outras formas abarcam o solipsismo, como se extrai de decisões proferidas nos tribunais e em textos de magistrados, resumindo-se ao adágio de que o "juiz julga conforme sua consciência". Daí decorre a visão que a sentença é um *sentire* do julgador, que, assim, decidirá levando em conta sua emoção, intuição, razoabilidade, seu grau particular de Justiça, sua força psicológica profunda, enfim, motivos que estão enraizados em sua subjetividade. Além disso, quando a Constituição ou a lei não resolvem o caso da forma pretendida pelo julgador, este lança mão do pan-principiologismo (Streck) e "cria" um princípio que albergue seu pensamento, decidindo a contenda da maneira que bem entender. Por fim, a própria estrutura da ponderação, para solução dos casos ditos difíceis, como visto em Lorenzetti, leva à discricionariedade, encoberta por uma suposta técnica (método).

De outro lado, o objetivismo (metafísica clássica) mantém-se vivo por meio de duas formas principais. Primeiro, pela crença na subsunção. A não superação do esquema sujeito-objeto, com a aplicação de um método lógico-dedutivo, faz com o que inexista qualquer distinção entre texto e norma e, desta forma, acredita-se que o texto possui uma essência, uma substância, que basta ser apreendida pelo intérprete e encaixada na situação fática, como se a norma fosse uma "capa de sentido" (Streck) de determinado texto. Segundo, persiste o objetivismo nas tentativas de controle deste juiz assujeitador, sendo exemplo máximo a institucionalização das súmulas vinculantes, que procura objetificar os sentidos, por meio de fórmulas pré-dadas (mito do dado), para resolver casos futuros, como se pudessem existir repostas antes das perguntas.

A Nova Crítica do Direito, de Lenio Streck, visa justamente a superar tanto a metafísica clássica quanto a filosofia da consciência, utilizando-se da ontologia fundamental de Heidegger, da hermenêutica filosófica de Gadamer e da teoria integrativa de Dworkin, para fundar um paradigma que está baseado na intersubjetividade. Recepcionada no mundo jurídico a *linguistic turn*, não se poderá mais falar em subjetivismos ou objetivismos interpretativos, uma vez que se rompe com o esquema sujeito-objeto e recupera-se o mundo prático no discurso jurídico, com o que se afasta o relativismo e a discricionariedade no Direito.

Nesta perspectiva, a Nova Crítica do Direito é conservadora, no sentido de buscar conservar a Constituição, dando-lhe a força normativa e eficácia máxima, fundando bases para um novo constitucionalismo. Este conservadorismo justifica-se na medida em que nossa Constituição apresenta-se como uma quebra paradigmática, instituindo uma nova forma de Estado (Estado Democrático de Direito), resgatando promessas não cumpridas, tendo em vista que a modernidade, no Brasil, não passou de simulacro. Logo, ser conservador é buscar o cumprimento de tais promessas sonegadas da modernidade, dando forte autonomia ao Direito (e à Constituição) como instrumento de emancipação social.

Por um lado, se a Nova Crítica do Direito é conservadora (nos limites acima verificados), também é ela otimista. Isso porque acredita no Direito (e na Constituição) como fator de emancipação – a Constituição ainda constitui (Streck) –, ao contrário das posturas positivistas, ou mesmo de algumas autodenominadas pós-positivistas, que, descrentes da suficiência do Direito (retirando dele sua autonomia), relegam ao subjetivismo do julgador (baseado em moralismos ou argumentos de política – *policy*) as respostas jurisdicionais (decisões).

Neste contexto, a Nova Crítica do Direito busca a reformulação da hermenêutica jurídica, na qual a interpretação significa aplicação (*applicatio*), representando uma quebra paradigmática seja com a metafísica clássica (aristotélica-tomista) ou com a moderna (filosofia da consciência). Assim, a interpretação não se revela como a descoberta da intenção do texto (seu significado em si) ou a imposição da visão do intérprete sobre ele. A interpretação passa a ser a base comum de interação entre o texto e o intérprete, na qual cada um estabelece seu ser. O intérprete não está separado do texto necessitando de um método que os una; ao contrário, ambos estão intrinsecamente ligados como uma forma de ser-no-mundo, na qual a linguagem deixa de ser uma terceira coisa entre o sujeito e o objeto, tornando-se condição de possibilidade para o compreender. O texto faz parte de um contexto que formou o intérprete, e, por outro lado, é o intérprete que torna o texto viável na faticidade.

O Direito não é imune às quebras paradigmáticas ocorridas na filosofia, as quais trouxeram várias consequências para o mundo jurídico (ainda que em grande parte não recepcionadas pela maioria dos juristas), principalmente sobre a teoria da decisão judicial, que desloca seu eixo para a luta contra decisionismos (discricionariedade judicial).

Buscou-se delinear, sob tais premissas, o debate entre diferentes posturas neoconstitucionalistas, contrapondo as teorias de Ricardo Lorenzetti e de Lenio Streck, para se demonstrar o estado da arte em relação à teoria da decisão judicial.

A teoria da decisão de Ricardo Lorenzetti baseia-se em paradigmas de decisão, que são modelos que se fundamentam na inclinação pessoal do julgador. Isto, por si só, já representa um sério problema, uma vez que torna a interpretação um agir descontrolado, pois o juiz não presta conta senão à sua consciência, descambando, assim, para um irracionalismo.

Porque encontram seus fundamentos na subjetividade do juiz, os paradigmas indicados (protetor, acesso, coletivo, consequencialista, do Estado de Direito e ambiental) são apenas exemplificativos, pois existem tantos quantos a consciência do magistrado puder criar. Demonstra-se com isso a inutilidade da própria classificação, eis que, em cada aplicação, o magistrado poderá utilizar um, vários, todos e nenhum dos paradigmas indicados ou, ainda, criar um novo, perpetuando respostas (e paradigmas) *ad hoc*.

Desta forma, a pré-compreensão sustentada por Lorenzetti, baseada na ideologia de quem decide, nada apresenta de similitude com aquela defendida por Streck, a qual representa a antecipação de sentido, condição de possibilidade da própria compreensão. Logo, na primeira teoria, representa a discricionariedade, enquanto na segunda significa a superação de relativismos e decisionismos no Direito.

Em sua teoria da decisão judicial, Lorenzetti cinde os casos em fáceis e difíceis, distinguindo-os com base na indeterminabilidade semântica do texto. A partir de então, defende a utilização da dedução (subsunção) aos casos fáceis e de ponderação aos difíceis. Apesar de a posição ser atualmente comum na doutrina, com a defesa, inclusive, de que tais posturas são pós-positivistas, nela perpetua o esquema sujeito-objeto. Após a virada linguística, não se pode falar em cisões estruturais como esta ou sequer em deduções (que sempre chegam tarde). Não há caso resolvido exclusivamente por regras e outro por princípios. Entendendo-se corretamente o princípio não como um enunciado assertórico, mas como a forma de reintrodução do mundo prático no Direito, como defende Streck, observa-se que em qualquer caso incidirão regras e princípios, mesmo porque não há um sem o outro, em razão da diferença ontológica.

Assim como não se pode aceitar deduções no Direito, a ponderação, como proposta por Lorenzeti, não deve prevalecer. Isso porque ela acaba em discricionariedade, decisionismo, arbitrariedade, na medida em que tudo é deixado ao "juízo de preferência" do magistrado, que se baseia em sua subjetividade.

A teoria da decisão judicial de Lenio Streck preocupa-se com a manutenção da autonomia do Direito e, por isso, não aceita que fatores extrajurídicos, como a economia, a moral e a política, possuam um caráter de correção ao Direito. Não se nega, com isso, que as diferentes áreas do conhecimento tenham contato com o mundo jurídico. Não se concorda, todavia, é com o caráter de subordinação do Direito a algum outro saber. Assim, questões eminentemente jurídicas não serão resolvidas por argumentos de política (*policy*), pelas consequências econômicas da decisão ou por questões exclusivamente morais; antes, o juiz tem o dever de decidir por argumentos de princípio.

Por outro lado, a teoria de Lorenzetti não mantém essa necessária autonomia; ao contrário, deixa as questões jurídicas caudatárias das consequências econômicas da decisão, como se a função jurisdicional fosse a proteção ao mercado, além de acreditar em uma moral corretiva, designando-a como critério de validade material do próprio Direito. Por isso, exaltará a fórmula Radbruch, afirmando que a lei extremamente injusta não é Direito.

De outra forma, para Lenio Streck, não há sentido em se falar de lei formalmente válida e materialmente injusta. A partir da concepção habermasiana da co-originalidade pode-se falar que a moral está institucionalizada no Direito (na Constituição). Não há cisão entre Direito e moral, a qual está contida na ordem constitucional, havendo tão somente uma diferença ontológica. Logo, a moral não representa algo que vem do ambiente externo com caráter corretivo; ao contrário, ela já está presente na origem e na aplicação do Direito. Assim, a questão da lei injusta será resolvida pela própria filtragem hermenêutico-constitucional.

Outro elemento que mina a autonomia do Direito visualizado, do início ao fim, na teoria de Lorenzetti é a discricionariedade judicial. Ela está presente desde a fixação de paradigmas de decisão – que são de ordem subjetiva e encaminham a interpretação para onde a vontade do intérprete desejar –, passando pela manutenção da dedução – que, enquanto método, representa o momento máximo de subjetividade –, além da ponderação, em que assumidamente Lorenzetti destina à convicção pessoal do julgador a resposta ao caso. Portanto, apesar da pretensão de fundar uma nova racionalidade à interpretação judicial, Lorenzetti mantém-se preso a uma das características mais profundas do positivismo: a discricionariedade judicial. Por isso, não se pode dar outra qualificação à sua teoria da decisão senão de positivista.

Assim como o Estado Democrático de Direito representou uma quebra paradigmática em comparação a suas formas anteriores – Estado Liberal e Estado Social –, no âmbito da decisão judicial necessita-se de uma quebra que supere totalmente o positivismo jurídico. Fórmulas como a de Lonrezetti, além de não o fazer, velam problemas básicos – como a falta de autonomia do Direito – com uma pretensa racionalidade baseada em processos metódicos que, ao fim e ao cabo, somente reafirmam os paradigmas da metafísica clássica e da filosofia da consciência, mantendo-se, enfim, presos aos grilhões do esquema sujeito-objeto.

A proposta de Lenio Streck, da resposta adequada à Constituição, por outro lado, rompe efetiva e definitivamente com essa forma de se fazer Direito. A ontologia fundamental heideggeriana e a hermenêutica filosófica de Gadamer destroem o esquema sujeito-objeto, colocando o compreender na intersubjetividade, sendo que o Direito é invadido pelo mundo vivido (faticidade e temporalidade).

A teoria integrativa de Dworkin, de igual forma, afasta a discricionariedade judicial, na medida em que o juiz tem o dever de decidir com base em princípios, ou seja, deve reconstruir a história institucional do Direito para, respeitada a tradição jurídica, responder ao caso com base na moralidade pública, substituindo-se, assim, as convicções pessoais do julgador. Assim, o antirrelativismo e a antidiscricionariedade dessas teorias, compartilhada pela *law as integrity* de Dworkin, possibilitam um fechamento hermenêutico (pelos princípios) que acarreta no encontro de respostas conteudísticas verdadeiras em Direito.

A responsabilidade do juiz em fundamentar sua decisão, decidindo o caso respeitando o dever de coerência e integridade, possibilita o seu controle hermenêutico. Pode-se dizer, a partir daí, se a resposta está ou não correta. Além disso, cada cidadão, como membro da comum-unidade, possui o direito não só de estabelecer as normas que regerão a sociedade, mas principalmente de tê-las aplicadas. Surge, então, um Direito fundamental à aplicação da Constituição que acarretará, no âmbito da teoria da decisão judicial, um Direito fundamental à resposta hermeneuticamente adequada, solução democrática, buscando, a partir da *applicatio*, a confirmação desta resposta na Constituição, nela mesma.

Referências

ABBAGNANO, Nicola. *Dicionário de filosofia*. 5. ed. Tradução Alfredo Bosi; Ivone Castilho Benedetti. São Paulo: Martins Fontes, 2007.

ADEODATO, João Maurício. *A retórica constitucional*: sobre tolerância, direitos humanos e outros fundamentos éticos do Direito positivo. São Paulo: Saraiva, 2009.

AGRA, Walber de Moura. Neoconstitucionalismo e superação do positivismo. In: DIMOULIS, Dimitri; DUARTE, Écio Oto (Orgs.). *Teoria do Direito Neoconstitucional*. São Paulo: Método, 2008, p. 431-447.

ALBUQUERQUE, Newton de Menezes. Neoliberalismo e desconstrução da razão democrática no estado periférico brasileiro. In: COUTINHO, Jacinto Nelson de Miranda; LIMA, Martonio Mont'Alverne Barreto. *Diálogos constitucionais*: Direito, neoliberalismo e desenvolvimento em países periféricos. Rio de Janeiro: Renovar, 2006, p. 387-396.

ALEXY, Robert. *Conceito e validade do Direito*. Tradução Gercélia Batista de Oliveira Mendes. São Paulo: Martins Fontes, 2009.

———. *Teoria dos direitos fundamentais*. Tradução Virgílio Afonso da Silva. São Paulo: Malheiros, 2008.

ALLAN, D. J. The problem of Cratylus. *The american journal of philology*. v. 75, n. 3, The Johns Hopkins University Press, 1954, p. 271-287.

APPIAH, Kwame Anthony. *Introdução à filosofia contemporânea*. Tradução Vera Lúcia Mello Joscelyne. Rio de Janeiro: Vozes, 2006.

APPIO, Eduardo. *Discricionariedade política do poder judiciário*. 1. ed. 3ª Reimpressão. Curitiba: Juruá, 2008.

ARISTÓTELES. *Os pensadores*: Tópicos dos argumentos sofísticos, Metafísica (livro I e II), Ética a Nicômaco, Poética. São Paulo: Abril Cultural, 1973.

AVELÃS NUNES, António José. A constituição européia. A constitucionalização do neoliberalismo. In: COUTINHO, Jacinto Nelson de Miranda; LIMA, Martonio Mont'Alverne Barreto. *Diálogos constitucionais*: direito, neoliberalismo e desenvolvimento em países periféricos. Rio de Janeiro: Renovar, 2006, p. 63-118.

BARROS, Suzana de Toledo. O princípio da proporcionalidade e o controle de constitucionalidade das leis restritivas de direitos fundamentais. 3. ed. Brasília: Brasília Jurídica, 2003.

BARROSO, Luís Alberto (Org.). *Interpretação e aplicação da constituição*. 6. ed. São Paulo: Saraiva, 2004.

BARZOTTO, Luis Fernando. *O positivismo jurídico contemporâneo*: uma introdução a Kelsen, Ross e Hart. 2. ed. Porto Alegre: Livraria do Advogado, 2007.

BENETI, Sidnei Agostinho. Personalidade e opções psicológicas de julgamento. In: PELUSO, Antônio Cezar; NAZARETH, Eliana Riberti (Orgs.). *Psicanálise, Direito, sociedade*: encontros possíveis. São Paulo: Quartier Latin, 2006, p. 241-253.

BIX, Brian. Legal positivism. In: GOLDING, Martin P.; EDMUNDSON, William A. *The Blackwell Guide to the Philosophy of Law and Legal Theory*. Malden: Blackwell Pub., 2005, p. 29-49.

———. Robert Alexy, a fórmula radbruchiana e a natureza da teoria do Direito. Tradução Julio Pinheiro Faro Homem de Siqueira. *Panóptica*, ano 2, n. 12, mar./jun. 2008, p. 70-79. Disponível em: www.panoptica.org. Acesso em: 02.06.2011.

BLEICHER, Josef. *Hermenêutica contemporânea*. Tradução Maria Georgina Segurado. Lisboa: Edições 70, 2002.

BOBBIO, Norberto. *A era dos direitos*. Tradução Carlos Nelson Coutinho. Rio de Janeiro: Elsevier, 1992.

BONAVIDES, Paulo. *Curso de Direito Constitucional*. 17. ed. São Paulo: Malheiros, 2005.

——. *Teoria do estado*. 5. ed. São Paulo: Malheiros, 2004.

BOURDIEU, Pierre. *Questões de sociologia*. Tradução Jeni Vaitsman. Rio de Janeiro: Marco Zero, 1983.

CADEMARTORI; Luiz Henrique Urquhart; DUARTE, Francisco Carlos. *Hermenêutica e argumentação neoconstitucional*. São Paulo: Atlas, 2009.

CANOTILHO, J. J. Gomes. *Direito Constitucional e teoria da constituição*. 7. ed. Coimbra: Almedina, 2003a.

——. O ativismo judiciário: entre o nacionalismo, a globalização e a pobreza. In: MOURA, Lenice S. Moreira de. *O novo constitucionalismo na era pós-positivista*: homenagem a Paulo Bonavides. São Paulo: Saraiva, 2009, p. 47-58.

CASTANHEIRA NEVES, A. O actual problema metodológico da interpretação jurídica I. Coimbra: Coimbra Editora, 2003.

CASTRO, Flávia de Almeida Viveiros de. *Interpretação constitucional e prestação jurisdicional*. 2. ed. Rio de Janeiro: Lumen Juris, 2004.

CHUEIRI, Vera Karam. Dworkin, Ronald. In: BARRETTO, Vicente de Paulo (Org.). *Dicionário de filosofia do Direito*. São Leopoldo: UNISINOS, 2009.

CLÈVE, Clémerson Merlin. *O Direito e os direitos*: elementos para uma crítica do direito contemporâneo. 2. ed. São Paulo: Max Limonad, 2001.

CORETH, Emerich. *Questões fundamentais de hermenêutica*. Tradução: Carlos Lopes de Matos. São Paulo: EPU/Edusp, 1973.

CRUZ, Álvaro Ricardo de Souza. *Habermas e o Direito brasileiro*. 2. ed. Rio de Janeiro: Lumen Juris, 2008.

DALLMAYR, Fred R. Borders or horizons? Gadamer and Habermas revisited. *Chicago-Kent Law Review*, Chicago, v. 76, 2001, p. 825-851.

DESCARTES, René. *Discurso do método*. Tradução Maria Ermantina Galvão. 2. ed. 3. tiragem. São Paulo: Martins Fontes, 2001.

DIDIER JR., Fredie. Curso de Direito Processual Civil: teoria geral do processo e processo de conhecimento. 11 ed. Salvador: Podivm, 2009.

DINIZ, Maria Helena. *As lacunas no Direito*. 8. ed. São Paulo: Saraiva, 2007.

DIMOULIS, Dimitri. *Positivismo jurídico*: introdução a uma teoria do Direito e defesa do pragmatismo jurídico-político. São Paulo: Método, 2006.

——; DUARTE, Écio Oto (Orgs.). *Teoria do Direito Neoconstitucional*. São Paulo: Método, 2008.

DIREITO, Carlos Alberto Menezes. A decisão judicial. *Revista Forense*, v. 351, p. 19-30, jul.-ago. 2000.

DIREITO & literatura: do fato à ficção – Medida por Medida. Direção de Airton Nedel, Produção de Cecília Jacoby. [S.l.]: Unisinos, 2010. 1 vídeo on-line(29 min). Palestrantes: Lenio Luiz Streck, Lawrence Flores Pereira e Jader Marques. Disponível em: http://vimeo.com/13512251. Acesso em: 20 mar. 2011.

DUARTE, Écio Oto Ramos; POZZOLO, Susanna. *Neoconstitucionalismo e positivismo jurídico*: as faces da teoria do Direito em tempos de interpretação moral da constituição. 2. ed. São Paulo: Landy, 2010.

DUBOIS, Christian. *Heidegger*: introdução a uma leitura. Tradução: Bernardo Barros Coelho de Oliveira. Rio de Janeiro: Jorge Zahar Editor, 2004.

DWORKIN, Ronald. *Domínio da vida*: aborto, eutanásia e liberdades individuais. 2. ed. Tradução Jefferson Luiz Camargo. São Paulo: Martins Fontes, 2009.

——. *Levando os direitos a sério*. 1. ed. Tradução Nelson Boeira. São Paulo: Martins Fontes, 2002.

——. *O império do Direito*. 2. ed. Tradução Jefferson Luiz Camargo. São Paulo: Martins Fontes, 2007.

——. The judge's new role: should personal convictions count? *Journal of International Criminal Justice*, Londres: Oxford University Press, v. 1, n. 1, p. 4-12, 2003.

——. *Uma questão de princípio*. 2. ed. Tradução Luís Carlos Borges. São Paulo: Martins Fontes, 2005.

FERRAJOLI, Luigi. Juspositivismo crítico y democracia constitucional. *Isonomía*, n. 16, abril 2002, p. 7-8.

FIGAL, Günter. *Oposicionalidade*: o elemento hermenêutico e a filosofia. Tradução Marco Antônio Casanova. Petrópolis: Vozes, 2007.

——. The doing of the thing itself: Gadamer's hermeneutic ontology of language. In: DOSTAL, Robert J (Org.). *The cambridge companion to Gadamer*. 1. ed. 2ª Reimpressão. Cambridge: Cambridge University Press, 2006, p. 102-125.

FORGIONI, Paula A. Análise econômica do direito: paranóia ou mistificação? In: COUTINHO, Jacinto Nelson de Miranda; LIMA, Martonio Mont'Alverne Barreto. *Diálogos constitucionais*: Direito, neoliberalismo e desenvolvimento em países periféricos. Rio de Janeiro: Renovar, 2006, p. 355-372.

GADAMER, Hans-Georg. *O problema da consciência histórica*. 3. ed. Tradução: Paulo Cesar Duque Estrada. Rio de Janeiro: FGV, 2006.

——. *Verdade e método I*: traços fundamentais de uma hermenêutica filosófica. 10. ed. Tradução: Flávio Paulo Meurer. Petrópolis: Vozes, 2008.

——. *Verdade e método II*: complementos e índice. 3. ed. Tradução: Enio Paulo Giachini. Petrópolis: Vozes; Bragança Paulista, Editora Universitária São Francisco, 2007.

GODOY, Arnaldo Moraes. Historiografia jurídica e julgamento de Sócrates, *Revista de informação legislativa*, Brasília a. 39 n. 156 out./dez. 2002, p. 63-71.

GORNER, Paul. *Heidegger's being and time*: an introduction. Cambridge: Cambridge University Press, 2007.

GRAU, Eros Roberto. *Ensaio sobre a interpretação/aplicação do direito*. 3. ed. São Paulo: Malheiros, 2005b.

GRONDIN, Jean. Gadamer's basic understanding of understanding. In: DOSTAL, Robert J. *The cambridge companion to Gadamer*. Nova Iorque: Cambridge University Press, 2006, p. 36-51.

——. *Introdução à hermenêutica filosófica*. Tradução: Benno Dischinger. São Leopoldo: UNISINOS, 1999.

GUERRA FILHO, Willis Santiago. *Processo constitucional e direitos fundamentais*. 5. ed. São Paulo: RCS Editora, 2007.

GUEST, Stephen. *Ronald Dworkin*. Tradução Luís Carlos Borges. Rio de Janeiro: Elsevier, 2010.

HABERMAS, Jürgen. *Direito e democracia*: entre a faticidade e validade – volume I. Tradução Flávio Beno Siebeneichler. Rio de Janeiro: Tempo Brasileiro, 1997.

HART, H. L. A. *O conceito de Direito*. Tradução Antônio de Oliveira Sette-Câmara. São Paulo: Martins Fontes, 2009.

HEIDEGGER, Martin. *A caminho da linguagem*. Tradução Márcia Sá Cavalcante. Petrópolis: Vozes, 2003.

——. *Que é isto – a filosofia? Identidade e diferença*. Tradução Ernildo Stein. Petrópolis: Vozes; São Paulo: Livraria Duas Cidades, 2006.

——. *Ser e tempo*: parte I. 15. ed. Tradução: Marcia Sá Cavalcante Schuback. Petrópolis: Vozes; Bragança Paulista: Editora Universitária São Francisco, 2005a.

——. *Ser e tempo*: parte II. 13. ed. Tradução: Marcia Sá Cavalcante Schuback. Petrópolis: Vozes; Bragança Paulista: Editora Universitária São Francisco, 2005b.

——. *Ser e verdade*: 1. A questão fundamental da filosofia. 2. Da essência da verdade. Tradução: Emmanuel Carneiro Leão. Petrópolis: Vozes; Bragança Paulista: Editora Universitária São Francisco, 2007.

HENRIQUES FILHO, Ruy Alves. *Direitos fundamentais e processo*. Rio de Janeiro: Renovar, 2008.

HESSE, Konrad. *Elementos de Direito Constitucional da República Federal da Alemanha*. Tradução: Luís Afonso Heck. Porto Alegra: Sergio Antonio Fabris Editor, 1998.

HOY, David Couzens. Hermeneutic Circularity, Indeterminacy, and Incommensurability, *New Literary History*, The Johns Hopkins University Press, v. 10, n. 1, 1978, p. 161-173.

——. Interpreting the Law: hermeneutical and poststructuralist perspectives. *Southern California Law Review*, v. 58, 1985, p. 135-176.

HUDSON, Barbara. Direitos humanos e 'novo constitucionalismo': princípios de justiça para sociedades divididas. In: CLÈVE, Clémerson Merlin; SARLET, Ingo Wolfgang; PAGLIARINI, Alexandre Coutinho (Orgs.) *Direitos humanos e democracia*. Rio de Janeiro: Forense, p. 11-28.

KANT, Immanuel. *Crítica da razão pura*. Tradução Valério Rohden. São Paulo: Abril Cultural, 1980.

KAUFMANN, Arthur; HASSEMER, Winfried. *Introdução à filosofia do Direito e à teoria do Direito contemporâneas*. 2. ed. Tradução Marcos Keel; Manuel Seca de Oliveira. Lisboa: Fundação Calouste Gulbekian, 2009.

KELSEN, Hans. *Teoria pura do Direito*. 8. ed. Tradução: João Baptista Machado. São Paulo: Martins Fontes, 2009.

KERTSCHER, Jens. "We understand differently, if we understand at all": Gadamer's ontology of language reconsidered. In: MALPAS, Jeff; ARNSWALD, Ulrich; KERTSCHER, Jens. *Gadamer's Century*: essays in honor of Hans-Georg Gadamer. Cambridge; London: MIT Press, 2002.

LEAL, Rogério Gesta. *Estado, administração pública e sociedade*: novos paradigmas. Porto Alegre: Livraria do Advogado, 2006.

LEYH, Gregory. Dworkin's hermeneutics. *Mercer Law Review*, v. 39, 1988, p. 851-866.

LOBÃO, Emmanuel Carneiro. Apresentação. In: HEIDEGGER, Martin. *Ser e tempo*: parte I. 15. ed. Tradução: Marcia Sá Cavalcante Schuback. Petrópolis: Vozes; Bragança Paulista: Editora Universitária São Francisco, 2005.

LORENZETTI, Ricardo Luis. *Teoria da decisão judicial*: fundamentos de Direito. Tradução Bruno Miragem. São Paulo: RT, 2009.

MACCORMICK, Neil. Contemporary legal philosophy: the rediscovery of practical reason. *Journal of Law & Society*, Londres: Blackwell Publishing, v. 10, n. 1, p. 1-18, 1983.

MANCUSO, Rodolfo de Camargo. *Divergência jurisprudencial e súmula vinculante*. 2. ed. São Paulo: RT, 2001.

MARÍAS, Julián. *História da filosofia*. Tradução Cláudia Berliner. São Paulo: Martins Fontes, 2004.

MARRAFON, Marco Aurélio. *Hermenêutica e sistema constitucional*: a decisão judicial entre o sentido da estrutura e a estrutura do sentido. Florianópolis: Habitus, 2008.

——. *O caráter complexo da decisão em matéria constitucional*: discursos sobre a verdade, radicalização hermenêutica e fundação ética na práxis jurisdicional. Rio de Janeiro: Lumen Juris, 2010.

MATSUURA, Lilian. *Brasil é recordista em número de leis federais inconstitucionais*. Disponível em: http://www.conjur.com.br/2008-jun-13. Acesso em: 02.06.2011.

MAXIMILIANO, Carlos. *Hermenêutica e aplicação do Direito*. 19. ed. Rio de Janeiro: Forense, 2006.

MODRAK, Deborah K. W. *Aristotle's theory of language and mening*. Cambridge: Cambridge University Press, 2001.

MONTENEGRO, Maria Aparecida de Paiva. Linguagem e conhecimento no Crátilo de Platão. *Kriterion*, Belo Horizonte, n. 116, dez/2007, p. 367-377.

MOREIRA, Eduardo Ribeiro. O momento do positivismo. In: DIMOULIS, Dimitri; DUARTE, Écio Oto (Orgs.). *Teoria do Direito Neoconstitucional*. São Paulo: Método, 2008, p. 233-245.

MOREIRA, Vital. O futuro da constituição. In: GRAU, Eros Roberto; GUERRA FILHO, Willis Santiago. *Direito constitucional*: estudos em homenagem a Paulo Bonavides. 1. ed. São Paulo: Malheiros, 2003, p. 313-336.

MORRISON, Wayne. *Filosofia do Direito*: dos gregos ao pós-modernismo. Tradução: Jefferson Luiz Camargo. São Paulo: Martins Fontes, 2006.

NALINI, José Renato. *A rebelião da toga*. 2. ed. Campinas: Millennium, 2008.

NEVES, Marcelo. A interpretação jurídica no Estado Democrático de Direito. In: GRAU, Eros Roberto; GUERRA FILHO, Willis Santiago (Orgs.). *Direito Constitucional*: estudos em homenagem a Paulo Bonavides. 1. ed. 2ª Tiragem. São Paulo: Malheiros, 2003.

NOJIRI, Sergio. *A interpretação judicial do Direito*. São Paulo: RT, 2005.

NORTHFLEET, Ellen Gracie. Ainda sobre o efeito vinculante. *Revista de Informação Legislativa*, a. 33, n. 131, p. 133-134, jul.-set. 1996.

OLIVEIRA, Manfredo Araújo de. Lógica transcendental e lógica especulativa. In: Manfredo Araújo de; et al. *Kant*: cadernos da UnB. Brasília: Editora UnB, 1981, p. 7-21.

——. Reviravolta lingüístico-programática na filosofia contemporânea. 3. ed. São Paulo: Loyola, 2006.

OLIVEIRA, Marcelo Andrade Cattoni de; ANDRADE, Camila Cardoso de. A relação entre Direito e moral na teoria discursiva de Habermas: porque a legitimidade do Direito não pode ser reduzia à moralidade. In: CONGRESSO NACIONAL DO CONPEDI, 15. *Anais...* [s.l.]. Disponível em: http://www.conpedi.org.br. Acesso em: 02 jun. 2011.

———. Coesão interna entre Estado de Direito e democracia na teoria discursiva do Direito de Jürgen Habermas. In: OLIVEIRA, Marcelo Andrade Cattoni de (Org). *Jurisdição e hermenêutica constitucional no Estado Democrático de Direito.* Belo Horizonte: Mandamentos, 2004, p. 171-188.

OLIVEIRA, Rafael Tomaz de. *Decisão judicial e o conceito de princípio:* a hermenêutica e a (in)determinação do Direito. Porto Alegre: Livraria do Advogado, 2008.

OLIVEIRA NETO, Francisco José Rodrigues de. O poder judiciário e a influência neoliberal: resistência e transformação. In: COUTINHO, Jacinto Nelson de Miranda; LIMA, Martonio Mont'Alverne Barreto. *Diálogos constitucionais:* Direito, neoliberalismo e desenvolvimento em países periféricos. Rio de Janeiro: Renovar, 2006, p. 193-202.

OMMATI, José Emílio Medauar. A teoria jurídica de Ronald Dworkin: o Direito como integridade. In: OLIVEIRA, Marcelo Andrade Cattoni de (Org). *Jurisdição e hermenêutica constitucional no Estado Democrático de Direito.* Belo Horizonte: Mandamentos, 2004, p. 151-168.

———. O positivismo jurídico na prática jurisprudencial brasileira: um estudo de caso a partir de uma decisão do Superior Tribunal de Justiça. In: DIMOULIS, Dimitri; DUARTE, Écio Oto. *Teoria do Direito Neoconstitucional.* São Paulo: Método, 2008, 247-266.

PARDO, David Wilson de Abreu. *Os direitos fundamentais e a aplicação judicial do Direito.* Rio de Janeiro: Lumen Juris, 2003.

PEREIRA, Jane Reis Gonçalves. *Interpretação constitucional e direitos fundamentais:* uma contribuição ao estudo das restrições aos direitos fundamentais na perspectiva da teoria dos princípios. Rio de Janeiro: Renovar, 2006.

PINTO, Paulo Mota. Sobre a alegada "superação" do direito pela análise económica. In: AVELÃS NUNES, António José; COUTINHO, Jacinto Nelson de Miranda. *O Direito e o futuro, o futuro do Direito.* Coimbra: Almedina, 2008, p. 169-212.

PIRES, Celestino. Os pressupostos de Kant na solução do problema da metafísica. In: OLIVEIRA, Manfredo Araújo de; et al. *Kant:* cadernos da UnB. Brasília: Editora UnB, 1981, p. 55-70.

PLATÃO. *Diálogos:* Volume IX: Teeteto – Crátilo. Tradução Carlos Alberto Nunes. Belém: Universidade Federal do Pará, 1973.

RADBRUCH, Gustav. *Filosofia do Direito.* Tradução Marlene Holzhausen. São Paulo: Martins Fontes, 2004.

RAMIRES, Maurício. *Crítica à aplicação de precedentes no Direito brasileiro.* Porto Alegre: Livraria do Advogado, 2010.

RAMOS, Elival da Silva. *Ativismo judicial:* parâmetros dogmáticos. São Paulo: Saraiva, 2010.

REALE, Giovanni. *História da filosofia antiga:* volume II. Tradução Henrique Cláudio de Lima Vaz, Marcelo Perine. São Paulo: Loyola, 1994.

RICOEUR, Paul. *O justo 1:* a justiça como regra moral e como instituição. Tradução Ivone C. Benedetti. São Paulo: Martins Fontes, 2008.

ROCHA, Cesar Asfor. *Cartas a um jovem juiz:* cada processo hospeda uma vida. Rio de Janeiro: Elsevier, 2009.

ROCHA, Leonel Severo. *Epistemologia jurídica e democracia.* 2. ed. São Leopoldo: Unisinos, 2003.

ROSA, Alexandre Morais da. Apresentação. In: RAMIRES, Maurício. *Crítica à aplicação de precedentes no Direito brasileiro.* Porto Alegre: Livraria do Advogado, 2010.

———; LINHARES, José Manuel Aroso. *Diálogo com a law & economics.* Rio de Janeiro: Limen Juris, 2009.

———. *Garantismo jurídico e controle de constitucionalidade material:* aportes hermenêuticos. 2. ed. Rio de Janeiro: Lumen Juris, 2011.

———. O giro económico do direito ou o novo e sofisticado caminho da servidão: para uma nova gramática do direito democrático no século XXI. In: AVELÃS NUNES, António José; COUTINHO, Jacinto Nelson de Miranda. *O Direito e o futuro, o futuro do Direito.* Coimbra: Almedina, 2008, p. 223-234.

SARLET, Ingo Wolfgang. *A eficácia dos direitos fundamentais*. 9. ed. Porto Alegre: Livraria do Advogado, 2008.

SCHIAVELLO, Aldo. Positivismo jurídico e relevância da metaética. In: DIMOULIS, Dimitri; DUARTE, Écio Oto (Orgs.). *Teoria do Direito Neoconstitucional*. São Paulo: Método, 2008, p. 57-77.

SEDLEY, David. *Plato's Cratylus*. Nova Iorque: Cambrigde University Press, 2003.

SHAKESPEARE. *Medida por medida e conto do inverno*. Tradução: Carlos Alberto Nunes. São Paulo: Ediouro, 1999.

SILVA FILHO, José Carlos Moreira da. *Hermenêutica filosófica e Direito*: o exemplo privilegiado da boa-fé objetiva no direito contratual. 2. ed. Rio de Janeiro: Lumen Juris, 2006.

SOUZA NETO, Cláudio Pereira. O dilema constitucional contemporâneo entre o neoconstitucionalismo econômico e o constitucionalismo democrático. In: COUTINHO, Jacinto Nelson de Miranda; LIMA, Martonio Mont'Alverne Barreto. *Diálogos constitucionais*: Direito, neoliberalismo e desenvolvimento em países periféricos. Rio de Janeiro: Renovar, 2006, p. 119-132.

STEIN, Ernildo. *Antropologia filosófica*: questões epistemológicas. Ijuí: Unijuí, 2009.

——. *Aproximações sobre hermenêutica*. 2. ed. Porto Alegre: EDIPUCRS, 2004.

——. Breves considerações históricas sobre as origens da filosofia no Direito. *Revista do Instituto de Hermenêutica Jurídica*, Porto Alegre, Instituto de Hermenêutica Jurídica, v. 1, n. 5, 2007.

——. *Compreensão e finitude*: estrutura e movimento da interrogação heideggeriana. Ijuí: Unijuí, 2001.

——. *Exercícios de fenomenologia*: limites de um paradigma. Ijuí: Unijuí, 2004.

——. Gadamer e a consumação da hermenêutica. In: STEIN, Ernildo; STRECK, Lenio. *Hermenêutica e epistemologia*: 50 anos de verdade e método. Porto Alegre: Livraria do Advogado, 2011, p. 9-24.

——. *Uma breve introdução à filosofia*. 2. ed. Ijuí: Unijuí, 2005.

STRECK, Lenio Luiz. À guisa de um prefácio: um libelo contra o *habitus dogmaticus*. In: RAMIRES, Maurício. *Crítica à aplicação de precedentes no Direito brasileiro*. Porto Alegre: Livraria do advogado, 2010.

——. A hermenêutica filosófica e as possibilidades de superação do positivismo pelo (neo)constitucionalismo. In: ROCHA, Leonel Severo; STRECK, Lenio Luiz (Orgs.). *Constituição, sistemas sociais e hermenêutica*. n. 1. Porto Alegre: Livraria do Advogado; São Leopoldo: Unisinos, 2005, p. 153-185.

——. A hermenêutica jurídica e o efeito vinculante da jurisprudência no Brasil: o caso das súmulas. *Boletim da Faculdade de Direito*, Coimbra: Coimbra Editora, v. 82, p. 213-237, 2006.

——. A hermenêutica jurídica nos vinte anos da Constituição do Brasil. In: MOURA, Lenice S. Moreira de. *O novo constitucionalismo na era pós-positivista*: homenagem a Paulo Bonavides. São Paulo: Saraiva, 2009, p. 59-83.

——; OLIVEIRA, Marcelo Andrade Cattoni de; LIMA, Martonio Mont'Alverne Barreto. *A nova perspectiva do Supremo Tribunal Federal sobre o controle difuso*: mutação constitucional e limites da legitimidade da jurisdição constitucional. Disponível em: <http://leniostreck.com.br/index.php?option=com_docman&Itemid=40>. Acesso em: 08 dez. 2009.

——. Aplicar a "letra da lei" é uma atividade positivista? *Revista Novos Estudos Jurídicos*, v. 15, n. 1, jan.-abr., 2010b, p. 158-173. Disponível em: <www.univali.br/periodicos>. Acesso em: 26 jun. 2011.

——. Apresentação – A análise econômica do direito e seu caráter "predatório" no estado democrático de direito. In: ROSA, Alexandre Morais da; LINHARES, José Manuel Aroso. *Diálogo com a law & economics*. Rio de Janeiro: Limen Juris, 2009.

——; MORAIS, José Luis Bolzan de. *Ciência política & teoria do estado*. 7. ed. Porto Alegre: Livraria do Advogado, 2010.

——. Decisionismo e discricionariedade judicial em tempos pós-positivistas: o solipsismo hermenêutico e os obstáculos à concretização da constituição no Brasil. In: *O direito e o futuro, o futuro e o direito* (Separata). Coimbra: Almedina, 2008.

——. Heidegger. In: *Dicionário de filosofia do direito*. BARRETTO, Vicente de Paulo (Org.). São Leopoldo: UNISINOS, 2009.

——. Hermenêutica e *applicatio jurídica*: a concreta realização normativa do direito como superação jurídico-metafísico-objetificante. In: DIAS, Jorge de Figueiredo; CANOTILHO, José Joaquim Gomes; COSTA, José de Faria (Orgs.). Ars iudicandi: estudos em homenagem ao Prof. Doutor António Castanheira Neves. Coimbra: Coimbra Editora, 2008, p. 1103-1155.

——. Hermenêutica e decisão jurídica: questões epistemológicas. In: STEIN, Ernildo; STRECK, Lenio. *Hermenêutica e epistemologia*: 50 anos de verdade e método. Porto Alegre: Livraria do Advogado, 2011, p. 153-172.

——. *Hermenêutica jurídica e(m) crise*: uma exploração hermenêutica da construção do direito. 8. ed. Porto Alegre: Livraria do Advogado, 2009a.

——. Interpretando a constituição: Sísifo e a tarefa da hermenêutica. *Revista do Instituto de Hermenêutica Jurídica*, Porto Alegre, Instituto de Hermenêutica Jurídica, v. 1, n. 5, 2007, p. 125-144.

——. Interpretar e concretizar: em busca da superação da discricionariedade do positivismo jurídico. In: LUCAS, Douglas Cesar; SPAREMBERGER, Raquel Fabiana L. *Olhares hermenêuticos sobre o direito*: em busca de sentido para os caminhos do jurista. 2. ed. Ijuí: Unijuí, 2007, p. 327-398.

——. *Jurisdição constitucional e hermenêutica*: uma nova crítica do direito. Porto Alegre: Livraria do Advogado, 2002.

——. *O que é isto* – decido conforme minha consciência? Porto Alegre: Livraria do Advogado, 2010a.

——. Posfácio – Diálogos (neo)constitucionais. In: DUARTE, Écio Oto Ramos; POZZOLO, Susanna. *Neoconstitucionalismo e positivismo jurídico*: as faces da teoria do direito em tempos de interpretação moral da constituição. 2. ed. São Paulo: Landy, 2010, p. 199-244.

——. *Súmulas no Direito brasileiro*: eficácia, poder e função: a ilegitimidade constitucional do efeito vinculante. 2. ed. Porto Alegre: Livraria do Advogado, 1998.

——. Súmulas vinculantes e a reforma do judiciário: o leito de Procusto da justiça brasileira, *Revista do Ministério Público do Rio Grande do Sul*, Porto Alegre, n. 35, 1995, p. 29-38.

——. Súmulas vinculantes em *terrae brasilis*: necessitamos de uma teoria para a elaboração de precedentes?, *Revista Brasileira de Ciências Criminais*, São Paulo, a. 17, n. 78, maio-jun 2009c, p. 284-319.

——. *Verdade e consenso*: constituição, hermenêutica e teorias discursivas: da possibilidade à necessidade de respostas corretas em Direito. 3. ed. Rio de Janeiro: Lumen Juris, 2009b.

TAVARES, André Ramos; OSMO, Carla. Interpretação jurídica em Hart e Kelsen: uma postura (anti)realista? In: DIMOULIS, Dimitri; DUARTE, Écio Oto. *Teoria do direito neoconstitucional*. São Paulo: Método, 2008.

TAVARES, Rodrigo. Neopositivismos: novas ideias sobre uma antiga tese. In: DIMOULIS, Dimitri; DUARTE, Écio Oto (Orgs.). *Teoria do Direito Neoconstitucional*. São Paulo: Método, 2008

TEIXEIRA, Sálvio de Figueiredo. *A criação e realização do Direito na decisão judicial*. Rio de Janeiro: Forense, 2003.

TRIBE; Laurence; DORF, Michael. *Hermenêutica constitucional*. Tradução Amarílis de Souza Birchal. Belo Horizonte: Del Rey, 2007.

TUCCI, José Rogério Cruz e. *Precedente judicial como fonte do direito*. São Paulo: RT, 2004.

VALE, André Rufino do. Aspectos do neoconstitucionalismo. *Revista Brasileira de Direito Constitucional*, n. 9, jan./jun. 2007, p. 67-77. Disponível em: <http://www.esdc.com.br>. Acesso em: 02 jun. 2011.

VATTIMO, Gianni. The End of (Hi)story. *Chicago Review*, Chicago, v. 35, n. 4, 1987, p. 26.

VELLOSO, Carlos Mário da Silva. Do poder judiciário: como torná-lo mais ágil e dinâmico. *Revista de Informação Legislativa*, a. 35, n. 138, p. 75-87, abr.-jun. 1998.

WARAT, Luiz Alberto. *Introdução geral ao Direito I*: interpretação da lei, temas para uma reformulação. Porto Alegre: Sergio Antonio Fabris Editor, 1994.

——. Mitos e teorias na interpretação da lei. Porto Alegre: Síntese, 1979.

WOLKMER, Antônio Carlos. *Introdução ao pensamento jurídico crítico*. 5. ed. São Paulo: Saraiva, 2006.

Impressão:
Evangraf
Rua Waldomiro Schapke, 77 - POA/RS
Fone: (51) 3336.2466 - (51) 3336.0422
E-mail: evangraf.adm@terra.com.br